VINEX

Eerder verschenen van Bernice Berkleef bij The House of Books:

Cody
Bloedsteen

Bernice Berkleef

Vinex

the house of books

Omslagontwerp: Margo Togni

Typografie: Crius Group, Hulshout

ISBN 978 90 443 5494 2
ISBN 978 90 443 5495 9 (e-book)
NUR 332

www.thehouseofbooks.com
www.overamstel.com

OVERAMSTEL
uitgevers

The House of Books is een imprint van Overamstel uitgevers bv.

Proloog

De tegels zijn vaalgeel, de deuren kobaltblauw, afgezien van hun witte nummers. 03, 04, 05... Op deze plek draait alles om nummers. Iedereen heeft er een. Je hoeft hier nog geen vijf minuten rond te lopen om ervan doordrongen te raken dat je naam er niet langer toe doet.

Het is wachten op het moment waarop de handboeien af mogen. Het metaal knelt, al was het uitkleden en de daaropvolgende inspectie vervelender. Het maakt niet uit wie of wat je buiten was, tijdens een dergelijke procedure wordt iedereen op dezelfde wijze van zijn waardigheid ontdaan.

In het cellenblok dringt het geroep en gejoel moeiteloos door de gesloten deuren. Morgen zal er tijd zijn om even te luchten.

Er huizen hier de meest uiteenlopende figuren, ieder met een eigen verhaal. Een community met rangen en standen, onderverdeeld in subgroepen. Kemphanen, geile types die al sinds jaar en dag droogstaan, opdringerige verslaafden. Vooralsnog overheerst bij de nieuweling een laconiek gevoel; het zal allemaal wel loslopen.

De eerste nacht zou het moeilijkst zijn. Oudgedienden scheppen er genoegen in om zo uitzinnig mogelijk te provoceren, waardoor de verse aanwas doorgaans de hele nacht jankt. Door deze gevangene zal echter geen traan worden gelaten, zelfs al houdt het gekrijs aan tot zonsopgang.

Ze stoppen bij cel nummer 21.

'Naar binnen,' wordt er gezegd. De deur gaat dicht en als de handen door het luik worden gestoken, doet de bewaarder de boeien af. Er zijn geen andere gevangenen en er staat slechts een enkel bed. Dat is een welkome verrassing, het is prettig om toch iets van een eigen ruimte te hebben, om niet te zijn verstoken van álle vormen van privacy.

Uitgestrekt op het matras is er voor het eerst sinds het opstaan vanochtend ruimte om de waakzaamheid te laten varen.

Een herinnering aan een documentaire over een gevangenis in Rusland komt bovendrijven. Een gevangenis die, misschien vanuit een duister gevoel voor humor, De Zwarte Dolfijn was gedoopt. In De Zwarte Dolfijn werden de gedetineerden vierentwintig uur per dag in de gaten gehouden door strategisch geplaatste camera's. Wanneer eens per week hun celdeur openging, moesten ze in de houding springen, waarna ze gebukt en geflankeerd door twee bewakers een korte tocht naar een buitenkooi aflegden. Luchten betekende alsmaar hetzelfde rondje lopen tot de tijd om was. In geen geval mochten de gevangenen iets tegen elkaar zeggen of een sigaretje roken.

'Wij doen dat niet zoals in Amerika, dat gevangenen met elkaar praten. Daar krijgen ze maar ideeën van,' legde de directeur voor de camera uit. 'Deze plek is er niet om het hen naar de zin te maken. De Zwarte Dolfijn, daar kom je nooit meer uit, alleen in een lijkenzak. Ik zie de gevangenen ook niet als mensen. In mijn ogen zijn het niet meer dan beesten.'

Nederland is gelukkig Rusland niet.

Zoals een gekooid dier zijn nieuwe verblijf in zich opneemt, scant de gevangene de kale muren, het ingebouwde bureau, de gordijntjes en het blauwe rolluik voor het raam.

Algauw slaat de vermoeidheid toe. Het is fijn dat deze dag eindelijk op zijn eind loopt.

1

Het is een druilerige ochtend, geen mooie dag om jarig te zijn. Niet dat Hein ooit de behoefte heeft om het te vieren, om gasten uit te nodigen. Even stelt Simone zich hem voor te midden van vrienden die voor hem zingen. Dat beeld komt haar zo belachelijk voor dat ze er even hardop om grinnikt.

Ze hoort hem rommelen in de badkamer. Terwijl hij uitsliep – het was zowaar halfacht geworden – had zij croissantjes gehaald bij de bakker op wieltjes. Die heb je in dit deel van Amstelveen.

'Wat is dát?' had Hein gevraagd, toen ze twee weken geleden voor het eerst zagen hoe het mobiele bakkerswagentje zijn opwachting maakte in de ontwakende straat en op de hoek halthield.

Hierop kwamen de buren als muizen uit hun holen tevoorschijn, sommige in pyjama. Een buurman, hij was in trainingsbroek en badjas, zag hen voor het keukenraam staan kijken, wees enthousiast op de bakkerswagen en stak zijn duim op.

'Mijn god…' had Hein gemompeld.

De piepfunctie op de kookplaat geeft aan dat de eitjes klaar zijn. De huizen in deze wijk, onderdeel van een groenproject en ongetwijfeld bedacht door een of ander geitenwollensokkenteam, hebben geen gasfornuizen, maar elektrische kookplaten. Geen centrale verwarming, maar een warmtepomp. Geen open haarden, want ook die zijn niet milieuproof.

Jack komt kijken of er nog iets te snaaien valt en sjokt na Simones vingerknippen op zijn dooie gemak terug naar zijn mand. Ze heeft verse jus gemaakt, spek gebakken, reepjes avocado gesneden. Op Heins bord ligt een envelop met een vliegticket en een voucher voor een weekendje Barcelona, uiteraard inclusief kaartje voor een voetbalwedstrijd in Camp Nou.

'Jack?'

De rottweiler fleurt op en draaft naar de hal. Simone had Hein niet de trap af horen komen. Nog altijd verbaast ze zich erover dat een man van zijn lengte en postuur zich zo stilletjes kan voortbewegen.

'Gefeliciteerd, lieverd.' Ze loopt naar hem toe, slaat haar armen om zijn nek en geeft hem een kus. 'Eenenveertig alweer!'

'Moet ik me zorgen maken dat ik straks word ingeruild voor een dekhengst van vijfentwintig?' klinkt zijn stem laag en hees in haar oor.

'Ik heb nog geen cougar-neigingen, dus je bent nog verzekerd van je plek.'

'Gelukkig maar.'

'Kom,' zegt ze glimlachend. 'Ik heb een verrassing voor je.'

Zachtjes trekt hij zijn hand terug en pakt zijn spijkerjack van de kapstok.

'Ik wilde eigenlijk even een eindje lopen.'

'O...'

'Even uitwaaien op het strand.'

'In dit weer?'

Hij haalt zijn schouders op. Ze zou inmiddels moeten weten dat hij zich nooit om het weer bekommert.

'Ik had een lekker ontbijtje gemaakt.'

Hij pakt de hondenriem en zijn autosleutels van het bijzettafeltje, ziet haar kijken en zucht. 'Maak er alsjeblieft geen ding van, Moon. We kunnen vanmiddag gaan lunchen, wat je wilt, maar ik moet er echt even uit.'

Zonder op antwoord te wachten loopt hij met Jack naar buiten.

Door het ovale deurraampje ziet Simone hoe Hein de hond moeiteloos in de achterbak tilt, alsof het een teckel is. De regen zwelt aan, maar eigenwijs als hij is, beent Hein naar de bestuurderskant en rukt hij de deur open.

Hij zal toch niets stoms doen, schiet het door haar heen. Voordat ze de kans krijgt zich ongerust te maken, verwerpt ze die gedachte weer.

2

Evi ziet de nieuwe buurman vertrekken met zijn hond. Hij is meestal degene die het beest uitlaat, zijn vrouw of vriendin heeft ze nog amper gezien. Ze weet dat het stel sinds een paar weken op nummer 64 woont, maar ze hebben nog geen kennisgemaakt. Knappe man, alleen ziet hij er niet al te vrolijk uit.

Ze legt een plak kaas en wat rucola op haar broodje, dat ze staand achter het aanrecht naar binnen werkt, terwijl haar peuters van één en drie nog even spelen voordat het tijd is om naar de opvang te gaan.

'Ik red het echt niet vanavond.' Thijs pakt zijn laptoptas van tafel en neemt nog snel een slok appelsap uit een van de kinderbekers. 'Ik weet dat we een serie-avondje zouden doen, maar ik zal wat langer door moeten werken. Anders app je Joyce, of ze langs wil komen.'

'Ik vermaak me wel, hoor,' snauwt Evi. 'Je hoeft geen vervanging voor me te regelen.'

Thijs schiet in zijn colbert. Ze weet niet waarom zij zich nu de boeman voelt, terwijl hij degene is die haar weer laat zitten.

'Het wordt bijna iedere dag laat,' vervolgt ze. 'Je bent nooit meer op een normaal tijdstip thuis.'

'Dat is even een periode. Deze klant is een grote vis en de zitting is vrijdag.' Het gerenommeerde advocatenkantoor waar Thijs werkt vertegenwoordigt geen kleine vissen, daar zijn ze te duur voor. Dus bestaat er ook niet zoiets als 'even een periode', al zal het waarschijnlijk weinig uithalen als ze dit naar voren brengt.

'Dat snap ik,' zegt Evi. 'Maar het komt er wel op neer dat ik hier alles in mijn eentje moet doen.'

Zijn blik flitst even haar kant op en hoewel hij niets zegt, weet ze dat het op het puntje van zijn tong ligt dat hij degene is die dagen van minstens twaalf uur maakt en dat zij dus weinig te klagen heeft.

'Ik zou ook best een dag meer willen werken,' houdt ze aan.

'Hier hebben we het over gehad.'

'Ik wil het er nog eens over hebben.'

'Maar niet nu.' Hij werpt haar een smekende blik toe. 'Alsjeblieft, Eef, ik moet echt gaan.'

Thijs buigt zich voorover om Luuk en Sophie een kus te geven, waarna de kinderen naar de hal stommelen, ruziënd over wie de voordeur mag opendoen. Nog steeds kan ze zich verbazen over de vele dingen die voor kleine kinderen aanleiding kunnen vormen voor ruzie. Het voorrecht om een deur open of dicht te doen, het vermoeden dat de ander meer hagelslag op zijn brood heeft, het feit dat mama geen pinguïn wil kopen.

Ze loopt mee naar de hal, om te voorkomen dat er straks iemand met zijn vingers tussen de deur zit, of achter Thijs aan rent en op de weg belandt.

'Kunnen we alsjeblieft geen ruzie maken, Eef, dat doen die kleine apen al genoeg.' Thijs geeft haar ook een kus. 'Dit zijn de tropenjaren, dat weet ik. Ik besef heel goed dat het zwaar is voor jou, maar ik moet op dit moment alle zeilen bijzetten op het werk, ik kan me moeilijk gaan drukken. Ik doe dit óók voor jullie.'

Terwijl hij naar zijn auto loopt, kijkt Evi naar het huis aan de overkant van de straat, waar Joyce ondanks de regen al op haar balkonnetje zit. Ze zwaait even naar haar vriendin en dan moet ze opschieten om zelf op tijd te kunnen beginnen. Ze hijst de kinderen in hun jasjes en schoenen, poetst de laatste vlekken van hun gezichten en installeert hen in de kinderstoeltjes op de achterbank van haar Volvo.

Op het kinderdagverblijf huppelt Luuk naar binnen bij de Woezel & Pip-groep en stort zich op een racebaan. Sophie klemt zich aan Evi's been vast zodra ze een voet over de drempel bij De Pinkeltjes zetten.

Evi tilt haar op. 'Kijk, lieverd, iedereen is er al. Ik denk dat jullie net een boekje gaan lezen. En daarna misschien wel buitenspelen...'

'En verven en knippen en plakken,' vult een van de leidsters enthousiast aan, haar stem een paar octaven te hoog voor dit uur van de dag.

'Dag schat! Ik kom je vanmiddag weer halen.' Evi kust haar dochter, geeft haar aan de vrouw over, zwaait nog even bij de deur en loopt weg. Ze weet dat Sophie haar binnen een paar minuten is vergeten wanneer ze eenmaal uit het zicht is. Desondanks ziet ze elke dag weer dezelfde ouders eindeloos blijven plakken, met legendarische inzinkingen van hun kroost tot gevolg.

Geroutineerd ruimt Evi de tafel af, zet de vuile borden en bekers in de vaatwasser en veegt de kruimels en broodkorsten onder de kinderstoelen op. Sophie had misschien drie happen van haar broodje genomen, Luuk had er zijn neus voor opgehaald en er zijn haar, zijn shirt en de vloer mee bewerkt. Uiteindelijk ploft ze op haar gebruikelijke plaats aan tafel neer en klapt ze haar eigen laptop open. Het voelt alsof ze er al een halve dag op heeft zitten.

Hier hebben we het over gehad. Toen zij zwanger was van Luuk, waren Thijs en zij het erover eens geweest dat je geen kinderen kreeg om ze vijf dagen per week naar de opvang te brengen. Drie dagen was het maximale, hadden ze besloten. En het was min of meer vanzelfsprekend geweest dat zij qua werk een stap terug zou doen. Als freelance marketingspecialist kon zij er makkelijk voor kiezen minder opdrachten aan te nemen, terwijl Thijs' carrière bij het kantoor op de Zuidas juist een enorme vlucht nam. Het waren zijn drive, ambitie en vastbeslotenheid geweest waar ze ooit op was gevallen. Maar toen hadden ze nog geen kinderen en werkte zij ook nog fulltime. Toen was het allemaal appeltje-eitje geweest. Op de een of andere manier is zijn leven gewoon doorgegaan, langzaam uitgebreid met steeds meer uren buitenshuis, terwijl zij zich regelmatig afvraagt wat er in godsnaam van het hare is geworden.

In gedachten slingert ze Thijs nog een verwensing naar zijn hoofd.

Dan appt ze Joyce.

3

Drie uur later is Hein nog steeds niet terug. Het onbestemde gevoel dat Simone kreeg toen hij vertrok, komt opnieuw opzetten. Zijn ongedurige gedrag van de afgelopen weken en de manier waarop hij haar uit de weg gaat, zijn nieuw voor haar. Eerst dacht ze dat hij gewoon aan de omgeving moest wennen. Hein hield van Amsterdam, maar hij had ingestemd met de verhuizing en was het ermee eens geweest dat deze vers uit de grond gestampte wijk in Amstelveen een goede plek voor hen zou zijn. Maar sinds ze hier wonen is hij nog geen dag te genieten geweest.

Het heeft herhaaldelijk door haar hoofd gespookt dat hij háár misschien niet meer zo ziet zitten. Die gedachte maakt dat ze het koud krijgt. De kans dat er ooit weer iemand in haar leven zal komen die bij haar past zoals Hein doet, is vrijwel nihil.

Terwijl ze probeert haar man uit haar gedachten te bannen, klapt ze haar laptop open om een paar betalingen te voldoen. Ze herinnert zich dat de Ziggofactuur was binnengekomen. Deze maand zijn ze van provider geswitcht en ze weet zeker dat ze de envelop met het Ziggo-logo had gezien, maar hij ligt niet bij het stapeltje rekeningen in de kast. Misschien heeft Hein het al afgehandeld.

Voor de zekerheid surft Simone naar de website, maar realiseert zich dan dat ze het wachtwoord niet weet. Geïrriteerd gaat ze naar boven. Het wordt tijd dat ze dit soort dingen lekker via automatische incasso laten lopen in plaats van per factuur, zoals Hein wil.

De werkkamer die ze speciaal voor hem hebben ingericht, biedt zicht op een blok van twaalf achtertuinen; die van haar eigen rijtje en van de rij huizen erachter, slechts gescheiden door schuttingen en een steeg die dwars door het midden loopt. Net voorbij de achterste huizenrij ligt een speeltuin.

De meeste tuinen zijn voorzien van trampolines, boomhutten, zandbakken of plastic glijbaantjes. Een steek van heimwee naar Amsterdam overvalt haar en plotseling heeft ze meer begrip voor Hein, omdat ze zelf ook de kriebels krijgt van dit burgerlijke woonaanzicht. Hun vorige straat vormde een smeltkroes van vele verschillende soorten mensen. Yuppen, studenten, alternatievelingen, carrièrejagers, bijstandsgezinnen, autochtonen, buitenlanders. Deze Amstelveense wijk wordt bewoond door een specifiek slag mensen: keurige, hardwerkende ouders die van hun woonomgeving een soort Efteling menen te moeten maken.

Net als zij heeft Hein twee laptops, één voor werk en één voor privégebruik. Hein heeft alle wachtwoorden van niet-financiële instanties keurig opgeslagen op zijn privé-Mac. Met haar telefoon maakt Simone er een foto van, waarna ze het venster weer afsluit.

Misschien is het de overzichtelijkheid van zijn welkomstpagina, het feit dat er maar een beperkt aantal items op staat, waardoor haar oog op een mapje links onderin valt, dat de naam 'Overig' draagt. Meer automatisch dan uit nieuwsgierigheid opent ze het. De map bevat een serie foto's. Simone klikt er een aan, zodat hij vergroot in beeld verschijnt. Dan een tweede en een derde.

Het zijn afbeeldingen van naakte vrouwen, wat haar normaal gesproken niet zou hebben geïnteresseerd. Als Hein porno wil kijken en een en ander wil opslaan, gaat hij zijn gang maar. Het lichaam op de eerste foto is echter op een gruwelijke manier verminkt. De andere twee schijnen onaangetast, maar alle drie de vrouwen zijn onmiskenbaar dood.

Haar ademhaling versnelt en ze moet een paar keer slikken. *What the fuck, Hein?*

Simone klikt nog een paar foto's aan. Naakte vrouwenlijven, lijken, in een vredige natuursetting, in kille autopsiekamers, in dramatische poses over dekbedden gedrapeerd en als onbetekenende hompen vlees op straat gedumpt.

Ongelovig neemt ze de ene na de andere foto in zich op. Haar borstkas voelt zwaarder, opgeblazen, als een ballon die bij de minste aanraking zal knappen. Ze rukt haar blik los van de foto's en richt zich opnieuw op het uitzicht buiten, op de onschuldige degelijkheid van de buurt.

Hein heeft deze afbeeldingen verzameld. Opgeslagen om terug te kunnen kijken, in een mapje dat hij de argeloze naam 'Overig' heeft gegeven.

4

Joyce zit op het piepkleine, aan haar slaapkamer grenzende balkon te kijken hoe de wijk in beweging komt. Hoe de buurtbewoners zich in maatpak, in spijkerbroek, in dikke auto's en op opoefietsen, naar hun plaats van bestemming begeven. Zij hoeft nergens heen. Tegenwoordig mag ze uitslapen, maar ze was wakker geschrokken uit de zoveelste nachtmerrie, haar lichaam en beddengoed nat van het zweet. Ook na een warme douche bleef haar lijf in een gejaagde modus, vergelijkbaar met de rillerige gewaarwording na een cafeïneoverschot.

Ze had haar ademhalingsoefeningen gedaan en was op het balkon gaan zitten. Hoewel de onderkant van het dak haar deels beschermt tegen de regen, moet het er een tikkeltje vreemd uitzien. Een vrouw die in dit weer op het balkon voor zich uit zit te staren.

De paniek is bij lange na niet uit haar borst verdreven. Met gesloten ogen snuift ze een diepe teug frisse lucht op. De boerderijen langs de weg net buiten de woonwijk trakteren de buurt op een chronische mestgeur, meestal licht, soms zo sterk dat ze de boeren erom vervloekt. Vandaag heeft ze geluk en ruikt ze voornamelijk het natte groen om haar heen. Als je dan toch moet revalideren, dan is dit niet de minste plek, houdt ze zich trouw voor.

Joyce ziet de oudere overbuurvrouw, die zich met een paraplu in haar hand richting de bushalte haast. Net was er het afscheidsritueel van de familie Heemskerk: Thijs, in zijn donkerblauwe pak, uitgezwaaid door zijn knappe vrouw Evi en twee schattige, piekfijn gestylede kindjes. Op en top het geslaagde gezin, met een ruime koopwoning, twee auto's voor de deur... Als Evi niet zo'n leuk mens was, zou Joyce nu waarschijnlijk vol bittere gedachten zitten. Het valt haar momenteel niet mee om een ander, zelfs een vriendin, haar geluk te gunnen.

Onvermijdelijk dwalen haar gedachten af naar een andere ochtend, twee maanden geleden. De sloten waren bevroren en alles was bedekt met een ongekend dikke laag sneeuw. Ouders trokken hun kinderen op de slee voort naar school. De dagen van strenge vorst betekenden voor Joyce en haar collega's bij de politie tientallen gladheid-gerelateerde oproepen. Toch had het rampzalige voorval van die dag niets met de weersomstandigheden te maken gehad.

Iemand had de alarmcentrale gebeld met de mededeling dat hij zich van kant ging maken en dat hij ter plekke zijn huis in de fik zou steken.

Joyce en Floris, de collega met wie ze haar dienstronde deed, waren beschikbaar, maar ze moesten vanuit een ander stadsdeel komen. Met loeiende sirenes spoedden ze zich naar de betreffende woning. Zoals zo vaak was ze blij geweest dat ze juist met Floris dienst had. In de 27 jaar dat ze samenwerkten, was hij van een collega uitgegroeid tot haar beste vriend en waren ze perfect op elkaar ingespeeld geraakt.

Van buitenaf waren er nog geen tekenen van een brand te zien. Ze renden richting het huis, zij met een koevoet in de hand. Wat er daarna gebeurde wordt in haar herinneringen steevast vertraagd afgespeeld, terwijl ze in werkelijkheid door de snelheid van het moment niet in staat was geweest om zelf ook maar een stap te verzetten.

Zij wrikte de koevoet tussen de deur, Floris trapte hem open en verstarde. Gealarmeerd door zijn beweging, probeerde Joyce iets te ontwaren in de lege gang van het huis. Op het moment dat ze de geur registreerde, had Floris zich al omgedraaid. In zijn sprint trok hij haar mee en slingerde haar met geweld een eind voor zich uit. Het laatste wat ze zich van die dag kan herinneren, was zijn noodkreet: 'Gas...!'

Een explosie, zouden ze haar dagen later vertellen, nadat ze was bijgekomen in het ziekenhuis. Ze had twee operaties ondergaan. Een voor acute hulp en een in een poging haar verbrande vel te vervangen door stukken gave huid van elders op haar lichaam. Ze was voor het leven getekend en het revalidatietraject zou maanden in beslag nemen, maar ze leefde tenminste nog. Floris werd anderhalve week na het voorval begraven.

Nu mag ze weer kalmpjes aan twee dagen per week aan het werk. Kantoorwerkzaamheden, die ze vanuit huis kan doen. Het voelt als een straf.

Zij hoort op straat, waar je elk moment kan worden opgeroepen in verband met een uit de hand gelopen ruzie, een ongeluk of een overval. In de stad leeft het, loopt ze dwars door alle lagen van de samenleving. Geliefd, gehaat, maar bovenal nodig.

Nu zit ze al twee maanden thuis, herstellende van het ongeval, de mentale klap die daarop volgde, en met een schuldgevoel omdat ze met de beste wil van de wereld geen dankbaarheid kan opwekken.

Het scherm van haar telefoon licht op door een app van Evi. *Vanavond serie kijken?*

Joyce glimlacht. Totdat ze weer de oude is, moet ze het van de kleine lichtpuntjes hebben.

5

De stationwagen van de nieuwe buurman passeert Evi als zij in haar pauze aan haar korte hardloopronde begint. Vanavond, als Joyce komt, zullen er weer de nodige snacks op tafel komen, dus is het beter dat ze vandaag het rennen niet overslaat. Een van de voordelen van thuiswerken is dat ze dit soort dingen tussen de middag kan doen. Ze geniet van deze halfuurtjes, voornamelijk vanwege de omgeving.

Doordat de gemeente de landelijke sfeer ook in deze straten wilde doorvoeren, staat het hier vol velden met klaprozen en fluitenkruid en brede sloten met drassige eilandjes, waar eenden, meerkoeten en rivierkreeftjes huizen.

De laatste tijd had ze het sporten laten versloffen, waarbij het snacken evenredig toenam en de kilo's eraan vlogen. Ze koestert de vage hoop dat Thijs meer oog voor haar zal hebben en zich wellicht wat vaker van zijn werk zal kunnen losweken, als zij weer moeite doet om er goed uit te zien. Bij de gedachte aan Thijs komt een moedeloos gevoel opzetten. Ze vraagt zich af of dit de manier is waarop mensen elkaar kwijtraken. Heel subtiel is het erin geslopen, het langs elkaar heen leven. Elkaar en elkaars behoeften uit het oog verliezen. Op de momenten dat zij dan weer een soort opleving krijgt en er wat van wil maken, lijkt hij zich daar in zijn geheel niet van bewust. Alsof hij het allemaal wel best vindt zo.

Ze nadert nummer 64, waar de buurman zijn hond uit de achterbak van de auto tilt.

Het liefst zou ze oversteken, ze heeft het niet zo op grote

honden. De buurman vangt haar blik en ze voelt zich verplicht om even te stoppen en zich voor te stellen.

'Hallo... Jullie zijn hier pas komen wonen, toch?'

'Dat klopt. Net twee weken geleden.' Hoewel hij niet het soort man is dat zij zou omschrijven als naar haar type werd gevraagd, is ze onder de indruk van zijn verschijning. Lang, met brede schouders, een lichte stoppelbaard en halflang donkerblond haar. Zijn huid heeft de kleur van iemand die in elk jaargetijde veel buiten is en ondanks dat het behoorlijk waait, draagt hij geen jas maar een spijkerjack. Heel anders dan Thijs, die er altijd gladgeschoren en meestal in pak bij loopt.

'Ik ben Evi.'

'Hein.'

Ze probeert hem niet al te opzichtig te bekijken, voelt zich het typische yuppengeval dat te weinig aandacht krijgt van haar carrière-beluste man, waardoor haar gekrenkte brein iedere buurman en schoolpleinvader die naar haar glimlacht meteen een aantrekkelijk uiterlijk toeschrijft.

'Hebben jullie je draai al een beetje gevonden?' vraagt ze.

'Zeker.' Zijn vingers strelen de brede kop van de hond. 'We zijn druk de buurt aan het verkennen.'

'Waar komen jullie vandaan?'

'Amsterdam.'

'Dat is nogal een verschil met hier.'

'We kwamen hier voor de rust. En het is kleinschaliger. Ons kent ons.' Zijn woorden missen de nodige overtuiging en hij kijkt, net zoals haar vanochtend was opgevallen, niet bepaald vrolijk.

'Ik heb hier mijn hele leven gewoond, afgezien van mijn studententijd in Amsterdam,' vertelt Evi. 'Toen Thijs en ik toe waren aan een gezin, wilden we hier graag terugkomen.' Ze wijst naar achteren. 'Wij wonen in dat blok, met onze zoon en dochter.'

Ze verwacht dat hij zal vragen hoe oud haar kinderen zijn, zoals de meeste mensen zouden doen, maar hij knikt slechts.

'Jullie hebben geen kinderen, toch?'

'Wij houden het bij Jack.'

De hond kijkt vluchtig op en Evi glimlacht.

'Jij bent een fervent hardloopster?' Zijn blik glijdt traag over haar sportoutfit en tot haar afgrijzen voelt Evi hoe zich vanuit haar hals een blos verspreidt.

'Nou, ik ben van plan het weer vaker op te pakken. Eigenlijk zou ik ook een hond moeten hebben, want dan móét je er wel op uit. Maar daar heb ik helaas geen tijd voor, met werk en de kids en...'

Hij haakt er niet begripvol op in, maar wacht kalm tot ze is uitgerateld. 'Hmmm,' knikt hij dan. 'Jammer.'

Opgelaten steekt ze haar hand op. 'Ik ga maar eens verder. Ik zal je nog wel vaker tegenkomen.'

'Ja, absoluut,' mompelt hij. 'Dag, Evi.' Bij het uitspreken van haar naam lacht hij voor het eerst, waardoor hij direct een stuk toegankelijker schijnt.

In een stevig tempo steekt ze over en zet ze koers richting de houten brug, die het einde van de straat markeert.

6

De foto's op Heins computer hebben een kille woede in Simone aangewakkerd, die met iedere minuut dat ze zit te wachten verder toeneemt.

Hij is de hele ochtend weggebleven. Haar blik valt herhaaldelijk op de envelop die ze op zijn bord heeft laten liggen, met het ticket voor het weekendje Barcelona, en ze voelt zich door hem verraden.

Eindelijk hoort ze hem binnenkomen met Jack.

'Zo...' Hij glimlacht naar haar. 'Wilde jij nog iets leuks doen samen?'

Simone haalt haar schouders op. 'Zeg jij maar wat je wilt. Het is jouw verjaardag.'

'Ik vind alles goed.'

Ze schuift haar tijdschrift aan de kant. 'Ik wilde eigenlijk Susan uitnodigen,' zegt ze, puur om hem te stangen.

'Wat?'

'Mijn vriendin Susan. Ik vind dat we elkaar vaker moeten zien. We hebben net een nieuw huis, ik vind het leuk als ze langskomt.'

Er flikkert iets in zijn ogen. Ze weet hoe hij denkt over vriendschappen en over andere mensen in zijn huis.

'Prima,' zegt hij. 'Wat jij wilt.' Als hij zich afwendt, vlamt haar eigen irritatie op.

'Waarom doe je nou zo? Mag ik geen vriendin uitnodigen?'

'Ik zeg toch dat je moet doen wat je wilt?'

'Net als jij, bedoel je?'

Hij kijkt haar vragend aan.

'Jij doet precies wat je wilt, toch Hein?' Ongewild verheft ze haar stem. 'Die kant gaat het in ieder geval wel op.'

Ze loopt langs hem heen naar boven, naar de werkkamer, om zijn laptop te pakken. Bij terugkomst hoeft ze niets uit te leggen, het is duidelijk dat hij allang weet hoe laat het is.

Zwijgend vouwt ze het scherm open en klikt ze op het mapje 'Overig'.

Hij ziet er verslagen uit. 'Sorry, je hebt gelijk. Ik weet niet zo goed wat ik met mezelf aan moet, de laatste tijd. Die verhuizing en alles... We hebben daar ongetwijfeld goed aan gedaan, maar zo voelt het niet.'

Ineens trekt haar boosheid weg en schaamt Simone zich dat ze zo graag een ruzie wilde uitlokken. Wat had het voor zin? Het is duidelijk dat ze een probleem hebben.

Plotseling voelt ze zich dodelijk vermoeid, alsof ze al haar energie in deze halve dag al heeft verbruikt.

Ze laat zich op de bank zakken en Hein komt bij haar zitten. Zijn hand omsluit haar knie, strijkt zachtjes over de stof van haar jeans.

'Sorry,' fluistert hij nogmaals.

Ze schudt haar hoofd. 'Hein... Zorg dat je jezelf weer bij elkaar raapt.' Het klinkt kil en gevoelloos, maar het is belangrijk dat haar woorden tot hem doordringen. Als hij denkt dat ze terug kunnen verhuizen, heeft hij het mis. Zij gaat nooit meer terug naar Amsterdam, geen haar op haar hoofd.

'Dit zou een nieuwe start worden. Dat hadden we afgesproken.' Ze kijkt hem aan van opzij. 'Je móét proberen er wat van te maken.'

Hij knikt. 'Je hebt gelijk. Ik wil dat ook echt, Moon. Ik wil er ook wat van maken.'

Ze gaat niet zeggen dat ze begrijpt dat het moeilijk is. Ze wil hem geen millimeter geven, geen enkel excuus om te verslappen.

Ze zijn samen in dit nieuwe huis in deze wijk neergestreken en nu moeten ze zorgen dat het gaat werken. Een andere optie is er niet.

7

Een nieuwe dag is aangebroken en het voelt alsof ze al bergen heeft moeten verzetten. Bij het eerste ochtendlicht geeft Joyce de hoop om weer in slaap te vallen op en komt ze overeind in haar bed. De klok op haar telefoon geeft halfzes aan en de weer-app een minimum van twintig graden.

Kut. In een wijde sweater, na het ongeval haar vaste kledingstuk, zal het vandaag bijna niet uit te houden zijn. De lente heeft haar intrede gedaan en vanaf nu zal het alleen nog maar warmer worden.

Joyce blijft een paar seconden voor haar bed staan, maar trekt dan de zijden top waarin ze meestal slaapt over haar hoofd, doet haar string uit en gaat voor de spiegel staan. Gewoonlijk slaat ze dit gedeelte over. Eigenlijk heeft ze zichzelf na de laatste operatie nog maar een paar keer volledig naakt gezien, maar volgens haar psycholoog is het belangrijk dat ze aan haar nieuwe spiegelbeeld gaat wennen.

Nog altijd met een gevoel van ongeloof neemt ze de schade in zich op. Met name de linkerzijde van haar lichaam is verbrand, tot en met haar nek en een deel van haar kaak aan toe. Dat laatste ziet ze vaker in de badkamerspiegel, maar met haar complete lijf erbij is het toch wel even wat anders.

Voorzichtig gaat Joyce met haar vingers over de beschadigde huid. Ze is vaak in de weer met siliconenverbanden om de vochthuishouding te verbeteren en de pijn die de littekens haar bezorgen te laten afnemen. Dat helpt wel, maar voor de aanblik maakt het weinig verschil. Ze zal het voor altijd met deze nieuwe huid moeten doen.

Ik ben 46, het verval was toch allang begonnen, denkt ze bij zichzelf. Snel draait ze zich om en begint zich aan te kleden. Terwijl ze haar broek omhoog sjort, dringt ze haar emotie terug. Als ze ergens geen zin in heeft, is het huilen om wat ze heeft verloren.

Nadat ze op de gang haar jas heeft aangetrokken, pakt ze de plastic tas met een schep en twee bakken met bloemen die ze gisteren in het tuincentrum heeft gekocht, grist haar autosleutels van het gangtafeltje en loopt naar haar auto.

'Hoi, Floris.' Joyce legt de twee bloembakken en de schep in het gras, naast het graf van haar verongelukte collega. De begraafplaats straalt iets vredigs uit in de ochtendzon. Verder is er nog geen mens te bekennen, maar dat is juist fijn, want hierdoor voelt Joyce zich niet geremd om hardop te praten.

'Deze heb ik gisteren voor je gekocht. Hopelijk slaan ze aan.' Van de bloemen die ze een tijdje geleden had geplant, is slechts een miserabel zooitje overgebleven. Ze gaat op haar knieën zitten en begint met de schep de dode plantjes en het onkruid te verwijderen.

'Misschien is dit een beetje een onchristelijk tijdstip, maar ik moet even rustig worden in mijn hoofd.'

Enkele weken geleden, op een ochtend toen ze zich vreselijk gedeprimeerd had gevoeld, maar niet voor de zoveelste keer Evi wilde bellen, was ze naar de begraafplaats gereden en had ze voor het eerst weer tegen hem gepraat, terwijl ze zijn graf verzorgde. Dat was vrij heilzaam gebleken en sindsdien gaat ze minimaal één keer in de week.

Ook dit keer mist het aanzicht van de graven zijn kalmerende uitwerking niet. Bovendien wordt ze hier met haar neus op de feiten gedrukt, waardoor ze weer kan relativeren.

'Ik ben er nog.' Het paniekerige gevoel dat was komen opzetten bij het zien van haar spiegelbeeld trekt weg uit haar borst. Floris heeft haar een kans op leven gegeven en ze zál weer gaan leven, weer gaan werken, ook al is ze voor nu ontdaan van haar taken, haar uniform en haar wapens.

Dat laatste klopt niet helemaal... Niemand heeft haar gesommeerd haar dienstwapen in te leveren, dat ligt nog altijd in de kluis in haar woonkamer. Officieel zit ze thuis vanwege een lichamelijk hersteltraject, niet voor mentale problemen. Iemand ronduit zeggen dat het vanwege zijn labiele toestand niet langer verantwoord is om zijn wapen bij zich te houden, blijkt in de praktijk een dusdanig gevoelig punt dat leidinggevenden vaak een oogje dichtknijpen. Dat is binnen een organisatie als deze niet moeilijk. De politie controleert iedereen, maar er is niemand die de politie op dit soort dingen controleert. Hoewel Joyce dit altijd als een grote nalatigheid beschouwde, kan ze moeilijk beweren dat ze er rouwig om is dat het wapen niet is ingevorderd. Zo heeft ze nog enigszins het gevoel onderdeel te zijn van het team, om niet volledig te zijn afgeschreven.

'Over een tijdje ga ik gewoon weer aan de slag,' verzekert ze Floris, en zichzelf. 'Het maakt niet uit of mensen naar me staren, dat doen ze toch wel.' Het politie-uniform trekt altijd de aandacht, mensen halen de gekste capriolen uit zodra ze zich ervan bewust worden. Ze gaan koortsachtig bij zichzelf na of ze iets verkeerds doen, trappen op de rem, gaan exact vijftig rijden waar je vijftig mag. Begrijpelijk, maar bloedirritant. Toch kijkt Joyce er reikhalzend naar uit om zich weer aan die kleine dingen te irriteren.

Alles op zijn tijd, kan ze Floris bijna horen zeggen. *Eerst maar eens op krachten komen en nog een flink aantal keer in je nakie voor de spiegel.*

Glimlachend stopt ze het onkruid in de nu lege plantenbakken.

8

Tijdens een ruim twee uur durende rit heeft Lina het uitgestrekte Groningse landschap verruild voor de kantoorpanden en shoppingcentra van Amsterdam-Zuidoost. Vanochtend heeft ze haar pleeggezin gedag gezegd, om na een periode van iets meer dan een jaar weer uit hun leven te verdwijnen. Judith, de jeugdzorgwerker, reed haar met de auto door Drachten, langs Lelystad en Almere, en uiteindelijk via Diemen de hoofdstad in.

'Ben je zenuwachtig?' had Judith gevraagd toen ze uit Groningen vertrokken.

'Ja,' had Lina naar waarheid geantwoord. Wat was dat nou weer voor een domme vraag...

Judith leek haar ergernis niet op te merken. 'Het is altijd weer spannend hè, een nieuwe plaatsing?'

Ze heeft een hekel aan dat woord, het doet haar denken aan een hond uit een asiel die bij een nieuw gezin wordt geplaatst. Net zomin als een hond wordt gevraagd wat hij wil, is dat bij haar gebeurd. Er wordt puur gekeken naar wat kan, naar waar nog plek is.

'Dit is mijn drieëntwintigste plaatsing,' had ze gemompeld. Met haar zeventien jaar is ze inmiddels volledig gepokt en gemazeld waar het gaat om alles achterlaten en opnieuw beginnen.

Judith schonk haar een bemoedigende glimlach. 'Dit zijn echt leuke mensen, ze doen het ook al een hele tijd.'

Een aantal weken geleden had Lina kennisgemaakt met haar nieuwe pleegouders. Zo snel gaat het; een kennismakingsgesprek en je woont ineens bij die mensen thuis. Voorheen was er vaak niet eens tijd om van tevoren kennis te maken en werd ze zonder enige voorbereiding bij een pleegzorgadres gedropt.

Lina antwoordde niet en hoopte dat het mens verder haar mond zou houden. Dat deed ze. Tot nu.

'Kijk, daar is de Johan Cruijff Arena. Herken je al iets van vroeger? Je hebt toch ook in Amsterdam gewoond?'

'Ik herken nog niets.' Ze herinnert zich de huizen aan de Prinsengracht. Haar basisschool, de turnvereniging waar ze lid van was. Ze knippert met haar ogen als ze plotseling juf Jasmijn voor zich ziet, die haar helpt met de handstand. Net zo snel als de herinnering opkwam, verdwijnt hij weer.

Ze rijden een woonwijk in, met roodkleurige rijtjeshuizen en daarachter enkele flats. Op nummer 5 gaat de deur open en haar nieuwe pleegmoeder komt naar buiten.

Lina klikt haar gordel los en stapt uit. Nu begint de 'overdracht', en ook die term is haar tegen gaan staan, omdat ze zich er minder mens door voelt.

'Fijn dat jullie er zijn. Lina, welkom.' De vrouw, Agnes, lacht hartelijk naar haar.

Gereserveerd lacht ze terug.

'Ah, daar is ze al.' Pim, haar nieuwe pleegvader, verschijnt in de deuropening. Hij is kaal, achter in de vijftig, met vrolijke pretogen. 'Welkom, meis. Je hebt mooi weer meegebracht.'

'Ja, het is heerlijk vandaag,' beaamt de jeugdzorgwerker. Bij de overdracht praten volwassenen altijd over het weer.

Lina pakt haar reistas uit de auto en stapt achter de anderen aan naar binnen. In de woonkamer op de bank zitten drie jongens. In tegenstelling tot de ouders hebben ze alle drie een donkere huid, wat haar vertelt dat zij ook niet de biologische kinderen zijn van Agnes en Pim. De oudste jongen is een jaar of veertien.

'Hoi,' zegt hij. 'Ik ben Anthony.' De tweede, van ongeveer tien, zegt dat hij Gio heet. De kleinste jongen van vier of vijf weigert iets te zeggen. Hij schiet van de bank en kruipt weg achter Pims benen.

'Dit is Ronnie,' zegt Pim. 'Hij is nog een beetje verlegen.'

'Zo, dit is de woonkamer, dat zie je...' zegt Agnes. 'Daar heb je de keuken en de achtertuin.' Ze wijst naar de schuur, die vanuit het raam te zien is. 'Daar staan de fietsen, er is er ook één voor jou. Wil je wat drinken, of eerst je kamer zien?'

'Graag eerst mijn kamer zien.'

'Prima, dan maak ik even een kopje koffie voor Judith,' zegt Pim en terwijl hij naar de keuken loopt, gaat Agnes Lina voor de trap op.

'Hier is de kamer van Ronnie en Gio. Anthony slaapt daar. Dit is onze slaapkamer, en boven hebben we nog een zolder.' Ze opent de deur van de achterste kamer op de overloop. 'Dit is jouw kamer.'

Een bed en een bureau nemen vrijwel de gehele ruimte in, maar Lina is heel blij dat ze een kamer voor zichzelf heeft.

'Neem even lekker de tijd om je te installeren,' zegt Agnes. 'Straks gaan we met z'n allen lunchen en dan zullen we je wel het een en ander uitleggen over het reilen en zeilen hier.'

Lina knikt.

Als Agnes weg is, kijkt ze de kamer rond. Het raam biedt uitzicht op een paar flats, een fietspad dat onder een viaduct door loopt en enkele grasvelden. Ze opent haar reistas en haalt de foto, die ze bovenop heeft gelegd, eruit. Een vrouw heeft haar armen van achteren om een klein meisje geslagen. Ze hebben dezelfde blonde haarkleur en beiden een rozige huid van een dag in de zon. Ze lachen breeduit in de lens. Lina zet de foto op het nachtkastje naast haar bed. Dan doet ze haar jas en schoenen uit en laat zich op het matras zakken.

Hier is ze dan, terug in haar geboorteplaats. Flarden van herinneringen volgen elkaar op, alsof ze hebben gewacht op het moment waarop ze alleen zou zijn.

Ze is weer in de woonkamer aan de Prinsengracht.

'Doe nog eens een radslag?' vraagt haar moeder.

Ze doet er drie achter elkaar en zorgt ervoor dat ze op tijd stopt en niet tegen de boekenkast aan komt, die een hele wand in beslag neemt. De woonkamer wordt belicht door futuristische lampen en er hangt felgekleurde kunst aan de muur. De gedurfde inrichting van een succesvolle binnenhuisarchitecte.

Dan – plof – is ze heel ergens anders. Het Vondelpark. Ze zit aan een tafel op een terras en eet een ijsje. Haar moeder staat op om iemand gedag te zeggen. Het is een meneer, Lina kent hem niet.

Samen komen ze naar haar toe gelopen. 'Dit is Mick.' Haar moeder lacht een beetje zenuwachtig. 'Hij is een... goede vriend van mij.' De meneer lacht ook.

'Hoi, Lina,' zegt hij. 'Ik heb veel over jou gehoord.'

Ze schudt haar hoofd, om de gedachte zo snel mogelijk te verdrijven, Micks gezicht uit te wissen, als op een schoolbord.

Ze focust op haar spullen en legt ze netjes in de kast. Het is echt heel fijn dat ze deze kamer met niemand hoeft te delen. Vanuit de woonkamer klinkt gelach. Lina ritst haar tas dicht en weerstaat de behoefte om op bed te gaan liggen. In plaats daarvan loopt ze naar beneden om samen met haar nieuwe pleeggezin te lunchen.

9

Evi vult het water van het koffiezetapparaat bij. Vaag hoort ze zo nu en dan de stem van Joyce, die boven iets roept, gevolgd door het gelach van de kinderen. Ze had haar vriendin uitgenodigd nadat Thijs wéér op de valreep had gebeld dat hij moest overwerken. Dit is de tweede keer in drie dagen dat Joyce langskomt nadat Thijs hun afspraak had gecanceld.

'Ik dacht dat wij er samen een gezellige avond van zouden maken?' had ze tegen hem gezegd. 'Je had het nog over die nieuwe serie die jou zo goed leek.' *En daarna zouden we weer eens samen in bad gaan en...*

'Dat kunnen we van 't weekend doen. Dat komt me echt beter uit.'

Ik kom jou nooit meer uit. 'Thijs, we hebben het hier toch over gehad?'

'Ik moet verder, Eef. Sorry, ik zal zorgen dat ik het volgende week minder druk heb, maar deze week zit ik echt ramvol.'

Voordat ze nog iets kon zeggen had hij al opgehangen.

Evi vloekte zachtjes. Ze vond het verschrikkelijk om steeds zo achter hem aan te lopen. Dat zij hem miste, terwijl daar andersom helemaal geen sprake van leek.

'Zo...' Bleek van vermoeidheid komt Joyce de huiskamer binnen. Luuk en Sophie waren haar om de hals gevlogen toen ze een uur geleden voor de deur stond en zij had gewillig met de kinderen gespeeld, hen in bad gedaan, tandengepoetst en voorgelezen. Uitgeteld ploft ze op de bank in de woonkamer en kijkt Evi met een zekere devotie aan.

'Pittig hè, zo'n avondroutine,' grijnst Evi. 'Ik zei toch dat je het niet hoefde te doen.'

'Ach, de kids wilden het zo graag.'

'Weet je zeker dat je geen wijn wilt?'

Joyce schudt nee. 'Ik trek alcohol niet goed meer.'

De afgelopen maanden heeft Evi gezien hoe het ongeluk en de nasleep daarvan haar vriendin als een parasiet uitholden. Haar energie was volledig weg en dingen die voorheen de gewoonste zaak van de wereld waren, kon ze nu amper meer verdragen. Drukte om haar heen. Een glas wijn. Een uurtje met de kinderen, waar ze juist altijd energie van kreeg.

'Prima toch,' zegt ze op luchtige toon. 'Eerst maar eens goed herstellen. Zal ik anders een decafé voor je maken?'

'Ja, doe maar. Dat is beter.'

Als Evi's wijnglas leeg is en Joyce zich tegoed heeft gedaan aan een paar stukken Tony's, glijdt bij hen beiden de dag van de schouders, vergezeld door een voldane zucht.

'Verdomme, kijk ons nou,' lacht Evi. 'Oma en oma.'

Met een vergenoegd gezicht neemt Joyce een slokje van haar decafé. 'En die arme Thijs maar werken.'

'O, dat vindt hij niet erg, hoor.'

'En jij?'

'Ik snap het wel.' Evi schenkt zichzelf een tweede glas in. 'Het hoort er nu eenmaal bij.'

'Maar?'

Joyce hoeft ze niets wijs te maken.

'Maar het is wel zo dat ik me vaak écht net een oma voel. Of misschien geen oma, maar je weet wel, zo'n suf geval, met amper meer een eigen leven, carrière volledig op z'n gat. En Thijs...' Abrupt staakt Evi haar relaas, een schuldbewuste blik in haar ogen. 'Sorry hoor. Moet je mij horen, terwijl jij...'

'Niet doen,' zegt Joyce. 'Ik vroeg er toch naar? Iedereen heeft recht op zijn eigen problemen. En Thijs?'

Opgelaten gaat Evi verder: 'Ik zou waarschijnlijk niet zo down zijn als ik het gevoel had dat we hier samen in stonden. Dan had ik het misschien minder erg gevonden om zo'n grote stap terug te doen. Maar dat gevoel heb ik al heel lang niet meer. We zitten ieder op ons eigen eilandje en ik kan hem niet goed bereiken. Ik interesseer hem gewoon niet meer, lijkt het wel.'

Joyce kijkt haar onbewogen aan. 'Heb je dat al tegen hem gezegd?'

'Zeker. En dan zegt hij dat we inderdaad meer tijd aan elkaar moeten besteden, maar als puntje bij paaltje komt, laat hij het afweten. Hij houdt vol dat het er momenteel niet in zit om minder te werken en dat het juist zo goed gaat en dat hij het toch voor ons allemaal doet.'

Joyce haalt haar schouders op. 'Het gaat erom wat jullie het belangrijkst vinden. Als jij hier niet mee kan leven, moet je met een alternatief komen. En Thijs moet eerlijk zijn, carrière maken doe je voor jezelf. Dat is niet iets wat je móét doen, vooral niet als je partner er te veel voor moet opgeven. Maar ik denk dat het allemaal wel losloopt, als jij je duidelijk uitspreekt en jullie elkaar wat meer aandacht geven. Misschien is Thijs nu voornamelijk met zichzelf bezig, maar hij is echt de beroerdste niet.'

Ze klinkt uitgeblust en Evi baalt dat ze zich heeft laten verleiden om haar gal te spuien. Het laatste wat ze wil is Joyce verder belasten.

'Ik zou me zo graag weer normaal willen voelen,' prevelt Joyce. 'De zomer komt eraan. Ik wil naar concerten, dansen, dronken worden.' Ze plant de kop decafé op tafel. 'Ik wil uit eten, shoppen, leven, maar ik krijg het amper voor elkaar om hier een uur op de bank te zitten, zonder dat ik omval.'

Ook Evi zet haar glas neer en schuift over de bank richting haar vriendin. Met haar armen om Joyce geslagen blijft ze een poosje zitten en murmelt dezelfde zinnetjes als wanneer een van haar kinderen verdrietig is. Meestal zijn de rollen omgekeerd en is Joyce, die ruim zeven jaar ouder is, degene die háár troost en van advies voorziet. Ze voelt dat haar nek vochtig wordt, wat haar nog bezorgder maakt. Ze kan zich niet herinneren dat Joyce ooit in haar bijzijn heeft gehuild.

'Hé…' Met haar duimen veegt ze over Joyce' wangen. 'Als we nou zelf eens voor iets leuks zorgen… Ik heb al vaker gedacht aan een buurtfeest.'

'Een buurtfeest?'

'Jij hoeft niets te doen,' vervolgt Evi snel. 'Ik kan het in de groep gooien, een datum prikken, vragen of iedereen hapjes en drank meeneemt. We zetten een barbecue op het veld hierachter, ik zorg voor muziek en klaar is Kees. Dan heb je toch iets gezelligs om naar uit te kijken en als je het niet meer trekt, ben je in twee stappen thuis.'

Het blijft even stil en juist als Evi op het plan terug wil komen, geeft Joyce toe dat ze het eigenlijk wel een leuk idee vindt.

'Je hebt gelijk, even iets leuks om naar uit te kijken. Dan zien we iedereen uit de buurt ook weer eens.'

Evi is opgelucht dat ze haar vriendin heeft weten te enthousiasmeren. 'Voor die nieuwe buren is dat meteen een perfecte kans om iedereen te ontmoeten. Hem heb ik al wel gesproken, haar nog niet.'

'En hoe was hij?'

'Aardig, echt een leuke man. Niet per se een standaard lekker ding, maar hij heeft wel iets.' Met een knipoog staat Evi op en vraagt dan of Joyce zin heeft in toastjes met zalm en garnalen. 'Had ik eigenlijk speciaal voor Thijs gehaald, maar die neemt maar wat op de zaak.'

'Amen,' zegt Joyce.

10

'Goedemorgen, Lina,' zeggen Pim en Agnes als ze naar beneden komt om te ontbijten. Haar twee kleine pleegbroertjes mompelen iets onverstaanbaars in haar richting.

'Goedemorgen.' Lina gaat op de plek aan tafel zitten die haar is toegewezen. In een wolk van Sanexdeodorant komt ook haar veertienjarige pleegbroer Anthony binnen. Agnes is bezig om de broodtrommels voor de twee jongste jongens klaar te maken, terwijl ze ondertussen de opgeschreven punten in haar agenda doorneemt.

'Anthony, vanmiddag om twee uur hebben we het gesprek met jouw begeleider. En om kwart over drie hebben we het tienminutengesprek van Gio op school...' Ze glimlacht naar Lina. 'Met een pleeggezin vergt het allemaal net iets meer organisatie. Dat zul je wel gewend zijn.'

'Ja, zeker.' Door de jaren heen heeft ze pleegouders wanhopig zien puzzelen om alle activiteiten in te plannen. Er zijn ook zoveel verschillende partijen in het spel: kinderen, scholen, jeugdbeschermers, biologische ouders, begeleiders, psychologen...

Tot haar verrassing ziet Lina naast ieder bord een schaaltje fruit staan.

'Wij vinden het belangrijk dat iedereen zijn dagelijkse portie fruit binnenkrijgt,' legt Pim uit als hij haar ziet kijken. 'Dat eten we 's ochtends, omdat de ervaring leert dat sommige mensen daar 's middags zelf niet aan denken.' Hij knipoogt naar Anthony, die terug grijnst.

'Voor de rest kan je pakken wat je wilt,' zegt Agnes.

Lina was gewend om gehaast iets van beleg op een broodje te kwakken en naar de bus te rennen, als ze 's ochtends überhaupt iets at, maar het verplichte fruit is wat haar betreft een welkome verandering. Net als de privacy van haar kamer. Er is haar verzekerd dat niemand daar zonder te kloppen binnen zal komen. Ook de regels, zoals die haar gisteren tijdens de lunch waren uitgelegd, zijn prima. Geen sigaretten in huis, drugs zijn een no go, op tijd aan het ontbijt en avondeten verschijnen. Eigen kamer opruimen en schoonhouden, plus nog een paar andere klusjes in huis. Geen bijzonderheden.

Het is nog te vroeg om conclusies te trekken, maar tot nu toe lijken deze mensen inderdaad wel oké te zijn.

Haar nieuwe school ligt op loopafstand van het huis van Agnes en Pim. Met de paraplu die Agnes haar heeft gegeven loopt ze in de motregen langs de velden, richting de Amsterdamse Poort. Vaak voelt Lina zich een ruimtewezen, dat continu strandt in verschillende landjes binnen Nederland. Wie denkt dat in een gebied met een dergelijke geringe omvang alles grotendeels hetzelfde aandoet, komt bedrogen uit. Nederland is opgedeeld in vele werelden. Volkse werelden, rijkeluiswerelden, plattelandswerelden, religieuze werelden. In stukjes Marokko, Suriname, Indonesië, Turkije en nog veel meer. Het multiculturele straatbeeld van de Bijlmer had geen schriller contrast kunnen vormen met de Friese en Groningse dorpen, waar ze de afgelopen jaren heeft gewoond. Ze geniet van de drukte om haar heen en van het feit dat zij nu op een plek is waar haar komst niet het nieuws van de dag zal zijn. In haar klas zal ze even de nieuweling zijn, maar op straat kan ze opgaan in de massa alsof ze hier al jaren woont.

Het regent, het regent, de pannetjes worden nat. Het gebeurt opnieuw, een herinnering overvalt haar, dit keer bij het zien van een grote regenplas in het veld. *Daar kwamen twee soldaatjes aan, die vielen op hun gat.*

Ze lopen samen naar school. Met haar beige glitterschoenen gaat ze hinkelend over de bolle straattegels, de kinderkopjes, zoals haar moeder die noemt.

Haar geheugen schakelt over op een middagscène. Een glimlach spreidt zich als vanzelf over haar gezicht uit wanneer ze haar moeder tussen de andere ouders op het schoolplein ontdekt. Dan ziet ze dat Mick is meegekomen. De nieuwe vriend van haar moeder, die steeds vaker bij hen thuis komt. Zijn grijns als hij haar in het oog krijgt, geeft haar een hulpeloos gevoel.

'Vind je hem aardig?' had mama gevraagd.

Nee, wilde ze zeggen, maar het was duidelijk dat mama graag wilde dat zij Mick aardig vond.

'Ja,' zei ze dus maar.

Een aantal leerlingen hangt rond op het schoolplein. Binnen is het al behoorlijk druk, ondanks het feit dat Lina bewust wat vroeger is gekomen. Geroutineerd loopt ze door het nieuwe schoolgebouw, rechtstreeks naar het kantoor van de conciërge om zich te melden.

'Lina Hermans?' De vrouwelijke conciërge kijkt op van haar computer. 'Heel goed, ik verwachtte je al. Je zit in 4C, hè?'

'Dat klopt.' Gisteravond had ze haar klassenlijst en rooster nog eens goed bekeken. 'Ik heb nu Nederlands, kunt u me vertellen waar het lokaal is?'

'O, ik loop even met je mee.' De vrouw staat op en sluit het kantoor af. 'Waar zat je eerst op school?' vraagt ze, terwijl ze samen naar boven lopen.

'In Groningen.'

'O… dat kun je niet direct horen.'

'Ik heb daar ook niet zo lang gewoond.' *Daarvoor was het Friesland, en dáárvoor Limburg…*

'Nou, je zult het hier wel naar je zin hebben hoor,' meent de vrouw. 'Het is een gezellige school.'

Nu het moment waarop ze haar nieuwe klas te zien krijgt bijna is aangebroken, merkt ze dat ze nerveuzer wordt. Ze ziet altijd op tegen het voorstelmoment, dat minutenlang kan duren omdat sommige leraren de nieuweling voor de klas laten staan terwijl de rest hem of haar vragen mag stellen.

Bij het lokaal waar Nederlands wordt gegeven, staat de leraar al te wachten. Hij steekt zijn hand naar haar uit. 'Ik ben Chiel Westerink. Leerlingen zeggen meester, of meneer Westerink.'

'Lina Hermans.'

'Welkom,' zegt hij op de immer opgewekte toon van een docent die van zijn vak houdt. De leerlingen druppelen traag naar binnen, terwijl ze haar in het voorbijgaan kort inspecteren.

'Veel succes vandaag,' zegt de conciërge, 'en mocht je nog vragen hebben, dan weet je me te vinden.'

'Dank u wel.'

'Ik zal je even voorstellen.' Meneer Westerink loopt het lokaal in en automatisch volgt ze hem. Het valt haar op dat de stoelen in een kring zijn neergezet.

'Ook in de hogere klassen beginnen we de lessen in een kring.' De leraar had haar verbazing kennelijk opgemerkt. 'We voeren vaak goede gesprekken met elkaar en op deze manier komt een uitleg ook beter over.' Het gepraat van de groep is inmiddels verstomd en zeker vijfentwintig paar ogen nemen haar nu onverholen op.

'Jongens, dit is Lina. Zij start wat later omdat ze net naar Amsterdam is verhuisd. Ik hoef jullie niet te vertellen dat het altijd spannend is als je ergens nieuw binnenkomt en ik vertrouw erop dat jullie haar wel wegwijs zullen maken.'

Goddank wordt haar niet gevraagd om even iets over zichzelf te vertellen. 'Ga maar daar naast Zafira zitten,' zegt meneer Westerink.

Lina loopt naar de aangewezen plek en haar nieuwe klasgenote kijkt glimlachend naar haar op. Donkere ogen in een puntgaaf, toffeekleurig gezicht.

Met de ogenschijnlijke nonchalance van een nomade op haar nieuwste stop glimlacht Lina terug, waarna ze plaatsneemt en haar tas naast zich op de grond zet.

11

Als om tien voor negen 's avonds de lichten weer aangaan en de aftiteling begint, lopen Hein en Simone samen met de rest van de bioscoopbezoekers de zaal uit. Wanneer ze de blauwverlichte trap naar beneden afdalen, zegt Hein dat hij zich niet zo lekker voelt.

'Hè?' Simone kijkt hem aan van opzij. 'Je leek het zo naar je zin te hebben.'

'Ik vond het een goeie film.' Heins blik glijdt over het publiek beneden, dat in de rij staat en zich verlekkert aan het snoep, de nacho's en de popcorn. 'Maar ik heb hoofdpijn gekregen. Eigenlijk zou ik het liefst naar huis gaan.'

'Oké.' Simone had er niet zonder reden op aangestuurd om naar de bioscoop te gaan. Als íéts Hein kan opvrolijken, is het wel een goede actiefilm. In Amstelveen is een theater waar volgens Hein alleen maar ouwe kutfilms draaien, dus had ze bij zijn lievelingsbioscoop in Amsterdam-Zuidoost kaartjes gereserveerd. Het liefst zou Simone Amsterdam zo veel mogelijk mijden, maar zo af en toe een bezoek moet kunnen, zolang ze niet naar het centrum of stadsdeel West hoeft. Het was de bedoeling dat ze nog wat zouden gaan eten in een van de restaurants op de Johan Cruijff Boulevard en daarna een kroeg zouden opzoeken.

'Laten we er met de bus naartoe gaan, die stopt hier op de hoek,' had ze voorgesteld. 'Kunnen we allebei drinken.' Het was hard nodig dat ze weer eens ouderwets plezier zouden maken.

Nu is haar plan voor de avond in het water gevallen, maar ze zal Hein toch uit zijn zwaarmoedige staat moeten trekken. Arm in arm lopen ze naar de busstandplaats op Station Bijlmer Arena.

Zomaar ineens bekruipt Simone een gevoel, een alertheid die mensen ervan bewust maakt dat ze worden bekeken. Meteen breekt het koude zweet haar uit. Ze kijkt zo onopvallend mogelijk om zich heen, maar niemand schijnt specifiek op hen te letten. Hein lijkt ook niets te zijn opgevallen.

Bij het busstation staat een flinke groep mensen te wachten en ze gaan wat achteraf staan, verder van de bussen verwijderd.

Simone zet haar zenuwen van zich af en omhelst haar man. 'Hein,' fluistert ze in zijn oor. 'Er is zoveel wat we samen kunnen doen, weet je nog? Reizen, cursussen, retraites, tántra for god's sake...'

Een van zijn mondhoeken krult omhoog. 'Ik wist niet dat jij interesse had in tantra.'

'Het is maar een voorbeeld.' Zelf glimlacht ze ook en brengt haar lippen weer bij zijn oor. 'Afleiding is het sleutelwoord. Ik weet zeker dat we wel een modus zullen vinden.'

Misschien klinkt het erg smekend, want Hein drukt een kus op haar haren. Een glimp van zijn normale zelf schijnt door het chagrijn waarmee hij zich de laatste tijd heeft omhuld.

'Absoluut, Moon. Ik weet dat ik me als een hork gedraag, probeer daar alsjeblieft een beetje doorheen te prikken. Het komt allemaal wel goed.'

Opluchting stroomt door haar heen. Kennelijk heeft ze de juiste snaar weten te raken.

Ze stappen op bus 300 richting Amstelveen Centrum. Als ze hebben ingecheckt met hun ov-kaarten en plaatsnemen, krijgt Simone opnieuw het gevoel dat er iemand naar haar kijkt. Na even aarzelen blikt ze achterom, maar de mensen waar zij vanaf haar plaats zicht op heeft lijken allemaal met hun telefoon of hun gezelschap bezig te zijn.

Ze schrikt op als haar handtas begint te trillen. Als ze haar iPhone eruit haalt, ziet ze het gezicht van Susan op het scherm. De enige die ze min of meer tot vriendin mag rekenen en met wie ze soms afspreekt.

'Hoi Suus,' zegt ze als ze opneemt.

'Kom je vrijdag nog?' vraagt de bekende nuchtere stem zonder omhaal.

'Vrijdag?'

'De reünie.'

De reünie van haar basisschoolklas. Simone vindt het onbegrijpelijk dat volwassen mensen die allemaal hun eigen leven hebben, elkaar zo nu en dan belasten met iets stompzinnigs als een reünie. Waarom zou je iemand willen zien met wie je nooit contact hebt en van wie je weet dat je hem of haar na de bewuste dag ook niet meer zal spreken, dat wil zeggen: tot aan de volgende reünie?

'Ik heb daar eigenlijk niet zoveel zin in.'

'Kom nou gewoon,' zegt Susan. 'Het wordt heus wel gezellig.'

'Je kunt toch zelf gaan?'

'Daar heb *ík* niet zoveel zin in.'

Terwijl Simone naar uitvluchten blijft zoeken, waarbij ze bewust niet naar Hein kijkt omdat ze weet dat hij inmiddels weer zit te fronsen, bijt Susan zich in haar vast als een verkoopster die haar target moet halen. 'Het is maar een paar uurtjes, in Loetje Utrecht. Als het echt niets wordt, ben je zo weer thuis. Dan zien wij elkaar ook weer even, het komt er anders maar niet van…'

Omdat daar weinig tegenin te brengen valt, stemt Simone ten slotte toe.

'Top, Simoon! Dan zie ik je vrijdag.' Susan klinkt zo in haar nopjes dat Simones ergernis over haar gedram vrijwel direct wegsmelt.

'Doei, Suus!'

Als ze heeft opgehangen, trekt ze haar wenkbrauwen op naar Hein. 'Wat?'

'Serieus?' fluistert hij. 'Een klassenreünie?'

Simone haalt haar schouders op. 'En wat dan nog? Het is maar een paar uurtjes, puur voor de gezelligheid.'

Hij kijkt haar recht aan en al het zielige en sikkeneurige lijkt plotseling uit hem gevaren. 'Je moet wegblijven van dat soort dingen, Simone.'

Een deel van haar wil schikken, wil geen ruzie, net nu ze weer een beetje tot elkaar waren gekomen. Maar zijn toon valt verkeerd bij haar, vooral na zijn gedrag van de laatste weken.

'Vertel mij niet wat ik moet doen, Hein.' Ze opent een nieuwsapp op haar telefoon en begint te lezen. De rest van de rit terug naar Amstelveen zwijgen ze.

12

Lina wordt wakker van kabaal. Geschreeuw, voetstappen op de trap, gevolgd door een bonkend geluid, alsof er iemand valt. Haar moeder en Mick maken vast weer ruzie, zoals ze de laatste tijd vaak doen.

'Mama?' mompelt ze slaapdronken.

De stilte is verre van geruststellend. Het lawaai is opgehouden, maar ze voelt dat er iets mis is.

'Mama,' roept ze.

Ze blijft met ingehouden adem zitten luisteren, maar er komt geen antwoord. Geen voetstappen op de gang, geen licht dat wordt aangeklikt, terwijl haar moeder haar altijd hoort als ze roept.

Ze slaat de dekens van zich af en springt uit bed. Dat lawaai op de trap... Zou haar moeder zijn gevallen?

In haar wit met gele minion-pyjama rent ze over de overloop. Bij de trap kijkt ze naar beneden... en verstart op haar plek.

'Ben je ziek?' vraagt Zafira, terwijl ze plaatsneemt aan de tafel naast Lina.

Ze moet er wel belabberd uitzien. Gisteren had haar nieuwe pleegmoeder haar dezelfde vraag gesteld, toen ze hondsberoerd was thuisgekomen. Deze tweede week in Amsterdam is haar zwaar gevallen. Spoken uit het verleden liggen op de loer, klaar om haar een mokerslag te bezorgen.

'Ik voel me niet zo lekker,' zegt ze tegen Zafira. 'Ik heb al een paracetamol genomen, dus het zal zo wel beter gaan.'

'Ik heb ook paracetamol bij me hoor, dus als je meer nodig hebt...'

'Thanks,' mompelt Lina. De vanzelfsprekendheid waarmee veel mensen hier delen wat ze bij zich hebben, was haar tijdens de eerste week al opgevallen. Ze hoeft geen moeite te doen om vrienden te maken, niet te bewijzen dat ze bereid is om zich aan te passen. Haar klasgenoten zijn geen ijspegels die haar eerst moeten leren kennen voordat ze een beetje ontdooien. In haar vorige woonplaats werd ze met argwaan bejegend, dikwijls gecorrigeerd als ze haar mond opendeed ('dat heet geen park, dat heet een plantsoen'), want ze was een westerling, een vreemde eend in de bijt. In Limburg was ze een Hollander geweest en in Friesland een Buitenlander.

In de Bijlmer heeft ze zich nog geen moment een vreemde gevoeld.

'Kijk, daar komt schaapie,' fluistert Zafira.

Meneer Verhulst heeft een alternatieve kledingstijl en een bos warrige krullen waar ieder rechtgeaard schaap jaloers van zou worden.

'Dames en heren van het goede leven,' begint hij de les en hij vertrekt geen spier als meerdere leerlingen met hun ogen rollen.

Onopvallend bekijkt Lina de gezichten van haar klasgenoten, die ze nu in week twee al bijna allemaal bij naam kent. Per hoofd probeert ze zich een voorstelling te maken van een persoonlijke situatie. *Wat is jouw verhaal? Op mijn zevende zag ik mijn moeder in de gang liggen, bij de trap. Ik had nog nooit een dood iemand gezien, maar ik wist meteen dat zij niet meer leefde.*

'Lina?' De stem van Zafira brengt haar letterlijk terug bij de les. 'We hebben straks twee tussenuren. Zullen we naar de markt gaan?'

Lina knikt. Als het verleden niet op een vreselijke manier tot leven werd gewekt door haar terugkeer naar Amsterdam, had ze hier weleens gelukkig kunnen worden.

'Weet je hoe hij heet?' Als ze over het schoolplein lopen, knikt Lina in de richting van een jongen die een eind verderop met een paar meisjes staat te praten. Ze heeft zijn doen en laten gevolgd, zoals er de afgelopen dagen zoveel is geweest dat zij stilletjes heeft opgeslagen.

'Hij daar?' Zafira doet geen moeite om de afkeuring uit haar stem te weren. 'Hij heet Serginho, maar iedereen noemt 'm Setje.'

Lina kijkt weer naar de jongen, die de meisjes blijkbaar iets grappigs vertelt. Klein, mager. Skinny jeans, een hoop branie.

'Hij dealt, toch?'

'Ja.' Zafira bekijkt haar met iets minder afkeuring dan ze bij 'Setje' had gedaan, maar het scheelt niet veel. 'Wil je soms drugs kopen?'

Ze is niet van plan zich te verantwoorden. 'Misschien wel.'

Haar nieuwe vriendin slaat haar blik ten hemel, alsof Lina zojuist een kilo coke heeft besteld. 'Kom,' zegt ze dan. 'Laten we alsjeblieft wat te eten gaan halen.'

13

Hoewel Simone het fijn vond om even een frisse neus te halen, is ze blij wanneer Susan en haar andere oud-klasgenoten het roken voor gezien houden en aanstalten maken om terug naar binnen te gaan. Ondanks de mooie lente dit jaar, zijn de avonden nog koud en stond ze te blauwbekken in haar leren jack.

'Zie je dat het toch wel leuk is?' fluistert Susan haar toe, terwijl ze haar sigaret op de stoep laat vallen en uitdrukt met haar pump.

Simone knipoogt toegeeflijk. Ze moet toegeven dat ze het inderdaad naar haar zin heeft op de klassenreünie en is blij dat ze vorige week had ingestemd om te komen. Ze heeft heerlijk gegeten en uitgebreid bijgepraat, voornamelijk met Susan. Het heeft toch wel wat om samen te zijn met de mensen van vroeger en te zien hoe iedereen is veranderd en toch ook weer niet. De meesten zijn grotere versies van de kinderen die ze ooit waren en hebben precies het uiterlijk, het soort baan en het soort leven dat Simone zou hebben verwacht.

'Goh, Simoon…' Het voelt volkomen vanzelfsprekend dat haar naam wordt afgekort, zoals ze destijds altijd deden. 'Ik moet het toch even kwijt: we zijn allemaal prima opgedroogd, niks mis mee, maar wat zie jij er ongegeneerd fantastisch uit.'

De opmerking van haar oud-klasgenote Loes wordt door anderen beaamd.

'Ik zat ook al te kijken… Wat is je geheim?'

'Geen kinderen,' zegt de vrouw die als kind al een jaloerse inslag had.

'Ach, ik sport veel, drink amper alcohol. Ik rook uiteraard niet,' zegt Simone op onschuldige toon.

Weer gelach. 'Dat is misschien wel een goed punt, ja.'

Binnen nemen ze plaats aan de lange tafel, waar Simone vanaf haar plek op de hoek het gezelschap nog eens in zich opneemt. Zij vindt het confronterend om te zien dat de meesten qua uiterlijk al flink zijn afgetakeld. Kalend en uitgezakt.

Hun anekdotes, doorspekt met vriendschappen, familie, collega's en kinderen, bezorgen haar hetzelfde gevoel als ze soms krijgt bij het zien van films en series waarbij een gezin of een vriendengroep centraal staat. Dan kan ze zich niet aan de gedachte onttrekken dat ze het misschien anders had moeten doen. Dat ze samen met Hein in een bubbel leeft, een vacuüm, zonder andere nauwe contacten.

'Simoon, als jij nou de brownie neemt en ik de kaasplank,' stelt Susan voor. 'En dat jij dan twee happen neemt en ik de rest opeet? Net als vroeger bij de Mac, met de kaneeldonut en de McFlurry.'

Simone schiet in de lach. 'Lijkt me een prima idee.' Ze ziet Susan amper, maar iedere keer dat ze bij elkaar zijn, betrapt ze zich erop dat ze het naar haar zin heeft.

Zij zal nooit een bruisend sociaal leven hebben, maar ze kan best vaker met Susan afspreken. Voor de rest heeft ze toch niet veel nodig. Zij heeft Hein, familie geeft alleen maar kopzorgen en aan kinderen moet ze helemaal niet denken. Verrast kijkt ze op als een serveerster de hele groep van meer wijn begint te voorzien.

Jan Willem, die vanaf seconde één weer simpelweg JW was, tikt tegen zijn glas. 'Jongens, nu we zo met z'n allen bij elkaar zijn, wil ik toch ook even stilstaan bij Janneke.'

Vanbinnen verstart Simone.

De sfeer binnen de groep slaat direct om van uitbundig naar serieus.

'... Want zij had hier natuurlijk gewoon bij moeten zijn. Ik weet dat jullie haar ook nooit zijn vergeten.' Hij heft zijn glas.

'Dus even een toost: op Janneke. Drink er daarboven eentje met ons mee, meid.'

De anderen stemmen luidkeels in, er wordt geklonken en het regent loftuitingen in de richting van JW, die met een gepast weemoedig glimlachen reageert.

Niet lang na het dessert neemt Simone afscheid van Susan.

'Drink je niet nog een wijntje?' vraagt haar vriendin. 'Ze willen straks ook nog even de kroeg in.'

'Nee, ik moet morgen weer vroeg op,' zegt Simone. In gedachten geeft ze Hein, die had gezegd dat ze niet naar de reünie moest gaan, alsnog gelijk. 'Veel plezier nog en ik bel je, oké?'

'Is goed, Simoon.' Haar vriendin omhelst haar. 'Fijn dat je bent gekomen.'

Tijdens de terugrit naar huis denkt Simone aan JW en aan de anderen, die zijn sentimentele actie zo hadden gewaardeerd. Een toost op Janneke, het meisje dat was verongelukt.

Groep 8, het schoolkamp in de bossen rond het Limburgse Valkenburg. Ze ziet de bewuste zomeravond glashelder voor zich.

Het is nog heerlijk warm buiten, zelfs in de schaduw van het bos. Ze hebben het grootste deel van de dag gefietst en verschillende dorpen bezocht. Daarna volgden de grotten.

Het laatste halfuur mogen de kinderen nog even rondklooien in het bos, voordat ze terugfietsen naar het kamphuis om te gaan eten. Een groep jongens is aan het voetballen, er wordt verstoppertje gespeeld. Leraren en enkele ouders die mee zijn op kamp zitten bij elkaar op de verzamelplek in het bos, waar de kinderen hun fietsen hebben achtergelaten.

Bij het horen van Simones stem, draait Janneke zich om, haar wangen rood van een dag in de buitenlucht.

'Shit,' lacht ze, 'ik dacht echt dat dit een goeie verstopplek was.'

'Kom eens,' zegt Simone dringend, haar stem hees van opwinding. 'Ik moet je iets laten zien.'

'Wat dan?'

Simone kijkt om zich heen, maar er lijken nog geen klasgenoten hun kant op te komen. Janneke had wel degelijk een goede verstopplek gekozen.

'Echt iets heel cools. Niemand anders mag het weten.'

'Waar is het dan? Ik ben echt moe.'

'Het is niet ver,' zegt Simone.

Janneke kijkt haar bedenkelijk aan. 'Ik heb niet zo'n zin, Simoon.'

Simone blijft geërgerd staan. 'Dan ga ik wel alleen terug, maar je krijgt echt spijt dat je dit niet hebt gezien.' Ze hoopt maar dat dit Janneke over de streep zal trekken – en dat doet het inderdaad.

'Oké, ik ga wel mee.' Op wat geklaag na volgt Janneke haar gewillig over het pad in de richting van de grotten, waar de meester hun had verboden te komen.

Simone wijst haar klasgenootje op wat zijzelf enkele minuten eerder had ontdekt: het hekwerk, dat is opengebroken.

'Wie heeft dat gedaan?' vraagt Janneke.

Simone drukt haar wijsvinger tegen haar lippen. 'Luister...' Vanuit de grotten is heel duidelijk muziek te horen.

'Er zijn mensen binnen, het lijkt wel een feestje. Als je vanaf daar kijkt, kun je ze zien,' fluistert Simone. Samen gaan ze door het hek naar binnen.

In een van de grotten was een illegale rave aan de gang geweest. Janneke was gevallen terwijl ze samen de feestgangers trachtten te bespieden. Een dag later had het in de krant gestaan. Simone herinnert zich de ouders, die halsoverkop van huis waren vertrokken en laat in de avond in Limburg arriveerden. De spierwitte gezichten van de vader en moeder van Janneke.

Het kwam aan de lopende band voor dat mensen inbraken in de mergelgrotten, vooral in het afgelegen gebied langs de Geul en in het grensland rond Maastricht. De grotten werden afgesloten met hekken, maar eenmaal binnen was je volledig uit het zicht.

Buiten op straat was nauwelijks iets te horen van wat er in de grottenstelsels gebeurde.

'Extreem gevaarlijk' had *De Limburger* het binnendringen omschreven, aangezien er veel verraderlijke hellingen waren die je, zeker in het donker, amper zag. Een van die hellingen was haar klasgenootje fataal geworden.

Een afschuwelijk ongeluk tijdens wat een mooie afsluiter van het jaar had moeten worden, had er in de bladen gestaan, en waarom zou iemand iets anders vermoeden? Niemand had kunnen bedenken dat Simone, die eerder zelf al was gaan kijken, precies had bedacht op welk punt ze haar hand op de rug van haar klasgenootje zou leggen en haar zou duwen.

Niemand had zelfs maar gemerkt dat de meisjes waren weggeglipt en Simone had, nadat ze zich weer bij de anderen had gevoegd, nog een hele tijd naar Janneke 'meegezocht'.

Van kleins af aan had Simone geweten dat ze bepaalde gedachten had, maar ze had niet verwacht die ooit in daden te zullen omzetten. Maar dat was wel gebeurd, die avond in de grotten.

Ze was twaalf jaar. Janneke was haar eerste.

14

Gezocht: schoonmaakadres. Mijn naam is Lina (17 jaar) en ik ben op zoek naar huishoudelijk werk. Ik kan schoonmaken en strijken en ik vind het ook geen probleem om boodschappen te doen of in de tuin te werken.
Heeft u behoefte aan hulp in de huishouding, neemt u dan gerust contact met mij op.
Tel. 06-36876655

Pim was enthousiast geweest toen ze vertelde dat ze briefjes met de uitgeprinte tekst wilde rondbrengen, in de hoop wat bij te kunnen verdienen.

'Dat is de juiste instelling, Lina, top. Het is goed om zelfredzaam te zijn.' Evengoed krijgt ze net als de anderen iedere week wat zakgeld.

Ze woont nu drie weken bij Agnes en Pim. Na drie weken is het meestal wel duidelijk hoe het er in een nieuw pleeggezin aan toegaat en wat dat betreft kan Lina alleen maar opgelucht zijn. In dit gezin maken ze in het weekend uitstapjes. Meestal naar natuurgebieden, volgens Pim de ideale manier om je batterij op te laden na een school- of werkweek. 'Wist je dat een slak meer tanden heeft dan een haai?' vroeg hij haar laatst op het strand. De jongens hadden hun schoenen uitgetrokken en renden als een stel jonge honden door de branding, Agnes zat op het kleed dat ze op een zandbank had uitgestald en Lina en Pim keken uit over het onstuimige water van de Noordzee.

'Nee,' giechelde ze. 'Dat wist ik niet.'

'Echt hoor.' Pim sloot zijn ogen en ademde een diepe teug van de zilte zeelucht in. 'Een tuinslak heeft zo'n veertienduizend tanden, een haai maar drieduizend.'

Tijdens een museumbezoek wist hij te vertellen dat de hoofden van de beelden van Romeinse keizers vervangen konden worden, zodat men het beeld gemakkelijk van een nieuwe kop kon voorzien wanneer er weer een nieuwe keizer aan de macht was gekomen. En dat het produceren van kunst in de vorige eeuw nog onderdeel was van de Olympische Spelen.

Agnes is eerder een stille kracht. Ze rent en vliegt, onthoudt hun lievelingseten, bewaart haar kalmte als het weer eens misgaat, als de jongens vechten, schelden en dingen stukmaken. Ruzies worden vlot uitgesproken en slechte dagen zijn niet erg. Lina vindt het een prima gezin, een van de fijnste. Toch lukt het haar niet om te ontspannen.

Fragmenten van een film die ze uit haar hoofd had gebannen worden sinds kort weer veelvuldig afgedraaid. Die film vertelt het verhaal van een ander leven, haar vorige leven, zoals ze het in gedachten noemt. Ze had haar best gedaan om de beelden te verdringen omdat ze haar te veel pijn deden, maar de afgelopen twee weken werden de scènes alleen maar langer, scherper en gedetailleerder.

Plotseling was ze weer in haar eigen kamer, met haar prinsessendekbed, het beige rolgordijn, de foto's aan de muren en de kikkerspaarpot op de kast. Ze zag niet alleen haar moeders gezicht duidelijk voor zich, ze hoorde ook haar stem en wist weer precies hoe ze vóélde, hoe ze rook.

De camera zond close-ups uit van haar handen, van haar ogen in de achteruitkijkspiegel van hun cabriolet. Lina kon haar horen meezingen met oude countryliedjes.

Onmiddellijk laaide de oude liefde weer in haar op, een oergevoel, dat ze naderhand nooit meer heeft ervaren.

De film toonde haar hun overzichtelijke dagen samen, het ontbijt van cornflakes, brood of pap, dat ze met de tv aan mocht opeten. Het met z'n tweeën langs de grachten naar school lopen. Tussen de middag kwam er drie dagen per week een oppas en op de overige dagen kwam mama haar zelf uit school halen en mocht zij kiezen wat ze gingen doen.

Ieder ander kind zou een bezoek aan het Rijksmuseum misschien saai hebben gevonden, maar haar moeder kon er zo beeldend bij vertellen dat Lina het heerlijk vond.

Ze herinnert zich de dennenbomen die ze met kerst mee naar binnen sleepten en optuigden, de zomerse dagen waarop mama haar een enkele keer ziekmeldde op school en ze in de cabriolet naar het strand reden. Haar moeders lichaam in bikini, haar gezicht opgeheven naar de zon.

Met elke scène die voorbijgaat, is het alsof een hand zich rond haar hart sluit, klaar om het opnieuw te verpulveren.

Zij was verwekt met behulp van een anonieme donor en ze voelde als kind heel duidelijk dat mama niet alleen van haar hield maar oprecht graag tijd met haar doorbracht. Het had moeite gekost om haar te krijgen en haar moeder had haar altijd het gevoel gegeven dat Lina's komst haar geluk compleet had gemaakt. Daardoor had ze het ook niet zien aankomen dat Mick in hun leven kwam.

Mick, die algauw iedere avond kwam eten, die meeging op uitjes. Hij was wat ze vroeger nog geen naam wist te geven; een profiteur, een klaploper. Ze merkte vanaf het begin dat hij niets van haar moest hebben, dat hij haar een sta-in-de-weg vond en dat hij doorhad dat zij dat wist.

Sommige scènes worden steeds herhaald, zoals de middag in het Amstelpark. Ze hadden met z'n drieën patat gegeten, haar moeder ging even naar de wc en zij wachtte buiten met Mick. Ze voelde zich niet op haar gemak in zijn buurt en wilde de toiletruimte in lopen.

'Hier wachten, Lina,' zei Mick.

Toen ze toch doorliep, greep hij haar arm vast en trok haar naar zich toe, onverwacht hard. Ze schrok enorm, vooral omdat hij haar arm als een bankschroef bleef vastklemmen.

'Doe wat ik zeg,' baste hij, terwijl hij zijn gezicht dicht bij het hare bracht. Hij dempte zijn stem en ze zou bijna denken dat ze hem verkeerd verstond als ze de kilte in zijn ogen niet had gezien. 'Ik weet dat je me niet moet,' fluisterde hij. 'Dat is prima, ik hoef geen vader te spelen voor het kind van iemand anders. Maar één ding… zit me niet in de weg. Zorg dat ik nooit last van je heb, begrepen?'

Ze knikte, te zeer verstomd om iets anders te doen.

'Zo…' Haar moeder kwam terug en haalde de speciale muntjes die ze hadden gekocht uit haar zak. Ze keek Lina stralend aan. 'Wil je nog een keer in de draaimolen?'

15

Als het internet de Grote Oceaan was, dan zou het dark web de Marianentrog zijn. Een zeekloof, dieper dan de Mount Everest hoog is. Het diepste punt op aarde, een grote zwarte vlek op de wereldkaart.

Een plek die inherent is aan tal van risico's, die in haar krochten dingen herbergt die aan de oppervlakte, waar het gros van de mensen zich begeeft, niet te zien zijn. Alleen degenen wier nieuwsgierigheid zich niet laat beteugelen en personen met een bepaald doel voor ogen, een doel dat meestal niet gangbaar of sociaal geaccepteerd is, wagen zich de diepte in.

De eerste tijd na het schoolkamp in groep 8 had Simone amper kunnen geloven wat ze gedaan had en wat dit betekende. Wat zei dit over haar? In de daaropvolgende puberteitsjaren rezen die vragen telkens weer op: *Wie ben ik? Wát ben ik? Zijn er meer zoals ik?*

Op de eerste twee vragen had ze diep vanbinnen eigenlijk altijd het antwoord geweten: zij was een *freak of nature*, iemand bij wie het ergens in het proces van de hersenvorming faliekant mis was gegaan. Als mensen zouden weten in welk opzicht zij precies anders was, dan zouden ze haar weerzinwekkend vinden, monsterlijk zelfs. Ze zouden haar willen wegstoppen, opsluiten. Ook al was ze nog maar twaalf geweest, Simone had zich vanaf die dag in Limburg al heel goed gerealiseerd dat niemand ooit haar geheim te weten mocht komen, dat zij nooit iemand anders in vertrouwen zou kunnen nemen.

Jaren gingen voorbij en met haar eenzaamheid en de hunkering naar acceptatie, groeide haar nieuwsgierigheid. *Ik kan toch niet de enige zijn, waarom lijkt dat dan zo?*

Haar hele tienertijd en het grootste deel van haar jaren als twintiger had ze haar vragen, angsten en verlangens weten te onderdrukken, maar uiteindelijk ging dat niet meer.

Ze was zevenentwintig toen ze een laptop kocht die niet was bedoeld voor werk of normaal privégebruik. Het eerste wat ze deed, was een VPN installeren, de dienst die alle data die online wordt verstuurd en ontvangen, afschermt. Vervolgens downloadde ze een speciale browser, aangezien dit deel van het internet via een reguliere browser niet bereikbaar was.

Met elke stap die ze maakte, moest Simone de gedachte onderdrukken dat ze een grens overging. Dat ze straks niet meer terug zou kunnen, niet meer terug zou wíllen... Maar ze moest en zou deze onbekende wereld onderzoeken, al was het maar om van het afschuwelijke gevoel af te komen dat zij de enige op de hele wereld was die met dergelijke gevoelens kampte.

Met een koppige verbetenheid trof ze haar voorbereidingen om zo min mogelijk sporen achter te laten. Ze bedekte haar webcam, aangezien het verbazingwekkend eenvoudig was die te hacken. Ze zorgde dat naast haar ip-adres ook de locatie van haar computer verborgen bleef. Ze schafte een mobiel besturingssysteem met extra bescherming aan, dat alle gebruikssporen op haar laptop wiste. Als deze werd gestolen of gehackt, dan zou niemand iets kunnen terugvinden over haar bezoeken aan het dark web.

In het begin durfde ze amper een stap te verzetten in het mijnenveld, zoals het haar voorkwam. Ze zorgde ervoor dat ze heel gericht browsete, geen accounts aanmaakte, zich bediende van anonieme zoekmachines. Het duurde eeuwen voordat ze zelfs maar op een link durfde te klikken. Maar zoals een onderzoeksteam in een onderzeeër afdaalt in de Marianentrog, zo bewoog Simone zich langzaam maar zeker verder in neerwaartse richting.

Algauw neusde ze rond op websites waar moorden en de drang tot moorden centraal stonden, terwijl ze tegenover zichzelf beweerde dat ze op dit punt nog iedereen zou kunnen zijn, van de psycholoog, die zich wilde verdiepen in een zekere patiëntencategorie, tot de schrijver, die research deed voor een boek.

Een niet-aflatende drang naar herkenning, naar bevestiging, dwong haar echter dieper en dieper de kloof in.

Zekere fora bezoeken – twee kilometer naar beneden. Ze moest en zou mensen vinden die in meer of mindere mate op haar leken. Ze hoefde uiteraard niet aan de online gesprekken deel te nemen, ze zou al tevreden zijn met het bekijken van de verschillende topics.

Inlogactiviteiten vielen helaas niet altijd te vermijden. Voor sommige sites diende je uitgenodigd te worden en een profiel aan te maken. Met steeds een tijdelijk e-mailadres dat na zestig minuten automatisch werd opgeheven, registreerde Simone zich bij een aantal websites, wat haar wederom kilometers dieper bracht.

Op dit punt van de trog viel geen bekende fauna meer te bespeuren. Hier huisden andere wezens, waarvan velen nog niet officieel waren ontdekt. Er bestond geen zekerheid over wat er in de onderste diepten leefde, daarvoor was simpelweg te weinig onderzoek gedaan. Zo konden er, in het licht van de lampen van een onderzeeër, wezens opduiken die zelfs de meest doorgewinterde bioloog het hart in de keel deden kloppen.

Zo was het met Simone, die dat gevoel verwelkomde als iemand die na jarenlang verlamd te zijn geweest, opeens duidelijke tintelingen in zijn been voelt. Ze waren er, de gelijkgestemden, diep verborgen in de onderste regionen, maar vindbaar voor degenen die maar goed genoeg zochten.

Het was zo eenzaam geweest, al die tijd dat ze bij niemand terechtkon. Niet bij haar ouders, niet bij haar klasgenoten, niet bij leraren of collega's. Zelfs niet bij een psycholoog. Dat zou alleen maar nut hebben als ze haar gevoelens blootlegde en ze was veel te bang dat ze dan zou worden aangemerkt als een gevaar voor de samenleving en het beroepsgeheim zou worden geschonden, ook al had ze nog niets gedaan. Of erger, dat er in haar verleden gegraven zou worden en de link werd gelegd tussen haar en haar verongelukte klasgenootje.

Met haar verstand had ze geweten dat ze niet de enige was, maar ze kon moeilijk troost putten uit nieuwsberichten, documentaires en dat soort zaken. Zolang zij met niemand van *hen* contact had gemaakt, was het alsof *zij* niet bestonden.

Nu leken vanuit de eindeloze zwarte diepten bepaalde stemmen haar te bereiken, haar aan te moedigden om in de richting van hun geluid te zwemmen.

16

Na een lange dag vol weinig inspirerende lessen, belt Lina aan bij nummer 64. Ze is direct uit school gekomen. Deze straat bestaat uit doorzonwoningen, met uitzondering van de iets grotere hoekhuizen en een aantal villa's. Ze ziet bijna niemand anders buiten, wat haar vertelt dat hier veel tweeverdieners wonen, die nu waarschijnlijk aan het werk zijn. De stenen van de huizen zijn nog niet verweerd door de tijd en de wijk ademt een en al nieuwigheid uit.

Fam. Koster, staat er op het naamplaatje naast de deur. Terwijl ze ernaar kijkt, probeert Lina haar zenuwen in bedwang te houden. Er was afgesproken dat ze vandaag zou komen kennismaken en als het beviel, zou ze gelijk kunnen beginnen.

Een vrouw, Lina neemt aan dat zij degene is die een paar dagen geleden telefonisch had gereageerd op het briefje dat ze door de brievenbus had gegooid, doet open.

'Hallo, kom binnen. Kon je het goed vinden? Ik ben Simone.'

'Lina.' Ze schudt haar uitgestoken hand. 'Ja hoor, het was makkelijk te vinden.' Tram 25 stopt hier praktisch voor de deur en Google Maps op haar telefoon had haar probleemloos de wijk in geleid.

Simone gaat haar voor naar de huiskamer. Meteen valt haar de smaakvolle inrichting op. Industrieel, met lichtgrijze muren en antracietkleurige leren stoelen. Opvallende chroomlampen, weinig tierlantijntjes, geen troep. In de woonkamer lijkt niets te liggen wat er niet hoort. Hoe anders is het bij Pim en Agnes, waar altijd wel spullen en tassen rondslingeren en kleding over de stoelen hangt.

'Ga zitten. Wil je wat drinken?' vraagt Simone.

'Wat fris, alstublieft,' zegt ze.

'Zeg maar jij, hoor.'

Lina vraagt zich af hoe oud ze is. Ze schat haar eind dertig of begin veertig. Het is een knappe vrouw, met geföhnd blond haar en bruine ogen, die net als de rest van haar gezicht subtiel zijn opgemaakt. Afgaande op haar gespierde armen, die door de korte mouwen van haar truitje goed te zien zijn, doet ze veel aan fitness.

'Mijn man is naar het bos met de hond, die zal je straks wel zien,' zegt Simone, als ze met twee drankjes in haar hand uit de keuken komt. 'Je bent toch niet bang voor honden? Rottweilers willen nogal eens mensen afschrikken, maar Jack doet geen vlieg kwaad.'

'Nee,' zegt Lina. 'Ik hou wel van honden.'

Simone komt tegenover haar zitten. 'Jij gaf aan dat je twee middagen of ochtenden in de week wilde komen schoonmaken en strijken.'

Lina knikt. 'Dinsdag- en vrijdagmiddag, als het kan. Dinsdag ben ik wat vroeger klaar met school en vrijdag kan ik om vier uur beginnen.'

'Dat is prima. Als je eens een andere dag wilt komen omdat dat beter uitkomt, kan dat ook. Hein en ik werken allebei vanuit huis, dus we zijn best flexibel met onze tijd. Zit je hier in Amstelveen op school?'

'Nee, in Amsterdam.'

'En wat doe je, vmbo-t, havo…'

'Ik zit in vier havo.'

'En is het pittig?'

'Valt wel mee.'

Nu zou zij iets moeten vragen, op haar beurt wat belangstelling moeten tonen. Er wil haar niets te binnen schieten.

Als de stilte ongemakkelijke proporties begint aan te nemen, glimlacht Simone. 'Zal ik je het huis laten zien?'

De eerste twee uur zijn voorbijgevlogen. Lina heeft de keuken gesopt, de meubels in de huiskamer afgenomen en vervolgens gestofzuigd en gedweild. Daarna kwam de badkamer aan de beurt. Het laatste uur staat ze op de ruime, lichte zolder met haar oordopjes in te strijken, luisterend naar de nummers op haar Spotify-playlist.

Net als hun meubels zegt de kleding van Simone en Hein veel over hun persoonlijke stijl. Diesel, Hugo Boss, DKNY. Vlot en strak.

Simone had gezegd dat Lina gerust iets te drinken uit de koelkast mocht pakken en een boterham mocht smeren als ze honger had. Ze had haar laten zien welke schoonmaakproducten ze moest gebruiken en waar ze verdere benodigdheden kon vinden. De enige kamer die ze kon overslaan was de werkkamer van Hein, daar wilde hij liever niemand hebben. Dat kan Lina zich wel voorstellen.

Uit haar oordopjes klinkt de rauwe stem van John Fogerty. 'Lodi', een van haar 'achterbanknummers'. Ze had het gisteren opgezocht op Spotify en de eerste tonen van het simpele countryliedje voerden haar direct terug naar de achterbank van haar moeders cabriolet. De muziek brak dwars door haar zorgen heen, riep de schijn op van de vanzelfsprekende veiligheid die ze als kind kende, toen Mick er nog niet was.

Lina zet het volume hoger en zingt zachtjes mee. '*If I only had a dollar for all the songs I've sung… Every time I've had to play while people sat there drunk…*'

Een zacht tikje op haar schouder overvalt haar zo dat ze een gil geeft. Ze draait zich om, met de strijkbout nog in haar hand, zo snel en onbeholpen dat de man achter haar nog net kan voorkomen dat het hete ijzer zijn huid verschroeit.

Haar hart gaat heftig tekeer in haar borst, terwijl haar vingers het handvat vaster omklemmen.

Hij heft zijn handen op. 'Rustig maar... Lina was het, volgens mij?'

Met de grootste moeite weet ze zich te herpakken. Ze legt de strijkbout op de plank en doet haastig haar oordopjes uit.

'Ik sprak je aan, maar je hoorde me niet.'

'Sorry,' stamelt Lina. 'Ik had mijn muziek iets te hard staan.'

Hij wuift het weg. 'Ik wilde me even voorstellen, ik ben Hein.'

Ze dwingt zichzelf naar hem te glimlachen en zijn uitgestoken hand te schudden.

'Je bent goed bezig,' merkt hij op, met een blik op de opgevouwen T-shirts.

'Ja.' Ze klemt haar kiezen op elkaar. 'Ik schiet lekker op.'

'Mooi.'

Ga weg, denkt Lina. Ze voelt dat haar oksels klam zijn. *Alsjeblieft, ga weg.*

'Ik ga ook nog even aan het werk,' zegt hij, en hij loopt alweer naar beneden.

Lina hoort hem zijn werkkamer binnengaan en wacht tot hij de deur dichtdoet. Dan ademt ze zo zachtjes mogelijk uit, laat zich op de vloer zakken, slaat haar armen om haar opgetrokken knieën en blijft zitten tot de ergste zenuwen zijn weggetrokken.

17

Als iemand Simone had verteld dat ze zó snel al over de schreef zou gaan nadat ze had besloten het dark web te verkennen, zou ze dat nooit hebben geloofd. Tegen al haar vaste voornemens in verzon ze een alias en mengde ze zich in de gesprekken op de fora. De opluchting die zich van haar meester maakte bij het uiten van geheime gedachten en gevoelens was onbeschrijfelijk, zelfs al deed ze het nóg zo omslachtig. Ik vraag dit voor een vriend, dat idee.

Hoe meer ze werd omringd door anderen die haar niet veroordeelden, die haar woorden bevestigden en haar, weliswaar in algemene vorm en tot op zekere hoogte, zelfs van adviés voorzagen, hoe meer zij zich kon ontspannen en des te verslavender het werd.

De stem in haar hoofd, die haar eerst om de haverklap waarschuwde, nam hoe langer hoe meer een verdedigende toon aan. *Niemand weet mijn IP-adres. Niemand weet mijn locatie. Niets valt naar mij te herleiden. Zelfs als er ooit iets uitlekt, heb ik niets strafbaars gedaan. Ik doe niets wat niet mag, ik zet niemand ergens toe aan. Praten is niet hetzelfde als doen. Praten is toegestaan.*

Er was iemand in het bijzonder met wie de gesprekken heel prettig verliepen. Een persoon op het dark web die zich Jack noemde, van wie ze geen idee had hoe hij werkelijk heette en of het een man of een vrouw was, bezat het vermogen om bij haar een gevoel van vertrouwdheid op te wekken, haar te laten lachen.

Het duurde niet lang of Simone meldde haar alias aan bij een persoonlijk chatkanaal, zodat ze met hem – voor haar gevoel was het toch echt een man – berichten kon uitwisselen zonder dat anderen dat zagen.

Bliss: Ik heb nog nooit mensen ontmoet met dezelfde... kwaal, laat ik maar zeggen.

Jack: Het is ook niet iets wat je op je Tinderprofiel zet, of wat je tussen neus en lippen door meldt tijdens een eerste date.

Bliss: Terwijl dat zo bevrijdend zou zijn... Zit dat jou weleens dwars, dat het een megataboe is en dat ook altijd zal blijven? Dat mensen zo'n groot deel van zichzelf moeten verbergen en het nooit ronduit kunnen aankaarten zonder in de problemen te komen?

Jack: Niet echt. Wie gooit er ooit ál zijn kaarten op tafel? Iedereen heeft geheimen. Dat vind ik ook wel mooi, dat we allemaal in meer en mindere mate wel iets mysterieus hebben. Anders zou er geen zak meer aan zijn.

Bliss: Denk je dat mensen zo worden geboren of worden gecreëerd, door wat ze meemaken?

Jack: Ik denk beide. Velen hebben zo'n verknipte jeugd gehad dat het duidelijk een kwestie is van 'een en een is twee'. Anderen hebben doodnormale ouders en een jeugd zonder al te veel schokkende gebeurtenissen. Bij hen komt het echt vanuit henzelf.

Bliss: De meeste mensen geloven daar niet in, weet je dat? Die zijn van mening dat niemand slecht wordt geboren. Dat een persoon altijd wordt gevormd door invloeden van buitenaf.

Jack: En wat denk jij?

Bliss: Ik weet het niet. Ik had een normale jeugd. We waren een doorsnee gezin.

Jack: Dus?

Bliss: Dus ben ik – direct wiste ze de tekst – *Dus zijn er ook mensen die zo worden geboren.*

Jack: Die in de kern slecht zijn?

Bliss: Ja.
Jack: Maar is dat wel zo slecht? Denk je daar ook weleens over na?
Bliss: Vind jij van niet?
Jack: Ik geloof dat de natuur geen fouten maakt, dat alles en iedereen een functie heeft. Is een kat slecht omdat hij met muizen speelt voordat hij ze afmaakt en ze daarna laat liggen?
Bliss: LOL. *Nee.*
Jack: Er zijn acht miljard mensen op de wereld. Die zou gewoon blijven draaien, zou zelfs veel gezonder zijn, als er minder van ons rondliepen. We zijn niet belangrijker dan muizen, een aantal mensen meer of minder maakt op het grote geheel niet uit, is objectief gezien zelfs beter.
Bliss: Tja…
Jack: Ik denk niet dat het terecht is om iemand als slecht te bestempelen, alleen omdat hij niet voldoet aan de heersende norm.
Bliss: Maar dit valt nergens ter wereld onder de heersende norm.
Jack: Nu niet, nee. Maar vroeger was het normaal om mensen te verbranden omdat het heksen zouden zijn. In grote delen van de wereld is het nog steeds normaal om meisjes te besnijden. Is het zo gek om anderen niet te beoordelen aan de hand van menselijke maatstaven die per werelddeel sterk verschillen en ook nog eens continu veranderen? Ik ga er liever van uit dat de natuur wél weet wat ze doet en dat iedereen hier met een reden is.

Zonder dat ze haar naam, woonplaats of andere gevoelige informatie deelde, werd de aard van haar gesprekken met Jack steeds vertrouwelijker. Op een koude winterdag in 2012, net na de jaarwisseling, deed Simone uiteindelijk wat ze had gezworen nooit te doen.

Op een zeker punt in het halfjaar van incognito chatten, was een afspraak onvermijdelijk geworden.

Het was een kraakheldere dag, de wind sneed in haar gezicht en doordat ze zo stom was geweest om haar handschoenen te vergeten, waren haar vingers tijdens het korte stuk van de parkeerplaats naar de boulevard al zo goed als verdoofd. Ze liep langs de viskraam over het pad met aan weerskanten de duinen naar beneden, richting de verlaten strandpaviljoens, waar een handjevol gasten zich tegoed deed aan appeltaart en warme chocolademelk. Het idee van afspreken in een openbare gelegenheid had haar doodsbenauwd gemaakt. Als 'Jack' toch een of andere rare figuur was geweest – dat wil zeggen, iemand die dat niet goed voor de buitenwereld wist te verbergen – wilde ze absoluut niet met hem gezien worden. Aan de andere kant was afspreken op een afgelegen plek met iemand die in ten minste één zeker opzicht ontzettend op haar leek, wel het allerdomste wat ze kon doen.

Noordwijk aan Zee lag op veertig minuten rijden van haar woonplaats, wat ze wel een fijn idee vond. Het was bij deze temperaturen verlaten genoeg om niet direct de aandacht van veel mensen te trekken en te drukbezocht om ongezien rare dingen uit te halen.

Hoe verder ze over het pad naar beneden liep, hoe heviger haar hart in haar borst tekeerging en hoe warmer ze het kreeg. Waar was hij, had hij haar al opgemerkt?

Ze probeerde geen aandacht te schenken aan de gedachte dat dit geen goed idee was en dat ze onmiddellijk rechtsomkeert moest maken.

Ter hoogte van de vuurtoren, had hij tijdens hun laatste chatgesprek gezegd.

Op het strand liepen een paar mensen met honden, ouders met kleine kinderen en een groepje lachende, kleumende tieners. Aan de waterlijn stond een man in een leren jack met zijn rug naar haar toe. Hij droeg een donkerblauwe spijkerbroek en aan zijn benen kon ze van een afstand al zien dat hij lang was. De wind speelde een weinig subtiel spel met zijn haren.

Dat is hem, wist Simone, die nu doelbewust zijn kant uit liep. Ergens gaf het haar een geruststellend gevoel dat hij dit op deze manier deed. Dat ze niet ineens oog in oog stond met iemand die haar al in de smiezen had gehad sinds ze boven aan het pad was verschenen, maar dat hij haar de kans gaf hem eerst te zien. Het verdere initiatief geheel bij haar liet.

Pas toen ze al bijna bij hem was, draaide hij zich bedaard om. Zijn gezicht verried dat hij zich allang bewust was geweest van haar blik in zijn rug.

Ze wist niet wat ze precies had verwacht, een monster? Een rare snuiter, op zijn minst... Maar voor haar stond een gewone man, zijn ogen meer blauw dan grijs in het zonlicht.

'Jack?' vroeg ze.

Hij lachte haar toe. Een heldere, verwarmende lach, die haar verrassend genoeg emotioneerde.

18

Om halfzeven hoort Lina Simone naar boven komen. 'Jij weet van aanpakken, alles is weer heerlijk schoon,' complimenteert de vrouw haar. 'Ik zou het fijn vinden als je van nu af aan twee keer per week kwam.'

Het lucht haar op dat ze kennelijk voldoet. Simone haalt drie briefjes uit de zak van haar spijkerbroek, vijfendertig euro, wat Lina bij geen enkel ander baantje voor drie uur werk zou hebben verdiend.

'Ik moet nu weg, Hein laat je straks wel uit. Dan zie ik je volgende week weer.'

De schrik slaat haar om het hart. Straks zal ze alleen in dit vreemde huis zijn, met die man die net zo plotseling achter haar had gestaan. Ze vermant zich en zegt 'tot volgende week' voordat Simone haar ongemak kan opmerken.

Zodra Lina de deur van de huiskamer opendoet, komt de hond op haar af om aan haar te snuffelen.

Hein, die op de bank tv ligt te kijken, laat een kort fluitje horen. 'Kom, Jack.'

Ze zou kunnen zeggen dat het een leuk beest is, vragen hoelang ze hem al hebben. Terwijl zij haar best doet om moed te verzamelen, komt Hein overeind.

'Ben je klaar? Heeft Simone je al betaald?'

'Ja.'

'Weet je wat ik apart vind?' Zijn ogen nemen haar peinzend

op. 'Dat een meisje van jouw leeftijd naar Creedance Clearwater Revival luistert.'

Lina staart hem aan.

'"Lodi"... het liedje dat je zong toen ik bovenkwam. Dat verwacht je niet bij iemand van... Hoe oud ben je, vijftien, zestien?'

'Zeventien.'

'Ben je een CCR-fan, of was dat het enige liedje dat je van hen kent?'

'Nee, ik hou van CCR... Mijn moeder hield van countrymuziek.'

Zijn mondhoeken krullen omhoog. 'Mijn vader ook. Hele collecties aan platen had hij bewaard. Luisterde jouw moeder ook nog naar langspeelplaten?'

'Ehm, nee, ze had cd's.'

Nu grinnikt hij hardop. 'En jij streamt natuurlijk op Spotify en YouTube. Ik ook hoor, maar van sommige iconen heb ik mijn dvd's van vroeger bewaard.' Hij wijst op de tv. Nu pas ziet ze waar hij naar lag te kijken.

Een studio, vier langharige mannen in geblokte blouses, die op de ouderwetse manier muziek maken. Een bank, drie gitaren en een drumstel, meer niet.

'Ik bedacht dat ik deze al heel lang niet had bekeken.' Hein pakt de afstandsbediening en zet het volume hoger.

'*There's a giant doin' cartwheels, a statue wearin' high heels... Look at all the happy creatures dancin' on the lawn...*'

'Ik vermoed dat ze aan de drugs waren toen ze dit nummer schreven,' klinkt Heins stem ertussendoor. 'Of misschien ook niet. Misschien waren ze gewoon zo lekker aan het jammen dat ze daardoor een soort van high werden, waardoor dit liedje tot stand kwam.'

Ondanks haar nervositeit glimlacht Lina ook.

'Ik wilde dat dit nog bestond,' mijmert Hein. 'Gewoon een paar kerels, vier onverzorgde hillbillies bij elkaar... en dan dit soort muziek voortbrengen.'

Lina kijkt een couplet lang naar het scherm, voornamelijk omdat Hein dat ook doet, en wordt totaal verrast wanneer het gevoel van vroeger op de achterbank haar als een ruwe golf overspoelt.

Geen zenuwen, geen rugzak, maar de luxe om vrijelijk te kunnen ademen, zonder steen op haar borst.

'*Bother me tomorrow. Today I'll buy no sorrows...*'

Het aanstekelijke refrein. Als vanzelf vinden de woorden hun weg naar buiten. Ze zingen, Hein gekscherend, Lina fluisterend.

'*Doo, doo, doo, looking out my backdoor.*'

Op dit avonduur is niet de bus maar de tram de snelste optie om terug naar Zuidoost te gaan. De brug en het pad erachter dat naar de tramhalte leidt, zijn zo slecht verlicht dat Lina de zaklamp op haar telefoon aanzet. Ze heeft het gewoon gedaan... Ze is gaan werken en heeft zich er goed doorheen geslagen.

Steeds opnieuw roept ze in gedachten het moment op van Hein en hun gesprek over het CCR-liedje en ze vergeet bijna op te letten en om zich heen te blijven kijken. Het is doodstil in deze buurt. Behalve de verlichte huizen is er helemaal geen teken van leven meer te bespeuren en hebben de ruimte, de velden met het hoge groen en de eenzame tramhalte iets bedreigends gekregen.

Het zal haar er echter niet van weerhouden te blijven komen. Ze weet als geen ander dat kwaadwillende figuren overal kunnen toeslaan, ook op plaatsen waar je je absoluut veilig waant.

Als het verlossende geluid van de waarschuwingssignalen haar vertellen dat de tram in aantocht is, doet Lina tevreden haar oordopjes weer in.

19

Evi heeft al ontbeten en is in de voortuin aan het werk. Thijs zit met een kop koffie aan de eettafel en scrolt op zijn telefoon door de rubrieken van een online nieuwsblad. De kinderen hangen op de bank, elk achter het scherm van een iPad.

Al na tien minuten had Evi haar bodywarmer uitgedaan, omdat het ondanks het vroege uur verrassend warm is. Onnodig fanatiek haalt ze met een aardappelschilmesje het mos en de grassprieten tussen de tegels vandaan, wensend dat ze haar bittere gedachten gelijktijdig met het onkruid kon wegschrapen.

Na het opstaan had ze zichzelf bekeken in de slaapkamerspiegel. De joggingrondes beginnen hun vruchten af te werpen.

'Ik ben afgevallen, zie je dat?'

Thijs kwam uit de badkamer, fris gedoucht.

'Ja, ik zie het,' zei hij en hij pakte zijn telefoon. Het leek bijna een demonstratief gebaar.

Ze voelde zich meer bezeerd dan ze liet blijken.

Vanuit Luuks kamer klonk het gelach van de kinderen die samen speelden.

Evi zette haar negatieve gevoelens opzij. Ze liep naar Thijs toe en kuste hem op zijn natte haren. Toen op zijn mond.

Hij trok zich terug. 'Later, oké, schat? Ik heb echt honger, ik wilde eigenlijk gaan ontbijten.'

Evi keek toe hoe hij een boxershort uit de kast pakte en aantrok. 'De kinderen zijn de hele dag thuis en 's avonds ben je altijd te moe.'

‘Eef, alsjeblieft.’ Hij keek haar verstoord aan.

‘Wanneer moeten we het er dan over hebben? Want ik wil heel graag weten wat het probleem is. Is er misschien iemand anders?’

‘Waar slaat dát nou weer op?’ Zijn stem sloeg over en automatisch keken ze allebei naar de deur, om te luisteren of de kinderen hun kant op kwamen.

‘Ik doel op het feit dat jij alleen nog maar met je werk bezig bent en totaal geen interesse meer in mij hebt,’ zei Evi, nu op gedempte toon. ‘Ik weet serieus niet wanneer de laatste keer was. Je bent steeds tot laat op kantoor… Is het zo gek dat ik me dan zorgen ga maken of er niet iets anders speelt?’

Hij zuchtte. ‘Er is geen ander. Ik werk inderdaad hard, het is momenteel gewoon heel druk. Iedereen heeft toch weleens periodes dat zijn hoofd er minder naar staat? Het enige wat ik wil is even kunnen relaxen.’

‘Dat snap ik.’ Evi liep naar de kast en viste een string en een bh uit een van de lades. ‘Maar we modderen al een hele tijd zo aan en iedere keer dat ik het aankaart, kap jij dat af.’

‘Omdat ik niet steeds alleen maar verwijten wil, ik probeer het gezellig te houden.’

Met het oog op de tuin, die ze van plan was aan te pakken, koos Evi voor een oud T-shirt, dat ze over haar hoofd trok. ‘Jij wilt zoveel werken, jij wilt geen gezeur aan je hoofd… Je moet begrijpen dat er ook dingen zijn die ík wil.’ Over haar schouder keek ze hem aan. ‘Jij wilde ook kinderen, maar je bent gewoon doorgegaan met je leven en ik ben op het moment alleen maar degene die voor Sophie en Luuk zorgt, zodat jij je ding kan doen.’

Thijs gaf geen antwoord en ze wendde zich af en ging naar beneden. Ze wist niet of hij van plan was iets met haar woorden te doen of dat hij het zonder meer afdeed als gezeur en zich er verder niet mee zou vermoeien.

Haar handen zijn zwart van de aarde. Met haar bovenarm veegt ze over haar klamme voorhoofd en ze pauzeert een paar seconden. Ze weet dat de meeste mensen in de wijk – bijna allemaal ouders – al wel wakker zijn, maar er is nog niemand op straat. Alleen Joyce zit op haar balkonnetje, met een boek.

Ze heeft zeker weer een slechte nacht gehad. Welke vrijgezel die niet hoeft te werken, is op zaterdagmorgen om zeven uur al op? Degene die heel actief is en niet kan wachten om de dag te beginnen en degene die de hele nacht tegen haar demonen heeft moeten vechten en voor dag en dauw haar bed is ontvlucht. Ze wenste dat ze meer voor haar vriendin kon betekenen. Gelukkig leek Joyce wel vrolijk te worden van het buurtfeest-idee. Daar zal Evi vanmiddag de eerste benodigdheden voor op papier zetten.

De buurman van nummer 64 komt aangelopen met zijn hond. Evi doet alsof ze hem nog niet heeft opgemerkt en richt zich weer volledig op het weghalen van het onkruid. Als hij haar dicht is genaderd, kijkt ze op.

'Hoi Evi,' zegt hij.

'Hi...' Ze stopt een handvol groen in de plastic zak die naast haar ligt. 'Lekker gewandeld?'

Hij knikt. 'Jij bent ook al vroeg aan de slag.'

'Ik hou ervan om 's ochtends vroeg in de tuin te werken, als het nog zo stil is in de straat.'

'O?'

'In alle rust over dingen nadenken, alles doornemen wat ik nog moet doen... Ik vind dat heel ontspannend.'

Net als de vorige keer voelt ze zich enorm door hem bekeken. Sommige mensen hebben geen gevoel voor persoonlijke ruimte en buigen zich tijdens een gesprek steevast te dicht naar je toe. Deze man heeft geen gevoel voor visuele discretie, wat als lomp zou kunnen worden beschouwd als hij alleen naar bepaalde delen van haar lichaam had gekeken. Maar Hein lijkt haar hele persoon in zich op te nemen, zoals mensen naar kunst aan de muur kunnen kijken.

'Ik weet het, ik zou werkhandschoenen moeten dragen.' Zijn blik was op haar vuile hand met het aardappelschilmesje blijven rusten. 'Maar ik vind het fijn om vieze handen te krijgen tijdens het tuinieren. Ik weet zeker dat ik niet de enige ben,' vervolgt ze, als zijn mondhoek iets opkrult.

'Beslist niet,' zegt hij. 'Er zijn geheid zat mensen met dezelfde kwaal.'

Ze komt overeind. De vorige keer dat ze hem zag, begon ze net aan haar joggingronde en had ze zich, ondanks dat ze er toen aanmerkelijk beter uitzag, nogal zenuwachtig gevoeld in zijn bijzijn. Nu kleven er een paar losgeraakte strengen aan haar gezicht en glanst de huid van haar borst van het zweet, maar is ze totaal niet zenuwachtig. Ze voelt dat hij haar aantrekkelijk vindt, vuil en bezweet of niet.

'Ik ben samen met iemand die hier ook in de straat woont een buurtfeest aan het organiseren. We hebben nog geen exacte datum, maar ik dacht: misschien vinden jullie dat ook een leuk idee?'

Hein trekt een moeilijk gezicht. 'Ik ben eigenlijk niet zo van dat soort dingen.'

'Waar ben je dan wel van?' Evi wenst dat ze haar kop had gehouden, maar voor het eerst verbreedt zijn glimlach zich zodanig dat ze heel even een glimp van zijn witte tanden te zien krijgt.

'Van meer ingetogen feestjes. Meer privé.'

Evi glimlacht ook, pakt dan haar plastic zak en maakt aanstalten om verder te werken. 'Fijne dag nog, Hein.'

'Jij ook.' De hond, die tot nu toe geduldig had staan wachten, komt in beweging zodra zijn baas dat doet. Vanuit haar ooghoeken staart ze hem na tot hij bij het grindpad op nummer 64 is aangekomen.

20

Eens in de zoveel tijd duikt er een vrouw op in Simones gedachten, een vrouw met rossige haren. Ze fietst in het donker, wordt geraakt door een auto en komt met een smak neer in de berm. Ze ligt op haar rug in het ijskoude gras en vecht tegen een belager die haar tegen de grond houdt.

Haar ogen vinden die van Simone. *Help*, lijken ze haar toe te schreeuwen, maar de smeekbeden zijn aan de verkeerde persoon gericht. Simone voelt geen moment de behoefte om haar te helpen, wel de aandrang haar te zien sterven. Terwijl ze de vrouw blijft aankijken vloeien langzaam de paniek, de wanhoop en het leven uit de twee groene ogen weg.

Onwillekeurig kijkt Simone even om zich heen in de verder lege woonkamer, alsof de buren haar gedachten door de muren heen zouden kunnen oppikken. Ze heeft zich vaak afgevraagd hoeveel mensen zoals Hein en zijzelf er op de wereld zijn. Het dark web toonde na een simpele muisklik vele lijsten met de tien tot vijftig meest beruchte moordkoppels aller tijden. Ze denkt aan de 'Lethal Lovers', die in de jaren tachtig oudere vrouwen verstikten in een verzorgingstehuis. Aan de 'Lonely Heart Killers' die mensen naar zich toe lokten via advertenties in bladen, om hen vervolgens te vermoorden. Aan de Texaanse satan-aanbidders die samen tijdens demonische rituelen vele mensen om het leven brachten. Zou de aantrekkingskracht er bij die koppels sowieso zijn geweest of was het puur de herkenning van een gelijksoortig, duister deel in die ander, waardoor deze mensen verliefd werden en besloten samen verder te gaan?

Urenlang hadden Simone en Hein tijdens hun eerste ontmoeting over het strand gelopen, de koude temperatuur trotserend. Ze leken net twee vrienden die elkaar jaren niet hadden gezien en nu de verloren tijd moesten inhalen. Beiden waren terughoudend om zich in real life bloot te geven, maar Simone voelde zich evengoed euforisch. Het feit dat hier iemand naast haar liep die uit hetzelfde vreemdsoortige materiaal was gesneden, vervulde haar van zoveel opluchting en blijdschap dat ze deze uren het liefst zou willen vasthouden.

'Dit is zo gek,' zei ze. 'Ik heb me de hele tijd een voorstelling van jou proberen te maken. Ik probeerde te raden hoe je eruitzag, of je een man of een vrouw was...'

'Of ik een man of een vróúw was?'

'Ja, het kon toch dat je als vrouw expres een mannelijke profielnaam had gekozen, om je anonimiteit nóg beter te beschermen?'

'Dat had inderdaad gekund,' gaf hij toe. 'En hoe bevalt de live versie je tot nu toe?'

'Je valt niet tegen.' Dat was een understatement en hij keek haar aan alsof hij dat wist.

'En jij, had jij je mij anders voorgesteld?' vroeg ze op luchtige toon.

'Nee, ik dacht de hele tijd: dit kan niet anders of het is een vrouw.'

Zonder na te denken gaf ze hem een mep tegen zijn schouder en hij moest lachen.

'En je valt mij ook bepaald niet tegen, moet ik zeggen.'

Thuis werd ze continu herinnerd aan de kleinere details van hun ontmoeting, zoals de verschillende tinten donkerblond in zijn haar. Het feit dat hij geen sjaal of handschoenen droeg en totaal geen last leek te hebben van de kou.

'Kou is een emotie, die kun je uitschakelen.'

De manier waarop hij desondanks haar rode handen in de zijne had genomen en had gezegd: 'Kom. Laten we iets gaan drinken.'

Hoe ze langzaam was ontdooid voor het haardvuur in de strandtent, met een kop warme chocolademelk in haar handen.

'Heet je echt Jack?' had ze gevraagd.

'Nee. Heet jij echt Bliss?'

Ze schoot in de lach. 'Nee. Dat was ook iets waarover ik fantaseerde... Hoe je echt heette.'

In zijn ogen leken toegankelijkheid en geslotenheid elkaar continu af te wisselen.

'Was jij daar niet nieuwsgierig naar?' vroeg ze. 'Of dacht je mijn naam al zo ongeveer te weten, net zoals je zeker wist dat ik een vrouw was?'

'Nee, ik fantaseerde ook.'

'Over hoe ik heette?'

Hij schudde glimlachend zijn hoofd. Na een speelse wenk met zijn vinger leunde ze iets naar hem toe, waarop hij in haar oor fluisterde: 'Over dat ik deed waar we online over hebben gesproken, terwijl jij toekeek. En andersom.'

'Wij gaan in elkaars leven blijven, hè?' peinsde Hein op de tweede date. Het was eerder een nuchter statement dan een vraag. Ze lagen bezweet op bed in een hotelkamer, waar alle uren van praten over het taboe dat hun levens beheerste tot een weergaloze ontlading hadden geleid.

Simone knikte. 'Ik wil één ding weten. Heb jij dat... ook echt gedaan?' Hij leek steeds zo zeker van zichzelf, zo ervaren. Maar het kon natuurlijk ook dat hij het alleen bij fantaseren en het bekijken van beeldmateriaal had gehouden.

Het antwoord kwam snel. 'Ja, dat heb ik. Jij?'

In haar buik borrelde spanning op, niet beklemmend of zwaar, maar duizelingwekkend als bij een eerste verliefdheid. 'Ja,' zei ze. 'Ik ook.'

‘Ik kan hieraan wennen,’ zei Simone op date drie, die plaatsvond bij Hein thuis, terwijl elke vezel in haar lijf haar had toegeschreeuwd om niet mee te gaan, om voorzichtig te zijn.

Hij had gedood, dat had hij toegegeven. Wie weet was hij zo gek als een deur, zou hij haar op een gruwelijke manier ombrengen en wekenlang delen van haar lijk in de vriezer bewaren.

Haar zorgen waren verdwenen zodra hij opendeed. Zijn omhelzing wekte de suggestie dat zij iemand was om wie hij werkelijk veel gaf, in plaats van iemand die hij pas voor de derde keer ontmoette.

Ze aten broodjes kip, die hij bij Tjins had gehaald. Op de achtergrond klonk Joe Cocker. *I want to rock your gypsy soul.*

Hein was een fervent muziekliefhebber, had een heel uitgebreide smaak.

‘Ik heb je adres aan een vriendin door-geappt,’ loog Simone.

‘Goed zo,’ had hij geantwoord. ‘Maar ze hoeft zich geen zorgen te maken. Jij hoeft je geen zorgen te maken.’

Later, na alles wat ze samen hadden meegemaakt, zou ze nog weleens aan die woorden terugdenken. *Jíj hoeft je geen zorgen te maken.*

Hij woonde in een prachtige, lichte studio in de Pijp, een gezellige buurt in Amsterdam-Zuid.

‘Waar moet je zo om lachen?’ vroeg Hein, bij het zien van haar binnenpretje.

Simone aarzelde even, maar antwoordde toen: ‘Het feit dat we ook nog eens in dezelfde stad wonen. Ik woon in Oud-West.’

‘Echt?’ Hij grinnikte met haar mee. ‘Hadden we tijdens de eerste date net zo goed in een van de tenten halverwege kunnen gaan zitten.’

Ze keek van zijn cd-collectie naar het houten bureau met daarop twee laptops. Zou hij er een extra hebben aangeschaft, om dezelfde redenen als zij had gedaan?

‘Werk je vanuit huis?’ vroeg ze.

'Ja. Ik maak online cursussen.'

'Wat voor cursussen?'

'Ach, dingen die veel mensen zelf willen proberen, in plaats van er iemand voor in te huren, zoals websites bouwen en online adverteren. Ik ben zelf niet eens zichtbaar maar laat de klant meekijken op een computerscherm. Die cursussen verkoop ik via advertenties op Google en YouTube. Iemand kan daarop klikken en direct een pakket aanschaffen.'

'Dus je hoeft technisch gezien niet aan het werk te zijn om te verkopen?'

'Precies. De advertenties draaien gewoon, daar hoef ik zelf niet veel meer aan te doen.'

Daardoor was hij dus zo flexibel en kon hij op elk tijdstip afspreken.

'En jij?' vroeg hij.

'Ik ben freelance copywriter. Een stuk minder boeiend en lucratief, vrees ik.'

Hij schudde zijn hoofd. 'Om heel eerlijk te zijn boeit werk mij totaal niet. Ik besteed mijn tijd veel liever aan andere dingen.'

Ze wist intussen maar al te goed wat hem wél interesseerde. Net zoals zij bracht hij eindeloos veel tijd achter zijn computer door, zoekend naar materiaal dat het verlangen naar het echte werk enigszins zou stillen. Foto's en video's die rondgingen op het dark web. Vaak met in scène gezette beelden, ook vaak van echte misdrijven.

'Waar denk je aan?' Zijn stem onderbrak haar overpeinzingen.

'Jij hebt jouw leven om je... behoeften heen ingericht. Ik vlucht juist in mijn werk, neem zo veel mogelijk projecten aan. Ik heb mezelf altijd voorgehouden dat ik niet te veel vrije tijd moest hebben, omdat ik anders vast en zeker in de problemen zou komen.'

'En werd je daar gelukkig van? Heb je het volgehouden?'

Natuurlijk kende hij het antwoord al. Als dat het geval was, hadden ze elkaar nooit op het dark web leren kennen. Uiteindelijk was zij ook voor de bijl gegaan. Had de behoefte die van kleins af aan een deel van haar was, haar tot bepaalde handelingen gedreven.

Dat Hein niet van zijn gevoelens wegliep, maar zijn leven zo vormgaf dat hij daar juist aan tegemoet kon komen, was jaloersmakend en gaf haar stof tot nadenken.

'Kom bij me wonen,' zei hij op date vier. Het was twee uur 's nachts en ze hingen tegen elkaar aan op de bank, elk met een glas wijn in de hand, de zoveelste aflevering van *Oz* te kijken.

'Ben jij een beetje dronken?' had ze gevraagd.

Hij lachte. 'Daar is wel wat meer voor nodig. Nee, ik meen het. Waarom blijf je niet gewoon hier?'

En zo geschiedde.

21

Met haar armen om zich heen geslagen, zit Lina rechtop in bed. Tegenwoordig is het bijna elke nacht raak met dezelfde gehate nachtmerrie.

Een bonkend geluid, alsof er iemand valt.

'Mama?'

Zij en Mick hebben zeker weer ruzie. Met ingehouden adem blijft ze zitten luisteren, maar er komt geen antwoord. Geen voetstappen op de gang, geen licht dat wordt aangeklikt, terwijl haar moeder haar altijd hoort als ze roept.

Ze slaat de dekens van zich af en springt uit bed. Dat lawaai op de trap... Zou haar moeder zijn gevallen?

In haar wit met gele minion-pyjama rent ze over de overloop. Bij de trap kijkt ze naar beneden en verstart op haar plek.

Daar ligt haar moeder, op de grond. Iemand zit geknield naast haar, met zijn rug naar de trap. Hij heeft zijn handen om haar nek.

Angst verlamt haar zevenjarige lichaam, ze kan zich niet bewegen, niets uitbrengen.

Dan, alsof hij haar blik in zijn rug voelt, draait de man zich om en ziet haar staan in het trapgat. Hun ogen blijven secondelang op elkaar gericht.

Ineens springt hij overeind en vlucht door de open voordeur het donker in.

Na nog enkele ogenblikken als verstijfd aan de trap te hebben gestaan, komt Lina behoedzaam naar beneden. Iets in haar vertelde haar bij de eerste aanblik van het lichaam op de grond al dat mama niet meer leefde. Die man had haar gedood. Als in een roes staat ze bij haar moeder. Die heeft haar ogen dicht en er is geen bloed, maar toch ziet het er zo akelig uit dat Lina van haar weg deinst. Wat moet ze doen? Hulp halen... Ze kan het beste naar de buren, dan zullen zij mama naar de dokter brengen en misschien kan die het dan toch weer goedmaken.

Als ze naar buiten loopt, komt een bekende figuur haar tegemoet.

'Mick?' fluistert ze.

'Lina.' Hij fronst als hij haar ziet. 'Wat doe jij nou op straat? Jij moet toch allang in bed liggen, het is halftwaalf.'

Als ze geen antwoord geeft, verandert zijn blik. 'Wat is er? Is er iets gebeurd?' Hij haast zich langs haar heen naar binnen en ze hoort zijn ingehouden kreet. Ze ziet dat hij zich naast haar moeder laat zakken, aan haar schudt, haar op haar wang tikt, en ze loopt door. Ze wil niet bij Mick zijn, ze vindt hem eng. Snel belt ze aan bij het huis van de buren. Een keer, twee keer, drie keer...

De voordeur gaat open. 'Lina.' De buurvrouw zet grote ogen op als ze haar ziet. 'Hé, meisje, wat is er gebeurd?' Ongerust staart de vrouw in de richting van Lina's huis.

Ze krijgt nog steeds amper een woord over haar lippen. 'Mama,' fluistert ze. 'Mama is...'

Dan gaat alles heel snel. De buurman komt erbij en na een paar woorden van zijn vrouw, rent hij naar het huis van Lina en haar moeder. De buurvrouw tilt Lina op in haar armen, lijkt te aarzelen, maar loopt dan toch achter haar man aan.

'... heb een ambulance gebeld,' hoort Lina Mick tegen de buurman zeggen. 'Ze zijn onderweg, maar volgens mij is ze...'

De buurvrouw drukt Lina's hoofd tegen haar schouder.

'Jullie hadden ruzie,' klinkt de stem van de buurman.

De buurvrouw draait zich weer om, wil Lina snel meenemen naar haar eigen huis, weg van hier.

'Nee,' hoort ze Mick nog zeggen. 'Ik kom hier pas net aan. Ik zag

verderop in de straat wel iemand rennen...'

'We hóórden het toch?' De stem van de buurman klinkt schel. 'We hebben het geschreeuw gehoord.'

Heel vaak heeft Lina getwijfeld of het niet toch Mick was geweest. Of hij en mama geen ruzie hadden, zoals zij had gedacht toen ze die nacht wakker schrok. Zoals de buren zeiden dat ze hadden gehoord. Dan vroeg ze zich af of ze zich die andere man niet had ingebeeld.

Een crisisplaatsing volgde, de eerste van de reeks.

'Zit Mick nu in de gevangenis?' had ze gevraagd aan de psycholoog, met wie ze een tijdlang veel moest praten.

'De vriend van je moeder?' De psycholoog kende haar dossier. 'Hij is meegenomen door de politie... en de politie is heel hard aan het werk om te onderzoeken wat er die avond precies is gebeurd met mama.'

Lina knikte en tekende verder op het vel papier dat de psycholoog haar had gegeven.

'Maak je je zorgen dat Mick niet naar de gevangenis hoeft?'

Lina haalde haar schouders op. 'Ik heb iemand anders gezien,' hoorde ze zichzelf toen zeggen.

'Iemand anders?'

Ze keek naar het vel papier. 'Hij had zijn handen om haar keel.'

Het bleef even stil. 'Om de keel van je moeder?'

'Ja. Ik zag hem. Hij zag mij ook en toen rende hij weg.'

De vrouw pakte haar pen en begon te schrijven op haar notitieblok. 'Hoe zag hij eruit?'

'Hij had een zwarte jas aan en handschoenen. En een beetje lang haar.'

De psycholoog knikte. 'Hoe lang?'

Lina hield haar hand halverwege haar nek.

Dat Mick later bleek vrijgesproken vormde voor Lina, zeker naarmate ze ouder werd, het bewijs dat haar herinnering echt was. Dat ze zich die andere man niet had ingebeeld. Dat beeld vervaagde ook niet met de jaren; zijn gezicht stond in haar geheugen gebeiteld, duidelijker dan welke andere herinnering ook.

Tijdens haar tweede week in Amsterdam dook dat gezicht zomaar weer op, te midden van tientallen andere gezichten op de Johan Cruijff Boulevard. Ze liep in de richting van de Amsterdamse Poort terug naar het huis van Agnes en Pim en zag hém, toen hij samen met een vrouw de bioscoop verliet.

Eerst kon ze het niet geloven, schenen dat hoekige gelaat, die ogen en die haren toe te behoren aan een fantoom, een spookverschijning. De grond leek zich onder haar voeten te openen en wankelend keek ze hen na. Het was niet te vatten dat ze hem op straat trof, zomaar, na al die jaren. Haar hersenen wilden er niet aan. Pas toen hij al een heel eind van haar was verwijderd, kwam haar lichaam in actie.

Ze was hem gevolgd, naar het station, zelfs in de bus, waar ze de hele weg lang haar best moest doen om niet over te geven. Op sommige momenten was het alsof de vrouw met wie hij was haar priemende blik voelde, want ze keek meerdere malen achterom, maar Lina zat op een stoel achterin bij het raam en zorgde ervoor dat ze elkaar niet in de ogen keken.

Ze voelde zich met de minuut beroerder worden, maar kon niet uitstappen.

Na een eeuwigheid, in een uithoek van Amstelveen, op de grens met Uithoorn, waren hij en de vrouw uitgestapt.

Terwijl ze een veilige afstand bewaarde, liep ze achter hen aan, een woonwijk in. Wederom landde ze in een andere wereld binnen Nederland, eentje die wezenlijk verschilde van Amsterdam-Zuidoost. Een wereld van boerderijen met uitgestrekte grasvelden, villa's en twee-onder-een-kapwoningen, waar kleine kinderen op straat speelden en de kneuterige geur van een vuur in de lucht hing.

De man en de vrouw gingen een huis binnen. Een paar minuten

nadat ze de deur achter zich hadden gesloten, liep zij erlangs. Nummer 64.

Nummer 64, nummer 64, herhaalde ze in zichzelf, ook toen ze de hoek om was geslagen, de brug over liep en een paar stappen verder in de struiken overgaf.

22

'Hi, Eef.' Terwijl Joyce naar het centrum rijdt, zet ze het geluid op de carkit harder.

'Ik ga met Thijs naar Vuurtoreneiland,' klinkt de stem van haar vriendin enthousiast.

'Vuurtoreneiland?'

'Ja, dat is een eilandje in het Markermeer. We vertrekken per boot vanaf de Veemkade, tegenover het Lloyd Hotel in Amsterdam, en blijven dan een aantal uur op het eiland. Vooral deze tijd van het jaar schijnt het er prachtig te zijn. Je dineert in een kas, een zesgangenmenu, en daarna kan je het eiland gaan verkennen. Ik heb van meerdere mensen gehoord dat het zo'n bijzondere plek is.'

'Wat gaaf!'

'Ik stond al lang op de wachtlijst, want je kunt alleen maanden vooruit reserveren. Vandaag kreeg ik ineens bericht dat er twee plaatsen vrij waren gekomen. Thijs was ook heel enthousiast.'

Een tevreden gevoel nestelt zich in Joyce' borst. 'O, wat super. Goed dat jullie tijd voor elkaar nemen.'

'Ja, ik heb het gevoel dat Thijs ook wel inziet dat er iets moet veranderen. Dit is in ieder geval een stap in de goede richting. Wat ben jij eigenlijk aan het doen?'

'Ik ga even lunchen bij Day. Ga je mee?'

'Ik heb zo een meeting,' klinkt het spijtig.

'Tja, je hebt werkpaarden en luxepaarden.'

Evi schiet in de lach. 'Ik wilde dat ik jouw zwartgallige humor had.'

Bij het zien van haar favoriete stek zinkt de moed Joyce bijna in de schoenen, hoewel er niet eens zoveel mensen op het terras zitten. Drukte om haar heen vindt ze nog steeds een crime, maar daar wordt aan gewerkt. Ze denkt aan de EMDR-sessie van vanochtend. De kabaaltriggers, de piepjes, de wijsvinger van de psychotherapeute, die ze met haar ogen moest volgen totdat ze dacht gillend gek te worden.

Maar het helpt wel. Waar ze eerst nog geen serie kon kijken en geen boek kon lezen, kan ze nu steeds meer prikkels verdragen. Ze hoopt maar dat ze nog een stuk verder zal zijn tegen de tijd dat het buurtfeest wordt gehouden. Evi heeft er geen gras over laten groeien en het idee in de buurtapp gedeeld. Het bleek dat de meesten wel zin hadden in een feestje, want de ene na de andere enthousiaste reactie kwam binnen en er heeft zich ook al een aantal vrijwilligers gemeld om te helpen bij het organiseren. Daar is Joyce blij om. Het voelt lullig dat zij daar zelf niet aan meedoet, ondanks dat Evi dat steevast wegwuift.

'Deze tafel doen?' vraagt de ober, wijzend op een plek aan de voorzijde van het terras.

'Nee, doe maar in de hoek achterin.' Vanaf daar kan ze het gehele terras en de ingang van Day Foodbar goed overzien.

'Prima,' zegt de jongen hartelijk. 'Neem lekker plaats.'

Een ogenblik later zit Joyce in de zon en sluit ze een moment haar ogen terwijl ze de vitamine D, die ze de afgelopen maanden te veel heeft ontbeerd, in zich opneemt.

Ze was een ware kluizenaar geworden, die alleen voor het hoognodige de deur uit ging. Even op en neer naar de Albert Heijn vergde al bijna te veel energie. Maar langzaamaan krijgt ze meer de behoefte om naar buiten te gaan, al is het maar voor een blokje om, of een bezoek aan Floris' rustplaats.

'Een cappuccino?' gokt de ober, die bij haar tafeltje komt staan, en Joyce knikt glimlachend, terwijl haar lichaam bij het vertrouwde uitzicht en de bekende rituelen steeds meer tot rust komt.

Een slaapstad, werd Amstelveen vroeger genoemd, toen het winkelcentrum uit niet veel meer dan de Hema, de V&D en een aantal boetieks bestond. Nu is deze plek een hotspot met meer dan tweehonderd winkels en tientallen lunchrooms, wat publiek vanuit alle windstreken lokt om er al shoppend het hart op te halen en Amstelveners veelvuldig doet klagen dat het vroeger allemaal veel gezelliger en betaalbaarder was.

Voor de Hema, die is gebleven, staat een ijzeren zwijntje dat stamt uit de jaren zestig. In de navolgende jaren is er geen Amstelveens kind geweest dat niet op dat zwijntje is geklommen, om vanaf die ijzeren zitplaats triomfantelijk naar zijn ouders te zwaaien.

Ooit werd het dier om onbekende reden verplaatst naar de fietsenstalling voor de Centrale Bibliotheek, waar het tussen de vele fietsen amper nog met het blote oog te ontwaren viel. Het ontketende een volksopstand in de voormalige slaapstad.

Het zwijn werd in een van de nabijgelegen kinderboerderijen geplaatst, na nog meer protesten weer op een andere plek op het winkelcentrum teruggezet, om uiteindelijk, nadat er zelfs in de gemeenteraad over was vergaderd, terug te keren op de enige plek waar de woedende locals mee konden leven: *voor de Hema!*

Joyce heeft het altijd een heerlijk idee gevonden dat, terwijl andere gemeenten te kampen hadden met overlast door drugsgebruikers, vandalen, of aardbevingen door gaswinning, zij woonde op een plek waar de ergste commotie te wijten was geweest aan de verplaatsing van een ijzeren zwijn.

Ze ziet Arie, een van de wijkagenten van dit stadsdeel. Op het moment dat zijn blik zich naar het terras van Day verplaatst, steekt ze haar hand op. Hij zwaait vrolijk terug en komt op haar afgefietst.

'Hallo, collega,' roept hij, terwijl hij afstapt om een praatje te maken, waarop ze vanuit haar ooghoeken enkele andere gasten scherp naar haar ziet kijken. 'Hoe gaat het nu met je?'

'Steeds beter. Ik ben aan het oefenen om weer onder de mensen te komen.' Ze weet dat het belachelijk is, maar toch heeft ze de neiging om haar aanwezigheid hier, haar niks doen, te verklaren.

'Heel goed,' zegt Arie en ze ziet dat hij het meent. 'Gewoon rustig opbouwen, dan heb je de minste kans op terugval. Laat je niet opjagen, je moet nog lang genoeg werken.'

Hij heeft gelijk, maar toch betekent een ziektebeeld als dit bij een organisatie als de politie een smet op je naam. Hoewel door de hoge werkdruk en de heftige situaties de PTSS en de burn-outs welig tieren, heerst onderhuids nog altijd de gedachte dat professionele hulp gelijkstaat aan zwakte en labiliteit. Ze heeft met eigen ogen gezien hoe het de doorgroeimogelijkheden van collega's in de weg kwam te staan.

'Hoe is het met jou?' vraagt ze. 'Lekker dagje vandaag?'

'Zeker.' Arie knikt naar het plein voor hen, door het vroege uur nog behoed voor het grote publiek. 'Een rustig ochtendje, houden zo.'

Ooit had Joyce medelijden gehad met haar collega's in Amstelveen. Om te wonen was het hier prima, maar qua werk was het natuurlijk drie keer niks. Het zien van agenten die hier in hun dienstwagens patrouilleerden, deed haar altijd denken aan een zaak waarvoor ze ooit schriftelijke stukken moest gaan ophalen op een bureau in de Achterhoek. Daar werd een collega opgeroepen, of ze met vier man sterk konden aanrukken; er lag een koe in de sloot. Dat was het spannendste wat daar de hele week was gebeurd. Amstelveen is, ongeacht haar randstadlocatie, natuurlijk niet veel opwindender.

Weliswaar werd Cor van Hout, een van de Heinekenontvoerders, geliquideerd voor de plaatselijke chinees en werd Gwenette Martha 'de ongrijpbare' er doorzeeft met tachtig kogels, maar dat waren gerichte afrekeningen, net zoals de andere schietincidenten die hier plaatsvonden. In Amstelveen zie je geen kleine criminaliteit op straat, in Amstelveen komen alleen de grote jongens, die zich er settelen met hun gezinnen. Het maakt deze stad tot een verdomd saai werkveld.

Achter Arie loopt een vrouw met een Bijenkorftas voorbij, van wie Joyce weet dat ze haar ergens van kent, maar er schiet haar niets te binnen. Ondanks haar verwoede stappen in de goede richting, loopt haar geheugen nog altijd mank.

'Ik ga gauw verder,' zegt Arie. 'Geniet van je dag en heel veel sterkte, hè, meissie.'

'Werk ze nog.' Joyce wenkt de ober om een broodje te bestellen. Als ze, in afwachting van haar foccacia mozzerella, het plein in zich opneemt met de bibliotheek en het theater, weet ze plotseling weer wie die vrouw was die ze zojuist zag. Het was de nieuwe buurvrouw van nummer 64, met wie ze nog steeds moet kennismaken.

Zie je wel, denkt Joyce tevreden. Iedere dag een stukje beter. Als het zo doorgaat, zal ze hopelijk snel weer terug zijn op haar eigen district in Amsterdam, waar ze nooit weet of ze tijd zal hebben om een lunch naar binnen te proppen, of dat ze, gebonden aan een plaats delict, pas zal kunnen eten wanneer het tijd is om naar huis te gaan.

23

De Jeugdzorgplus is een vrolijke benaming voor een gesloten instelling, de zwaarste vorm van jeugdopvang. De gewone plaatsingen waren voor Lina al pittig genoeg geweest. Als zevenjarig kind kon ze na de eerste paar keer noodopvang nog amper bevatten dat haar leven met haar moeder, haar school, haar turnclub en haar vriendinnetjes voorbij was. Vervangen door een eenzaam nomadenbestaan, met telkens een nieuwe, vreemde stop.

Op twaalfjarige leeftijd dacht ze het allemaal wel te hebben gezien, maar ze besefte hoezeer ze zich vergist had toen ze in de Jeugdzorgplus belandde. Niet omdat ze een moeilijk kind was, maar omdat er nergens anders plek was.

Ze dwongen haar de anticonceptiepil te slikken, terwijl ze nog niet eens ongesteld was geworden en nooit naar jongens had getaald, laat staan seksueel actief was. Soms dringt de muffe lucht van de isoleercellen en 'chill-outkamers' volkomen onverwacht haar systeem binnen. Die heeft ze gelukkig niet al te vaak en te lang vanbinnen gezien, maar vaak en lang genoeg om zich naar te voelen bij de herinnering.

'Ze sturen er heel snel op aan dat je gesloten gaat,' had een van haar lotgenoten, een ouder meisje, haar verteld.

'Waarom?'

De stem van het meisje was toonloos, alsof ze het verhaal al vele keren had verteld. 'Deze instellingen krijgen met mooie praatjes over hulp en zorg heel veel geld van de gemeenten. Daarvan komt een groot deel bij de directeuren van de instellingen terecht. Je moet maar eens opzoeken hoeveel zo'n directeur verdient. Er is veel geld in het spel en er worden elk jaar duizenden kinderen in jeugdzorginstellingen geplaatst, terwijl dat vaak helemaal niet nodig is.'

Lina moest wel behoorlijk schaapachtig hebben gekeken, want het meisje raadde haar aan om de cijfers te checken op het internet. 'Nederland is het land met de gelukkigste kinderen van de wereld, maar het is ook het land met het grootste aantal opgesloten kinderen van Europa.'

'Maar ik heb niks gedaan,' had Lina geantwoord.

'Dat hoeft ook niet, hoorde je niet wat ik zei? Als je nergens anders kan worden geplaatst, kom je hier terecht. Vaak is er gewoon geen plek, omdat de woongroepen en gezinshuizen worden wegbezuinigd.'

Dat idee had haar op het randje van paniek gebracht. 'Ze hadden beloofd te kijken of ik snel ergens anders heen kan.'

'Dat zal denk ik ook wel gebeuren,' suste het meisje, waarna ze enkele ogenblikken op de binnenkant van haar wangen kauwde. Bijna terloops had ze gemompeld: 'Maar als je hier eenmaal uit bent, zorg dan dat je niet lastig doet. Zorg dat er nooit iemand denkt: "Ik weet niet wat ik nou met haar aan moet."'

De dag nadat ze Hein en Simone op de Johan Cruijff Boulevard had gezien, had Lina de Intercity naar treinstation Amsterdam-Zuid genomen en daarna de metro naar station Rokin. Vanaf daar liep ze richting de Prinsengracht. De bomen aan het water stonden vol in bloei. Ze herkende de buurtsuper, de geuren die haar tegemoetkwamen vanuit de pizzeria op de hoek, het goud op de klok van de Westertoren.

Aangekomen bij haar oude huis bleef ze minutenlang staan. Dit was zij, in deze straten lag haar ware identiteit versmolten. Het was een verhelderend moment na jarenlang door het hele land te zijn gehusseld, zo vaak dat ze amper meer wist wie ze eigenlijk was.

De voordeur ging open en een vrouw, die nu blijkbaar in het huis woonde, sprak haar aan.

'Ik zie je al een tijdje staan, was je naar iemand op zoek?'

Ze schudde nee. 'Ik wilde eventjes bij mijn oude huis kijken. Ik heb hier vroeger gewoond.'

'O, echt? Leuk, je mag wel even binnenkomen, als je wilt.'

Dat verraste haar, maar ze stemde meteen toe.

Verwonderd keek ze even later de huiskamer rond. Ze had snel weggekeken toen ze de trap in de hal zag, maar één schichtige blik was voldoende geweest om te zien dat de hele boel was gerenoveerd. Als ze niet heel zeker wist dat dit haar vroegere huis was, zou ze het nooit hebben geloofd, want werkelijk niets was nog hetzelfde.

'Het ziet er mooi uit. Hoelang woont u hier al?' Ze hoorde dat haar stem wat onvast klonk.

'Twee jaar.'

'Weet u wie hier voor u woonde?'

'Een echtpaar van in de vijftig.'

Lina knikte bij zichzelf. 'En hebben zij hier lang gewoond?'

'Ja, een jaar of zeven… Het heeft ook nog een hele tijd leeggestaan.' De vrouw keek haar onderzoekend aan. 'En daarvoor woonde er een vrouw met haar dochtertje… Ben jij soms dat meisje?'

Lina knikte.

De hand van de vrouw ging richting haar mond, maar ze bedacht zich en liet hem weer hangen. 'Ach kind,' bracht ze uit.

'Heeft u alles veranderd?'

'Ik… Ja, maar het echtpaar voor mij had ook al een renovatie verricht. Ik heb destijds nog de muur tussen de woonkamer en de keuken laten verwijderen, de vloeren vervangen en er een nieuwe badkamer en keuken in laten zetten.'

Nu bekeek Lina de gang en de trap nauwkeuriger. Er was natuurlijk grondig opnieuw geschuurd, gesaust, gelakt… alles om het aandenken aan het vreselijke dat hier had plaatsgevonden uit te wissen.

Er was onderzoek verricht naar de manier waarop haar moeder om het leven was gekomen. Op aanraden van een van haar vroegere pleegbroers was ze gaan kijken op de gezocht-en-vermist-pagina van politie.nl.

Daarop stonden de cold cases, moordzaken die onopgelost waren gebleven, inclusief de laatste updates. Hierdoor wist Lina dat er nooit iemand was veroordeeld.

Ze keek nogmaals naar de trap. De twee renovaties zouden eventuele sporen van de moordenaar, als die er al waren, wel voorgoed hebben weggevaagd.

'Wil je misschien iets drinken?' vroeg de vrouw. 'Ik kan me voorstellen dat dit heel moeilijk is.'

'Nee, dank u wel,' zei Lina, die het plotseling benauwd kreeg. 'Ik moet weer gaan. Bedankt dat ik even mocht kijken.'

In de metro terug naar het treinstation kon ze de stem van de psycholoog praktisch in haar oor horen fluisteren: *De politie is heel hard aan het werk om te onderzoeken wat er die avond precies is gebeurd met mama.*

Moest ze naar de politie? Zeggen dat ze de moordenaar van haar moeder had herkend? Ze zag zichzelf al zitten, aan een bureau tegenover een of meer rechercheurs.

Sinds dat gesprek met haar psycholoog op haar zevende was haar referentiekader drastisch veranderd. De politie assisteerde bij het weghalen van kinderen bij hun ouders. Zij waren ook degenen die weglopers in busjes gooiden en hen terugbrachten naar de gesloten instellingen.

Gemeentelijke instanties, rechters, politiemensen… in haar ogen waren ze geen van allen te vertrouwen, was het één grote bende die tezamen het verrotte systeem in stand hield.

Maar wat dan te doen? De man die geregeld in haar nachtmerries voorkwam, woonde in een keurige wijk, had een auto voor de deur staan en hij had een vrouw, met wie hij naar de bioscoop ging.

Ze wist nu zijn adres… Ze zou zijn leven op z'n kop kunnen zetten door hem te laten weten dat hij die nacht was gezien. Anonieme brieven, nieuwsberichten over de moord, politie-oproepen, etc. Hij zou er flink door in de rats komen te zitten, zijn vrouw zou er eveneens van ondersteboven zijn. Uiteraard zou hij alles ontkennen, maar iets als dit zou toch onrust veroorzaken. Twijfels… Het zou een relatie kunnen beschadigen, of zelfs kapotmaken.

Alleen zou Lina nooit weten in hoeverre het hem daadwerkelijk had getroffen. Als hij zou verhuizen, zou het sowieso einde verhaal zijn.

Ze moest ook niet vergeten dat zij elkaar die nacht in de ogen hadden gekeken. Hij zou dat absoluut nog weten en dus direct aan haar denken bij het lezen van die berichten. Op internet was de naam van haar moeder in tientallen nieuwsitems terug te vinden, net als hun vroegere adres. Wat als hij erin zou slagen na te gaan wat er met haar was gebeurd, haar zou weten op te sporen? Nee, het was beter om het anders aan te pakken.

Een plan kreeg langzaam vorm in haar hoofd… Ze hoefde niet naar de politie, of anonieme post te versturen, om te zorgen dat hij alsnog zou boeten voor wat hij had gedaan. Ze moest alleen een manier bedenken om deel uit te gaan maken van zijn leven.

Het gooien van het briefje in de bus, waarin ze haar huishoudelijke diensten aanbood, was een eerste poging. Een longshot natuurlijk, maar toen er kort daarna contact werd opgenomen, voelde dat alsof het zo moest zijn, alsof de voorzienigheid haar eindelijk eens een hoge speelkaart toewierp.

De kans dat hij haar zou herkennen achtte ze klein, ze was destijds immers nog heel jong geweest. Haar inschatting bleek juist. Hij had geen flauw idee wie zij was.

24

Simone wordt wakker van het binnensmondse gemompel van Hein. Ze draait zich naar hem toe en ziet dat hij met een vertrokken gezicht op zijn rug ligt. Hij trapt met zijn benen, alsof hij iets of iemand van zich af moet houden.

'Hein…' Simone port hem zachtjes tegen zijn arm. 'Hein, rustig maar.'

Zijn ademhaling wordt scherp en onregelmatig.

'Hein!' Simone schudt hem aan zijn schouder heen en weer. 'Niets aan de hand, je droomt.'

Hij schrikt wakker, kijkt met opengesperde ogen naar boven en vervolgens naar haar.

'Rustig maar,' fluistert ze.

Hein doet zijn best om zijn ademhaling weer onder controle te krijgen. 'Ik had een nachtmerrie.'

'Ja.' Simone streelt hem over zijn wang, die klam aanvoelt. 'Niets aan de hand.'

Hij legt zijn hand op de hare. Dan komt hij half overeind, reikt naar het flesje water op zijn nachtkastje en neemt een slok. 'Ik spring even snel onder de douche, ik zweet als een malle.'

Simone schenkt hem nog een geruststellende glimlach, die compleet haaks staat op hoe ze zich voelt.

Zelf heeft ze al heel lang nachtmerries. Wat er in Limburg was gebeurd, bezorgde haar nog lange tijd stress. Hetzelfde gold voor de risico's die het leven samen met Hein met zich meebracht. Heins nachtmerries begonnen pas na hun verhuizing naar

Amstelveen. Het is hun nieuwe leven, het feit dat hij nooit meer zal kunnen doen wat hij het liefst doet, dat hem stress bezorgt.

Na de lunch zoekt Simone op internet naar aanbiedingen voor een weekend weg. Ze zouden kunnen gaan uitwaaien op Vlieland. Beetje wadlopen, fietsen, restaurantjes pakken... Op een of andere manier voelt het allemaal als een vlucht. Het maakt niet uit waar ze naartoe gaan, ze zullen hun problemen als overtollige bagage met zich meetorsen.

Hein komt naar beneden, in zijn fitnesskleding.

'Ga je nu alweer sporten?'

'Ja.' Hij pakt een flesje water uit de koelkast.

'Vanochtend ook al twee uur, en ieder avond minstens een uur...'

'We hebben afgesproken dat we afleiding zouden zoeken. Ik doe echt mijn best, Moon.' Een glimlach moet afleiden van de moedeloze klank in zijn stem. 'Het heeft ook wel zijn voordelen, toch? Straks heb ik pas echt een Adonislijf, en dat op m'n eenenveertigste.'

'Ellek nadeel heb z'n voordeel...' beaamt ze.

'Precies.' Met een knipoog vertrekt hij naar boven.

Even later klinkt vanaf de zolder, waar de fitnessapparaten staan, het nummer waar hij altijd naar luistert onder het trainen. '*Oh father tell me, do we get what we deserve? ... Oh, we get what we deserve. And way down we go...go...go...*'

Simone loopt naar de hal en kijkt omhoog, het trapgat in. De muziek komt haar tegemoet, vermengd met de voetstappen van Hein op de loopband.

Ze weet niet waarom ze blijft staan, wat ze verwacht of hoopt te horen. Hij heeft gelijk, ze hadden afgesproken om afleiding te zoeken. Alleen had zij gezamenlijke activiteiten in gedachten gehad. Als Hein niet werkt, surft hij uren rond op het dark web of hij gaat er met Jack op uit.

Wil hij haar niet meer in zijn buurt hebben omdat hij niet langer het gevoel heeft dat zij hem begrijpt? Er is iets tussen hen in komen te staan, zoveel is zeker.

Ze gaat terug naar de huiskamer en laat zich op de bank zakken. Hoe sneller de voetstappen boven over de loopband gaan, hoe meer zijn behoefte aan een uitlaatklep voelbaar wordt.

‘Wanneer ben jij eigenlijk... begonnen?’ had ze hem ooit gevraagd, toen ze net bij hem was ingetrokken.

‘Vroeg.’ Hein liet zijn voortanden langs zijn onderlip gaan. ‘Niet meteen met mensen, in het begin waren het dieren. Het heeft altijd mijn leven beheerst, zeg maar.’

‘Viel dat niemand op?’ Zijn jeugd was in een belangrijk opzicht hetzelfde geweest als die van haar, had in het teken gestaan van een ontzaglijk geheim dat hij met niemand kon delen.

‘Op een gegeven moment begon het mijn ouders op te vallen, ja. Mijn vader was van mening dat het kinderlijke baldadigheid was, althans, dat wilde hij geloven.’ Hein zuchtte. ‘Hij dacht dat het morele kompas van kinderen gewoon nog niet optimaal ontwikkeld is en was ervan overtuigd dat het een fase was, iets dat vanzelf over zou gaan.’

‘En je moeder?’

‘Die maakte zich wel zorgen. Ik denk dat zij zich van het begin af aan realiseerde dat het niet goed zat. Ze kon er niet mee omgaan.’

Simone was hevig geïntrigeerd. Bij haar had niemand in haar omgeving ooit iets kunnen vermoeden. ‘En hoe uitte zich dat dan?’

‘Ze ging weg. Ze reisde al veel voor haar werk, achteraf gezien denk ik dat dat voornamelijk een vlucht was. Later liep het huwelijk op de klippen en zag ik haar helemaal nooit meer.’

‘En je vader?’

‘Die bezoek ik soms. We zijn nooit bijzonder close geweest, maar hij heeft me ook nooit het gevoel gegeven dat hij me verachtte.’

Net zomin als zij had Hein ooit met iemand anders samengewoond of een vaste relatie gehad. 'Ik had geen zin om de hele tijd toneel te moeten spelen, dat lijkt me ontzettend vermoeiend.'

Beiden moesten nog leren om rekening met de ander te houden, maar dat ging hen niet al te moeilijk af. Ze bezochten festivals, concerten en kroegen waar live muziek werd gespeeld. Ze sportten samen, maakten road trips door ongerepte gebieden in Europa, waar het massatoerisme nog niet was toegeslagen. Avond na avond brachten ze voor een kampvuur door, eindeloos mijmerend. Een beeld dat altijd tot haar dierbaarste herinneringen zal behoren, is dat van Hein in zijn legerkleurige trui, uitgestrekt op een kleed, zijn gezicht het decor waarop schaduwen en het licht van de vlammen een plagend spel opvoerden.

Het was zo gemakkelijk, zo natuurlijk om in zijn gezelschap te zijn. Hij had geen moeite om zich voor haar open te stellen. Zelf was ze voorzichtiger, nog helemaal ingesteld op de eenzame strijd die ze het grootste deel van haar leven had gevoerd, waar niemand ooit iets van mocht merken. Ze had niet beseft hoe erg ze met zichzelf in de knoop had gezeten, zich gevangen had gehouden in het donker. Nu er iemand was die haar aanmoedigde zich te laten zien zoals ze was, die de kronkel in haar hersenen waardeerde in plaats van verafschuwde, was het alsof ze haar koude ledematen mocht koesteren in de stralen van een namiddagzon. Niet te heet om haar onwennige huid te verbranden, of te matig om warmte te schenken, maar precies goed. Hein was precies wat zij nodig had.

Hun prille relatie zorgde voor meer verhelderende inzichten. Simone, die zich in de wateren van het dark web een beruchte vissoort had gewaand, bleek in vergelijking met anderen nauwelijks meer dan een gup. Terwijl zij het bij die ene keer met Janneke had gelaten, had Hein vele malen aan zijn behoeften toegegeven. Hein was een seriemoordenaar.

Waar een dergelijke onthulling de grond onder de voeten van

ieder ander vandaan zou hebben geslagen, leek het Simone dat alles na al die jaren zomaar als een puzzel in elkaar schoof.

Ten tijde van die bekentenis lagen ze met z'n tweeën op de rommelige dekens van zijn bed. Met zijn duim veegde Hein een tranenspoor weg dat over haar linkerwang liep.

'Je hebt me niet van streek gemaakt, dat is echt niet waarom ik huil.'

Hij zei niets, wachtte geduldig tot ze verder zou gaan.

'Weet je,' stamelde ze, 'ik heb sinds mijn puberteit gedacht dat ik altijd alleen zou blijven. Ik had me daarmee verzoend.'

Hein stond op, hij had alleen zijn spijkerbroek aan en ze herinnert zich haar tedere gevoelens – ze moest wel gestoord zijn – bij het zien van zijn rijzige gestalte in de kleine slaapkamer van zijn studio. Hij hield zijn armen voor haar open. Zelf volledig naakt, krabbelde ze overeind en kwam tegen hem aan staan. Zijn armen sloten zich stevig om haar heen.

In die ogenblikken van huid op huid was het logisch geweest als ze had bedacht dat hij haar gemakkelijk dood zou kunnen drukken, wurgen, haar nek omdraaien. In plaats daarvan schoot door haar heen dat ze zich nooit eerder zo veilig en op haar plek had gevoeld.

Later, samen onder de douche, had ze doorgevraagd. 'Hoeveel heb je precies...'

Hij keek haar recht aan, terwijl het water vanuit zijn druipende haar over zijn gezicht liep. 'Negen.' Hij pakte de douchegel en zeepte snel en geroutineerd zijn borst in.

'Hoe kan het dat je niet gepakt bent? Dit is zo'n klein land en zoveel mensen worden er niet vermoord, vooral niet door vreemden.'

Hij glimlachte. 'Ik ben lang niet alleen in Nederland actief geweest. Ook in Oost-Europa, Zuid-Afrika, de VS...'

'Wil je zeggen dat je over de hele wereld...'

Hij moest weer lachen. 'Niet de hele wereld. Maar wel in een aantal landen, ja. In Amerika heb je de ruimte. Zoveel staten, het landschap is zo uitgestrekt. Je kunt nog van alles doen waarbij er dagen of zelfs maanden voorbijgaan voordat het bekend wordt. Voor Zuid-Afrika geldt hetzelfde... Daarbij vind ik het fascinerend hoe deze landen het moorden in de hand werken.'

'En hoe heb je... Ik bedoel, doe je steeds hetzelfde?'

Ze zag een geamuseerde twinkeling in zijn ogen. 'Meestal wurging. Of messteken, maar het liefst het eerste. Dat geeft de minste troep.'

Simone goot wat shampoo op haar handpalm, die ze vervolgens over haar haren verdeelde. Ze had zichzelf altijd beschouwd als een kouwe kikker die je niet zo snel van haar stuk bracht, maar in Heins gezelschap ging dat nauwelijks op.

Hein nam het van haar over, zijn vingers masseerden haar hoofdhuid, zorgden voor een overvloed aan schuim in haar haren. 'En wat heb jij allemaal gedaan? Nog niet zoveel, denk ik.'

'Waarom denk je dat?'

'Dat merk ik aan je.'

'Ik heb je toch verteld dat ik...'

'Ja. Eén persoon. Maar zeg eens, wat heb je precíés gedaan?'

Simone sloot haar ogen. Nooit had ze iemand over Janneke verteld. Ze had het gebeuren niet eens goed willen onthouden. Al die jaren geleden had ze zich gewaagd aan iets dat achteraf gezien veel te veel voor haar was geweest. Iets dat ze amper voor zichzelf had kunnen duiden, laat staan verwerken.

'Ik heb... een meisje gedood.' Ze wist niet of hij de zachte bekentenis door het geluid van het stromende water heen had gehoord. 'Ik heb haar van een stenen helling geduwd.'

'Kende je haar?'

Ze knikte. 'Het was een vriendinnetje.'

Bij dat laatste woord stopte hij met het aanbrengen van de shampoo en draaide haar met haar gezicht naar zich toe. 'Hoe oud was je toen?'

'Twaalf.'

Zijn wenkbrauwen schoten omhoog en hij leek moeite te doen om niet te lachen. 'Twáálf?'

'Vind je dat grappig?'

'Nogal, ja. Simone, de twaalfjarige moordenares.'

Ze wendde zich af en duwde de douchedeur open, maar hij trok haar terug en deed hem weer dicht. 'Ik heb je net verteld wat ik op mijn kerfstok heb,' zei hij, terwijl zij haar arm losrukte. 'Waarom schaam je je zo? Heb je er spijt van?'

Ze keek hem woedend aan, hief toen haar hoofd op onder de straal en ging snel met haar handen door haar haren om alle shampoo eruit te krijgen.

'Heb je er spijt van?'

Ze zuchtte. 'Ik had er toen veel spijt van.'

'Waarom? Vond je het erg voor het meisje?'

Onwillig dacht Simone terug aan de bewuste dag. Haar klasgenoten, de leraren, de ouders, de totale paniek.

Langzaam schudde ze haar hoofd.

'Je had spijt omdat dit betekende dat jij anders was. Dat jij niet normaal was. Maar als niemand het verder erg had gevonden, zou je dan nog steeds spijt hebben?'

Ze hoefde hem het antwoord niet te vertellen. Hij nam haar gezicht in zijn handen, bracht zijn mond vlak bij die van haar. Ondanks de stoom en de hitte rilde ze.

'Zou je het nog eens willen doen?'

Hun ogen haakten zich in elkaar vast, bleven elkaar gevangenhouden, totdat die van Simone vol liepen en haar tranen zich met het douchewater vermengden.

'Wil je dat ik je help?' vroeg hij.

'Ja,' fluisterde ze.

25

Al ruim een uur is Lina in de badkamer bezig. Voordat ze bij Hein en Simone kwam schoonmaken, had ze nooit een sanitaire ruimte als deze gezien. De muren en vloer bestaan uit crèmekleurige, marmeren tegels. Er zijn twee wasbakken die er niet uitzien als wasbakken, maar als twee diepe ronde schalen op een houten blad. Het bad lijkt eveneens meer op een grote, witte kom en in de douchecabine is naast de normale douche een gigantische kop aan het plafond bevestigd. Een regendouche, had Simone het genoemd.

Ze vindt het verschrikkelijk, al die aan hem gerelateerde luxe, de bewijzen van een decadent leven, maar ze let erop dat ze elk hoekje schrobt dat het blinkt. Het is belangrijk dat Hein en Simone tevreden met haar zijn.

Haar nieuwe werkgeefster zit beneden aan de eettafel achter haar laptop. Simone is een superrelaxte vrouw. Anders dan veel andere volwassenen heeft zij niet de behoefte om haar er fijntjes aan te herinneren dat ze nog maar een tiener is die net komt kijken. Ze praat tegen haar alsof ze het tegen iemand van haar eigen leeftijd heeft, kijkt haar niet op de vingers en laat haar zelf bepalen hoe en in welke volgorde ze alles doet, zolang het maar gebeurt.

De man, Hein, heeft ze vanochtend niet veel gezien. Vlak nadat zij kwam, ging hij met de hond wandelen en daarna boodschappen doen. Zijn vertrek verminderde acuut de spanning in haar nek en schouders.

Het is niet erg dat zijn aanwezigheid haar zo nerveus maakt dat ze er amper een zinnig woord uit krijgt. Als ze haar ogen en oren maar flink de kost kan geven, om zich een beeld te vormen van zijn persoon en van zijn leven.

'Lina,' wordt er van beneden geroepen. Ze haast zich naar de overloop en Simone steekt haar hoofd om de deur van de woonkamer. 'Hein heeft broodjes gehaald... Wil je ook iets eten?'

Een deel van haar wil weigeren, maar ze stemt toch in. Als ze meer over hem te weten wil komen, kan ze niet blijven toegeven aan haar impuls hem te ontwijken. Bovendien wil ze dat zij haar niet alleen een harde werker vinden, maar dat ze haar ook mogen. Ze moet iets van een band met deze mensen zien op te bouwen.

Hein en Simone zitten aan de eettafel, een derde bord is aan het hoofd bijgeschoven. Met moeite slikt Lina haar ongemak weg.

'Ga zitten.' Hein trekt een stoel naar achteren. Tot nu toe gedraagt hij zich net zo vriendelijk en ongedwongen als zijn vrouw. Ze zou bijna geloven dat ze zich vergist heeft, maar dat is niet zo. Ze heeft te veel aan hem moeten terugdenken, te veel nachtmerries over hem gehad, om zich zijn gezicht niet precies te herinneren. Wat kan hem destijds bewogen hebben? Is hij gewelddadig, crimineel, een verslaafde? Is hij dat vroeger geweest?

'Je had verteld dat je in Amsterdam op school zit. Woon je daar ook?' informeert Simone, als Lina plaatsneemt.

'Ja.'

'Waar?'

'De Bijlmer.'

Als Simone haar de schaal voorhoudt, pakt Lina een van de focaccia's. Op tafel ligt oude brokkelkaas, rucola, pesto in verschillende kleuren, mozzarella, balsamico... Ze denkt aan de broodzakken thuis, met de actieprijs van een euro erop, de pindakaas en de smeerkaas die naar plastic smaakt.

'Wat brengt je hier?' vraagt Hein, terwijl ze haar focaccia belegt. 'Waarom wilde je helemaal hier schoonmaakwerk doen?'

Ze voelt zich rood worden. 'Het valt wel mee hoe ver het is en ik dacht dat er hier wel vraag naar zou zijn. Bij mij in de buurt doen de mensen dit zelf.' Dat laatste kwam er verkeerd uit, maar Simone en Hein lijken geamuseerd.

'We woonden hiervoor in Oud-Zuid. Daar maakten we ook zelf schoon.' Hein knipoogt.

'En waarom zijn jullie helemaal hiernaartoe gekomen?'

'Omdat...'

'Vanwege de ruimte,' zegt Simone.

Een logische keuze. Aan ruimte geen gebrek hier, het zal een fijne plek zijn voor kinderen om op te groeien. Niet dat Hein en Simone haar types lijken voor het ouderschap.

'Je werkt hard,' merkt Hein op.

Simone valt hem bij. 'Zijn we blij mee.'

Ze lacht maar een beetje en neemt nog een hap van haar broodje.

'Gaat het lekker op school?'

Het doet haar denken aan de verplichte gesprekken vroeger, met haar psycholoog.

'Ja hoor.'

'Heb je al een idee welke richting je uit wilt?'

'Totaal niet.' Het klinkt lomp en ze probeert zich te herstellen. 'Ik heb echt geen idee.'

Simone schenkt nog wat jus d'orange in. 'Hoeft ook niet, toch?'

'Eigenlijk wel. Ze verwachten natuurlijk dat ik ermee bezig ben, maar...'

'Ze?'

'Leraren, mijn pleegouders.'

'Pleegouders?'

Opnieuw stijgt het bloed naar haar wangen. Verdomme. De laatste afslag die ze had willen nemen.

'Laat ze maar lullen,' zegt Hein na een korte stilte.

Verrast kijkt ze op.

'Je hoeft nog geen idee te hebben.'

'Ik zal toch iets moeten kiezen.'

Simone haalt haar schouders op. 'En als je iets kiest wat totaal niet bij je past, is dat dan een ramp? Je hebt nog zoveel tijd, uiteindelijk kom je echt wel waar je moet zijn.'

Lina kijkt van de een naar de ander. Ze heeft vaak te horen gekregen dat tieners zo zwart-wit denken, maar de meeste volwassenen kunnen er ook wat van, met hun ideeën over het leven, een opleiding, werk, en hoe het allemaal wel en niet moet. Deze mensen vormen daarin een uitzondering.

'Het leven loopt toch nooit zoals je het van tevoren had bedacht,' merkt Simone op.

'Dat weet ik.'

Hein kijkt haar peinzend aan. 'Je zult wel het een en ander hebben meegemaakt.'

Even stelt ze zich voor dat ze het broodmes in zijn nek ramt.

'Wie niet?' vraagt ze.

Ze moeten allebei grinniken.

'Touché,' mompelt Hein.

In gedachten roept Lina zichzelf tot orde. Ze moet zich beter voorbereiden. Dingen bedenken die ze kan zeggen, zodat ze toegankelijker overkomt. Als ze niet zorgt dat deze mensen haar aardig gaan vinden, wordt het nooit wat.

26

Evi vindt het leuk en best dat verscheidene buren haar wilden helpen met de organisatie van het feest, maar sommige zijn wel heel enthousiast, waardoor ze moet oppassen dat het geen project x wordt. Zij had gedacht aan een feestje voor hun eigen straat, maar een van de anderen ging automatisch uit van de hele wijk en had al met de gemeente aan de telefoon gehangen voor informatie over de nodige vergunningen.

Gelukkig heeft ze de boel kunnen indammen en het 'feestcomité' volgende week bij haar thuis uitgenodigd om een en ander door te spreken.

Voor nu wil ze zich uitsluitend op haar date-avond met Thijs richten. Na nog even de weer-app te hebben gecheckt, constateert ze tevreden dat ze boffen. Naar verwachting blijft het zonnig en zal het ook later op de avond niet eens zoveel afkoelen. Voor de zekerheid pakt ze twee vesten uit de kast. Grote kans dat Thijs er zelf niet aan gedacht heeft. Op Vuurtoreneiland is het deze tijd van het jaar het mooist, heeft ze gelezen. Een en al groen en weidsheid, alles bloeit, misschien zijn er dit jaar ook lammetjes. Ze zullen dineren in een kas, omringd door de natuur. Hoe romantisch wil je het hebben?

Er wordt aangebeld, de oppas staat voor de deur. Kwart over vijf, perfect. Om stipt halfzeven vertrekt de veerboot vanaf de kade bij het Lloyd Hotel in Amsterdam en voor de zekerheid wil Evi om halfzes weg, dan hebben ze nog wat speling. Het zal wel druk zijn op de weg.

'Hé, Lot, kom binnen,' zegt ze tegen het meisje, dat al vaker bij hen heeft opgepast. 'Hoe is het met je?'

'Ja, goed.' De studente heeft een rugtas met boeken meegebracht. 'Druk met mijn studie, je kent het wel. Ik heb wat spullen meegebracht, kan ik nog wat opdrachten maken als de kids slapen.'

'Prima,' zegt Evi. 'Ik heb hun eten al klaargezet op het aanrecht, dat hoef je alleen nog maar op te warmen. Verder *the usual*, rond zeven uur douchen, tandenpoetsen, verhaaltje... Ze zijn allebei moe, dus ik verwacht dat ze wel snel in slaap vallen.'

Het meisje glimlacht naar haar. 'En jullie gaan naar Vuurtoreneiland. Gaaf, man, daar wil ik zeker ook nog eens naartoe!'

De kinderen kijken naar een aflevering van *Ben en Holly* op Netflix. Als Lot bij hen gaat zitten, loopt Evi naar boven om zich op te maken. Als Thijs nou maar een beetje opschiet, hij moet zich nog omkleden.

Voor de spiegel in de badkamer valt het haar weer op dat ze is afgevallen. Ze maakt nu al wekenlang elke middag haar vaste joggingronde door de buurt. Haar favoriete stuk is de lange grasstrook waarachter meerdere villa's staan. Ze kijkt graag naar de woningen met hun rieten daken en ruime tuinen, en fantaseert dan hoe het zou zijn om er te wonen. Af en toe doet ze een 'rondje poel', een route van enkele kilometers rond een meer aan het Amsterdamse Bos. Als Joyce weer zover is om het sporten op te pakken, zal ze haar overhalen om ook mee te gaan.

Snel en geroutineerd brengt Evi wat concealer aan onder haar ogen en doet ze foundation, oogschaduw en mascara op. Als ze tot slot nog haar favoriete parfum uit de kast pakt, gaat haar telefoon.

'Hé Thijs,' zegt ze een beetje gehaast in de microfoon. 'Ben je er bijna?'

'Eef, sorry.' Hij klinkt gejaagd. 'Ik ga het niet redden. Er zijn onverwachte ontwikkelingen rond een zaak en er is net een crisisoverleg gepland om te kijken wat we het beste kunnen doen.'

Evi sluit haar ogen. 'Dit ga je niet menen.'

'Het spijt me, schat, ik had dit ook niet voorzien.'

'Je belt serieus vijf minuten van tevoren om te zeggen dat je niet komt, terwijl ik alles hier heb geregeld, de oppas is er…'

'Ja, ik dacht nog even dat ik het wel zou redden, dat ik vanaf hier een taxi naar het Lloyd Hotel kon pakken, maar toen kregen we bericht dat het echt een latertje zou gaan worden.' Hij lijkt naar woorden te zoeken. 'Ik had echt ook heel veel zin om samen uit eten te gaan.'

'Maar…' Ze doet haar best om zich te beheersen. 'Dit is niet zomaar even uit eten. Je kunt dit alleen maanden van tevoren reserveren, we hadden geluk dat er juist nu een plekje was vrijgekomen.'

'Dat snap ik. Sorry, ik weet niet zo goed wat ik moet zeggen.'

'Dat ze het één avond zonder jou moeten doen, omdat je ook nog een gezin, een leven hebt!'

'Dat gaat niet. Ik kan niet zomaar weglopen nu. Luister…' Hij dempt zijn stem. Als zijn collega's maar niets meekrijgen van het drama thuis, denkt ze.

'We kunnen morgen wat gaan doen,' stelt hij voor. 'Alles wat jij wilt, het maakt me niet uit, maar ik kan hier nu even niets aan veranderen.'

Het maakt me niet uit. Dat raakt haar nog het meest, dat hij totaal niet bezig is met haar, met hun relatie. Zij is op dit moment gewoon iets hinderlijks dat hij moet zien te lozen.

'Prima, Thijs,' zegt ze dan. 'Ga jij lekker doen wat je moet doen. Ik ben er klaar mee.'

'Evi…'

Ze hangt op en tot haar ergernis begint ze bijna te huilen. Klotezooi, maar eigenlijk weet ze niet waarom ze nog verrast is. Dit viel toch te verwachten, hij heeft haar vaak genoeg laten zitten. Na een paar minuten herpakt ze zich en loopt ze naar beneden, om tegen Lot te zeggen dat er een kink in de kabel is gekomen.

'O nee, wat balen, zeg!' Dat is er tenminste één die de avond die Evi voor ogen had gehad op waarde weet te schatten. 'Wat vervelend voor jullie.'

'Tja, noodsituatie op het werk, wat doe je eraan?' Evi hoort zelf hoe gekunsteld het klinkt.

'Nou, wel zuur hoor… Was hier geen wachtlijst voor?'

'Yep.' Ze haalt haar schouders op. 'Maar er komt nog wel een andere keer.' Met zachte drang werkt ze Lot de woonkamer uit, geeft haar toch wat geld voor de moeite en wenst haar nog een fijne avond.

Gelukkig zitten de kinderen nog steeds aan hun programma gekluisterd en hebben ze niet door hoezeer hun moeder de pest in heeft.

Evi telt de minuten af tot het tijd is om hen klaar te maken om te gaan slapen. Ze probeert geduldig te zijn tijdens het tandenpoetsen en het gebruikelijke verhaaltje niet af te raffelen.

Eenmaal beneden, schenkt ze een glas wijn voor zichzelf in. Haar gevoel voor spot zwengelt een minimaal lachje aan als ze bij het openmaken van een pak zoutjes een extra vlaag zelfmedelijden voelt. Zit ze dan met haar goede gedrag.

Ze staart door het keukenraam naar het huis aan de overkant van de straat en overweegt Joyce te bellen, maar haar aandacht wordt afgeleid door de bewegingen van iemand die in het donker in de richting van hun huis komt geslenterd. Een paar seconden lang blijft haar blik op de man gefixeerd.

Dan zet ze haar glas neer en loopt ze naar de hal. Door het raam in de deur kijkt ze naar buiten, maar verder lijkt de straat verlaten.

Evi opent de voordeur, de figuur is haar nu dichter genaderd. Ze ziet zijn hond, die een stukje achter hem liep.

'Hein,' roept ze zachtjes.

Verbaasd neemt hij haar op. 'Hé, Evi.'

'Hi…' Haar ogen scannen nogmaals de straat. 'Heb je zin om bij mij een drankje te doen?'

Hij trekt zijn wenkbrauwen op.

Ze voelt haar maag samentrekken, maar de woorden hangen al in de lucht.

'Ziet je wederhelft dat wel zitten?' Zijn stem klinkt spottend.

'Die is er niet.'

'Ah.'

'Je... zou achterom kunnen lopen.'

Zijn geamuseerde blik laat de hare niet los en ze voelt zich klein worden.

'Maar als je er geen zin in hebt, moet je natuurlijk naar huis gaan. Ik ga hier even verder.'

Ze doet de deur dicht en beent naar de woonkamer, waar ze zich met een fel bonkend hart op een van de keukenstoelen laat zakken.

'Kut,' fluistert ze voor zich uit.

27

Met vochtige haren van het douchen zit Joyce op de bank en vecht tegen de tranen, die maar blijven komen. Op de salontafel staat een kop thee af te koelen en in haar hoofd dansen de punten van haar herstellijstje rond.

Vandaag therapie – check. De stress en paniekaanvallen nemen hoe langer hoe meer af, zeker overdag. Dat is een pluspunt.

Meedraaien met de wereld – check. Ze heeft pas nog met Evi afgesproken en is laatst ook nog op een terras gaan lunchen, al had ze daarna een dag nodig om bij te komen. Haar energieniveau is nog altijd laag, door het slechte slapen. Ze zou heel wat geven voor een strip slaappillen, maar ze is bang dat ze daar binnen de kortste keren aan verslaafd raakt.

Hygiëne – check. Haar huis is schoon, haar kleding gewassen. Vanavond is ze onder de douche gestapt, zoals ze iedere avond doet. Al met al mag ze trots op zichzelf zijn, om haar vasthoudendheid en discipline, maar op dit moment moet ze zich tot het uiterste inspannen om de mok thee niet door de kamer te smijten. Het besef dat ze Floris nooit meer zal kunnen bellen om een moeilijke dag door te nemen, om af te spreken, of gewoon voor een praatje prut, kan haar zomaar ineens aanvliegen. Ze heeft behoefte aan een borrel, of twee, of tien. Het liefst zou ze zich helemaal laveloos zuipen. Kort na het ongeval had ze die behoefte veel vaker en daarom heeft ze op een gegeven moment alle drank maar weggegooid.

Sommige dagen en nachten kunnen zo ongenadig zwaar zijn,

dat Joyce van gekkigheid niet weet waar ze het zoeken moet. Daar voelt ze zich schuldig over, aangezien ze zich het recht op lijden, op mentaal in de kreukels liggen, heeft ontnomen. Dat kan ze niet maken nu Floris dood is. Haar gebrek aan levenslust is een grove belediging.

Joyce vlucht naar boven, overweegt in bed te kruipen, maar gaat dan voor haar balkondeur staan en steunt een moment met haar voorhoofd tegen het koele glas van het raam. Misschien zou ze een ommetje moeten maken, uitwaaien, maar daarvoor is ze te moe. Ze houdt zich voor dat haar energie heus wel weer terug zal komen, dat deze toestand maar tijdelijk is. Ze moet het gewoon allemaal over een wat langere tijd bekijken, een jaar moet toch te doen zijn? Dan zal ze vast weer voldoende zijn hersteld om weer op straat te werken.

Haar ademhaling wordt rustiger en Joyce veegt haar laatste tranen weg. Door familie en vrienden is haar na het ongeluk meerdere malen gevraagd of ze niet liever iets anders wilde gaan doen. In het ziekenhuisbed, van top tot teen in het verband, heeft ze zichzelf ook afgevraagd waarom ze voor een schandalig laag loon dag en nacht haar leven op het spel zette. Tijdens haar opleiding had ze gedacht dat ze vanuit een ideaalbeeld bij de politie wilde. Om boeven te vangen, om de samenleving veiliger te maken. Nu weet ze dat dat onzin is. Er valt niet op te werken tegen criminaliteit, er is simpelweg te veel uitschot en te weinig blauw om de samenleving echt veiliger te maken. De meeste 'boeven' die ze heeft gevangen waren draaideurcriminelen, die hooguit een paar jaar cel kregen en daarna doodleuk verdergingen waar ze gebleven waren.

Toch komt de gedachte aan ander werk haar bijna lachwekkend voor. Ze weet nu dat zij bij de politie is gaan werken om dezelfde reden dat mensen bij de brandweer dagelijks hun leven riskeren, of bij het leger gaan, om te worden uitgezonden naar vijandelijke gebieden. Sommige mensen zijn nu eenmaal gemaakt voor dit soort werk, hebben deze vorm van spanning in hun leven nodig.

Als ze haar rug weer recht, is er iets aan de overkant van de straat dat haar aandacht trekt. Vanuit het raam ziet ze iemand in het donker, die door het hek de achtertuin van Evi binnengaat en met grote passen richting het huis loopt. Ze doet haar best om de figuur beter te kunnen zien, maar dat blijkt lastig. Twee dingen ziet ze wel: het is een man en het is niet Thijs.

Automatisch gaat ze de auto's op de parkeerplaats voor het huis na. Die van Thijs staat er niet. Evi en de kinderen zijn alleen.

In een reflex draait Joyce zich om, haast zich naar beneden en grist haar diensttelefoon en sleutels uit de la van het tafeltje in de gang. Vervolgens rent ze naar de kluis in haar boekenkast in de woonkamer. Ze gunt zich geen tijd om het rijtje boeken dat ervoor staat netjes weg te leggen, maar schuift ze van de plank, en toetst haar code in. Op het moment dat haar hand zich rond de wapenhouder sluit, flitst door haar heen dat ze dit absoluut niet mag doen, dat ze geen levensbedreigende situatie heeft waargenomen en dat ze, als ze er al zeker van was dat het om een inbreker ging, haar dienstdoende collega's zou moeten bellen.

Haar beroepsdeformatie, zoals dat cynisch wordt genoemd, belet haar echter de juiste procedure te volgen. Ze weet dat er om deze tijd geen mankrachten meer vanuit Amstelveen kunnen worden gestuurd. Haar collega's moeten uit Amsterdam komen, wat langer zal duren. En het gaat hier om Evi. En Luuk en Sophie.

Joyce rent naar de hal en naar buiten, de kille avondlucht in. De adrenaline heeft alle vermoeidheid verdreven. Zo snel ze kan steekt ze de straat over, naar het huis van haar vriendin. Het grind in Evi's voortuin knarst onder haar haastige voetstappen en Joyce tuurt door het keukenraam de huiskamer in. Ze kan niemand ontdekken, maar voordat ze een sprint naar de achtertuin trekt om door de schuifpui naar binnen te kijken, besluit ze de hal te checken door het kleine raampje in de voordeur. Ze vangt nog net een glimp op van Evi, die lachend naar boven loopt. Haar blik blijft langer rusten op de man die haar volgt.

Joyce stapt naar achteren. Een gloeiende schaamte veroorzaakt een tinteling in haar huid.

In haar haast had ze zich niet eens tijd gegund om schoenen aan te trekken en hier staat ze dan, op sokken, in haar trui en joggingbroek, en met haar dienstwapen. In een reflex bedekt ze het pistool met haar linkerhand en kijkt ze even om zich heen. Gelukkig ziet ze verder niemand en is het donker, maar er zijn er genoeg die haar kunnen hebben gadegeslagen, zoals zijzelf net voor haar eigen raam stond. Ze hoopt maar dat ze de politie niet bellen, om deze belachelijke scène compleet te maken.

Schichtig loopt ze terug naar de overkant. De eerste echte inspanning sinds maanden, niet vanwege een noodgeval, maar omdat haar vriendin kennelijk de kolder in haar kop heeft gekregen. Ze weet niet hoe snel ze haar sleutels uit haar broekzak moet vissen om terug naar binnen te gaan.

28

Een ongewoon geluid haalt Simone uit haar slaap. Even denkt ze dat Hein weer een nachtmerrie heeft, maar hij ligt niet naast haar in bed. Gedesoriënteerd stelt ze vast dat het geluid van boven afkomstig is. Ze hoort het gekraak en gepiep van apparaten.

Haar telefoon geeft aan dat het kwart voor drie 's ochtends is. Waar is Hein in godsnaam mee bezig?

Simone stapt uit bed en loopt de gang op. Eerder op de avond, niet lang voordat ze gingen slapen, had Hein haar verteld dat hij bij een vrouw was geweest.

'Ze nodigde me uit en ik ging erop in, puur voor de afleiding.'

'Een vrouw hier uit de buurt?'

'Ja, maar het was donker, er was geen mens op straat en ik ben achterom gelopen, dus het is niemand opgevallen. Het was gewoon zo'n vrouw die ongelukkig is in haar huwelijk en op zoek was naar een avontuurtje. Stelde niets voor.'

Simone is niet jaloers. Per slot van rekening lopen er op de wereld bar weinig vrouwen rond aan wie Hein zijn ware aard zou kunnen tonen zonder dat ze gillend naar de politie zouden rennen. Wie zou ooit een bedreiging voor hun relatie vormen?

Maar zijn bekentenis baart haar zorgen, omdat het een teken is dat het constante sporten, uitwaaien én het feit dat hij ook na hun verhuizing bepaalde foto's en video's bleef opzoeken, zijn honger naar het verbodene niet hebben ingedamd. Nu zoekt hij kennelijk zijn heil in seks met iemand anders, wat ze niet zo erg zou hebben gevonden, als ze de hoop had gehad dat het hem zou helpen. Maar ze weet zeker dat dit hem ook niet zal brengen waar hij naar verlangt. *Het gaat niet goed*, suist het in haar hoofd, terwijl ze de trap op loopt. *Het gaat helemaal de verkeerde kant op.*

Vanaf de zolder komt het lawaai haar steeds indringender tegemoet. Boven aangekomen blijft Simone staan, terwijl haar nog altijd slaperige brein probeert te verwerken wat ze ziet. Hein zit op het roeiapparaat en gaat als een bezetene tekeer. Hij zet zich af en trekt het handvat van het koord naar achteren alsof een onzichtbare vijand hem op de hielen zit. De huid rond zijn biceps staat strakgespannen en hij is doorweekt.

Het zweet stroomt over zijn gezicht, doordrenkt zijn tanktop, sijpelt langs zijn blote benen.

Zijn hals en gezicht vertonen rode vlekken die – hoelang is hij al bezig? – meer weg hebben van bloeduitstortingen. Iedere keer dat zijn voeten zich afzetten, uit hij een verwrongen kreet.

'Hein...'

Met een ruk kijkt hij op en haar ademhaling stokt. Het is alsof hij een masker op heeft.

'Ga weg.' Zelfs zijn stem klinkt als die van een vreemde.

'Wat doe je? Hein, stop...' Haar gestamel klinkt amper boven het ritmische geluid van het apparaat en zijn hese gekreun uit.

'Ga naar bed, Simone.' Zijn gezicht vertrekt van pijn en zijn bewegingen vertragen. Hijgend leunt hij een moment naar voren, waardoor het zweet vanuit zijn haar in zijn schoot drupt.

Ze wil naar hem toe lopen, maar iets houdt haar tegen, zorgt dat ze afstand bewaart.

Dan ontmoeten zijn ogen de hare weer, trekt hij zijn mond op in iets wat op een grijns lijkt en vervolgens zet hij zich opnieuw af vanuit zijn benen.

Ze draait zich om en gaat de trap af. Het tempo wordt weer opgevoerd, het apparaat suist, Hein kreunt.

Terwijl ze weer in bed gaat liggen en de dekens tot ver over haar hoofd trekt, beseft Simone dat ze bang is. Voor het eerst sinds ze hem kent, jaagt Hein haar angst aan.

Als Simone 's ochtends wakker wordt, is Hein nog altijd niet naar bed gekomen. Even vreest ze dat hij boven het fitnessapparaat in elkaar is gezakt, maar dan hoort ze het geluid van een tennisbal die beneden op het parket stuitert en de hond die erachteraan rent.

Ze doet haar ochtendjas aan en gaat naar beneden, onzeker over hoe ze hem zal aantreffen.

Hein zit op de bank, waar hij kennelijk heeft geslapen. Ze ziet dat hij gelukkig wel gedoucht heeft. Hij draagt een schoon, wit shirt en een zachtgrijze joggingbroek. Het was logisch geweest als hij gehavend en brak was geweest, pijn had gehad, maar zo op het eerste gezicht is er geen spoor van gisternacht te zien.

'Sorry,' zegt hij meteen.

Ze gaat bij hem zitten, weinig op haar gemak. 'Wat was dat nou, gisternacht?' vraagt ze.

Hij haalt zijn schouders op en zwijgt zo lang dat Simone niet meer verwacht een antwoord te krijgen. Hij lijkt mijlenver van haar verwijderd.

'Ik denk niet dat ik dit kan,' zegt hij uiteindelijk. 'Ik kan mezelf niet uitzetten.'

'Je zult wel moeten.'

'Verdomme, Moon,' vliegt hij op. 'Jij weet toch hoe dit is? Herinner je je dat eerste jaar nog? Ik hielp jou. Omdat ik *wíst* wat jij doormaakte.'

Gewoonlijk wordt ze niet zo snel emotioneel, maar nu moet ze een brok in haar keel wegslikken. Ze voelt zich alsof ze in een trein zit die op volle snelheid richting een ravijn dendert.

'Wat wil je dat ik zeg?' vraagt ze. 'Het gaat er niet om wat ik wil, of ik het wel of niet begrijp. Dat verandert niets aan de situatie. Ik ga niet naar de gevangenis, Hein, echt niet.'

Nu lopen zijn ogen langzaam vol en dat heeft ze nog nooit gezien. Ze slaat haar armen om hem heen. Het grote lichaam doet ineens broos aan, als dat van een kleine jongen.

'Wat wil je nou?' Hij klinkt verstikt. 'Een normaal leven... Wie houden we voor de gek?'

Hij veegt zijn gezicht af en kijkt haar recht aan. 'Het uitzoeken van een persoon of plaats, het wachten en...' Zijn ogen, die altijd naar gelang de lichtval van kleur lijken te wisselen en nu meer grijs dan blauw zijn, staan doffer dan ooit. 'Kan je me aankijken en zeggen dat er ook maar iets is dat daar enigszins bij in de buurt komt?'

Ze slikt, wil hier niet aan toegeven, maar hij kent haar zo goed dat dat ook niet nodig is.

'Wij zijn geen gewone mensen. Als wij ons in het keurslijf van het normale moeten wringen, is er toch gewoon geen fuck meer aan?'

In hun begintijd had Simone amper kunnen wachten om eindelijk te beginnen, te doen wat ze in haar eentje niet gedurfd had. Die keer op de lagere school telde niet. Zij was nog een kind en haar daad was, hoewel niet geheel ongepland, toch overwegend impulsief geweest. Na de aanvankelijke extase hadden angst en afschuw de overhand gekregen.

Inmiddels was het te lang geleden om de primaire gevoelens die direct op haar daad hadden gevolgd naar boven te halen. Ze wilde zoiets nog een keer beleven, als volwassene. Dit keer was er iemand die haar wilde helpen, voor wie ze zich naderhand niet hoefde te verstoppen of in te houden. Alles wat ze voelde zou er gewoon mogen zijn. Deze keer zou ze die fantastische, bevrijdende gewaarwording mogen omarmen.

Behalve het verlangen naar soortgenoten met wie ze kon praten, was het de drang naar die ultieme climax geweest, die haar uiteindelijk van het dark web naar het strand in Noordwijk, naar Hein had geleid. Toch bleek het nog verdomd moeilijk om haar voorzichtigheid te laten varen en de eerste stap te zetten.

'Ik zal je laten zien hoe gemakkelijk het is,' beloofde Hein. Hij was bereid haar bij de hand te nemen, als een kleuter op haar eerste schooldag.

Hoewel Hein zich ook vaak aan riskantere plekken had gewaagd, behield hij een voorkeur voor afgelegen plaatsen. Landwegen, viaducten, bouwterreinen, fiets- en wandelpaden die door groen en door het donker aan het oog van langsrijdend verkeer werden onttrokken.

Hij maakte telkens gebruik van een andere auto, een exemplaar dat hij zwart op een of andere schroothoop kocht. Hij verving het nummerbord, stalde de auto in een loods die hij huurde, om het voertuig later weer bij een andere dumpplek af te leveren.

'De perfecte moord is alleen moeilijk voor mensen die de perfecte moord willen plegen,' zei hij ooit tegen haar. 'Niets is perfect. Het meeste wat je om je heen ziet, hangt van imperfectie aan elkaar. Je hoeft dat alleen maar op te zoeken en er je voordeel mee te doen.'

Op een koude herfstavond in november had hij haar meegenomen naar een landweg in de provincie, waar hij zijn auto in de berm parkeerde.

'We blijven hier een uur staan. Moet jij eens kijken hoeveel auto's ons passeren. En hoeveel fietsers en voetgangers.'

In dat uur waren er relatief weinig auto's langsgereden, maar er waren in totaal vijf fietsers gepasseerd. Drie volwassenen, twee tienermeiden. Daarbij kwam nog een jogger met zijn hond, beide voorzien van rode knipperverlichting.

Twee van de vijf fietsers waren de auto van Hein en Simone voorbijgereden terwijl er voor noch achter hen andere weggebruikers in zicht waren. Hoe gemakkelijk zou het zijn geweest hen van de weg te rijden, te overmeesteren en mee te nemen. Niemand zou ook maar iets hebben gemerkt.

'Waarom zou je in godsnaam in het donker over deze weg fietsen?' had Simone zich hardop afgevraagd.

'Omdat je naar huis moet,' zei Hein droog. 'Mensen kiezen niet voor de ideale situatie. Ze weten ergens in hun achterhoofd wel wat goed is, wat veilig is, wat ze zouden moeten doen. Maar dat doen ze niet, omdat het niet strookt met het ideaalpláátje. Want in een perfecte wereld zouden ze hier gewoon moeten kunnen fietsen. In een perfecte wereld zouden we ons niet moeten laten leiden door angst. Zo willen de meesten niet leven.' Het klonk alsof hij haar een eenvoudige rekensom uitlegde. 'Om hun idee van dat perfecte plaatje in stand te houden, zijn mensen bereid hun verstand te negeren. Te kiezen voor ímperfectie, voor de mindere optie. Daarom lieten de ouders van die twee meisjes die je net zag hun dochters gewoon dit stuk fietsen.'

Hij draaide de sleutels om en startte de auto. 'Mensen wanen zich gauw veilig in onveilige situaties, ondanks die stem in hun achterhoofd. En tijdens die momenten gaat het soms fout. Omdat anderen, zoals ik, daar hun voordeel mee doen.'

29

Als Lina en Zafira op de derde verdieping aankomen, blijkt er zich voor het lokaal Engels al een enthousiast groepje te hebben verzameld. Iemand heeft een nummer opgezet van Poke, de rapper die klinkt als Judeska, het asociale vrouwelijke typetje van Jandino. Eén jongen in het bijzonder trekt haar aandacht. Ze ziet niet iemand die danst, maar een ziel die opbloeit door de verschillende ritmes binnen een muzieknummer en het bijbehorende lichaam van een ongekende elasticiteit en flair voorziet. De leraar Engels, meneer Huiberts, is niet te beroerd of verlegen om óók zijn dansmoves tentoon te spreiden. Hij is verrassend goed en het groepje tieners verliest zich in gepassioneerde aanmoedigingen.

Als de zoemer gaat, nemen de leraar en de jongen, ze weet dat hij Gregory heet, hun applaus buigend in ontvangst. De eerste dirigeert iedereen het lokaal in, de tweede vangt plotseling Lina's blik. Zijn glimlach heeft iets vertrouwelijks, als de lach van een artiest naar de mensen achter de coulissen.

'Je vindt hem wel leuk, hè?' fluistert Zafira, als ze samen plaatsnemen aan twee tafels achterin.

'Wie?' vraagt Lina.

Zafira laat een schamper lachje horen. 'Wie, zegt ze...'

Lina heeft het ineens druk met het opzoeken van een bericht op haar telefoon, maar iets in haar binnenste roert zich, maakt dat ze ook moet glimlachen.

Zafira heeft nog flink wat hints gegeven, maar Lina heeft er amper op gereageerd. Sowieso is op school het meeste langs haar heen gegaan, want ze had andere dingen aan haar hoofd. Het is haar ondertussen duidelijk geworden hoe ze Hein zou kunnen treffen, hoe ze hem echt een steek kan toebrengen. Het staat niet in verhouding met wat hij haar heeft aangedaan, maar het is een begin.

Als ze rond vieren thuiskomt, zijn Gio en Anthony al klaar met hun huiswerk en wordt aan de eettafel Risk gespeeld. Hun telefoons, die na schooltijd verplicht een paar uur de kast in moeten, lijken ze ondanks de dagelijkse protesten niet te missen. Volgens Agnes heeft je brein na al die uren op school, waarin je ook veel achter een scherm zit, een tijdje rust nodig. 'Ik wil communicatie in huis, geen mensen die alleen maar met een gebogen rug op hun telefoon zitten,' legde ze geduldig uit, toen een van de jongens het weer op een muiten zette. Ronnie, die nog geen telefoon heeft, speelt samen met Agnes mens-erger-je-niet.

'Hi Lina,' zegt haar pleegmoeder. 'Lange dag vandaag?'

'Ja, zeker... Ik moet ook nog best veel huiswerk maken.'

'Wil je niet eerst een beetje uitrusten?'

'Ik zou eigenlijk liever meteen beginnen, des te eerder ben ik klaar.'

Agnes knikt begrijpend. 'Ik breng je zo wel een kop thee en wat lekkers op je kamer. Leg je ook even je telefoon in de kast?'

Ze vindt het een stomme regel, maar de zorgzaamheid van haar pleegmoeder maakt veel goed.

'Dankjewel, Agnes.' Ze zet haar mobiel uit en bergt hem op.

Kort nadat Lina zich aan haar bureau heeft geïnstalleerd, worden er een mok thee en een paar koekjes op het blad gezet. 'Ik roep je straks, als we gaan eten,' zegt Agnes.

Het valt haar zwaar om zich op het huiswerk te concentreren. Sowieso is ze de laatste tijd nog maar op één ding gericht: Hein. School en eigenlijk al het andere is louter bijzaak geworden.

Na drie keer bij Hein en Simone te zijn geweest, is haar het een en ander duidelijk. Ze zeggen dat honden voor hun gevoel maar één baas hebben, ongeacht het aantal mensen bij wie ze in huis wonen. Jacks baas is Hein. Simone lijkt niet veel met het beest te hebben, maar Hein heeft ze bij elk bezoek met de rottweiler zien spelen en als hij wegging, nam hij Jack bijna altijd mee. Die hond is zijn buddy, zijn maatje, en uit talloze kleine dingen sprak Heins affectie; van de toon in zijn stem wanneer hij het dier riep, tot de manier waarop hij het vaak op de flank klopte.

Het was een kant-en-klaar antwoord op haar vraag hoe ze hem op haar beurt pijn kon doen. Ze had nooit gedacht dat ze zoiets ook maar zou overwegen, maar het leven is nu eenmaal ontzettend oneerlijk. Haar moeder was ook onschuldig geweest.

30

Joyce trekt haar sportschoenen aan en nadat ze de voordeur achter zich dicht heeft getrokken, stopt ze haar sleutels in haar vestzak.

Vannacht heeft ze goed geslapen en hoewel ze te vroeg wakker werd, voelde ze zich energieker dan in weken het geval is geweest. Daar wilde ze van profiteren door te gaan wandelen. Voor yoga en meditatie, wat haar eveneens is aangeraden, heeft ze amper geduld.

Gisteren was Evi langsgekomen. Joyce had haar vriendin sinds die avond met de vermeende inbreker niet meer gebeld of geappt, omdat de gedachte daaraan haar chagrijnig maakte. Maar uiteindelijk belde Evi zelf, of ze konden afspreken. Als vanouds keken ze naar *Sex and the City*, met schalen M&M's en wokkels tussen hen in. Evi vertelde over de voorbereidingen voor het buurtfeest. Met een select groepje had ze bij haar thuis een brainstormsessie gehouden en het kwam erop neer dat ze zich qua uitnodigingen zouden beperken tot hun eigen buurtblok, in plaats van de hele wijk. Dan zouden ze hoogstens op zo'n honderd man komen te zitten. Ze hadden een datum geprikt en Evi moest toegeven dat ze blij was met de inbreng van de rest. Zo kon iemand gemakkelijk een springkussen voor de kinderen regelen en nam een ander de geluidsinstallatie en de muziek voor zijn rekening. Konden ze dat alvast afstrepen.

'Is er iets?' had Evi gevraagd, toen ze merkte dat Joyce niet al te enthousiast reageerde.

'Ik zag iemand in je achtertuin lopen.'

Vragend keek haar vriendin op. 'Wanneer?'

'Vorige week.' Joyce maakte een hoofdbeweging richting het raam. 'Ik keek naar buiten en zag hoe die gast de tuin in liep. Ik zag Thijs' auto niet staan en was bang dat het misschien een inbreker was, dus ik ben gaan kijken.'

Met grote ogen zat Evi haar aan te staren.

'Ik keek door het deurraampje en toen zag ik jullie naar boven gaan.'

'Joyce...'

'Luister, het zijn mijn zaken niet, Evi... maar waar ben je nou mee bezig?'

Opgelaten schraapte Evi haar keel. 'Tja, ik heb iets stoms gedaan. Dat weet ik.'

'Ik weet dat het momenteel niet zo lekker loopt tussen jou en Thijs, maar om de boel nou te belazeren...'

'Joyce,' werd ze scherp onderbroken. 'Het zijn inderdaad jouw zaken niet. Het spijt me dat jij je zorgen hebt gemaakt en dacht dat je poolshoogte moest nemen, maar daar kan ik ook niets aan doen.'

Een venijnige opmerking lag op het puntje van Joyce' tong, maar ze wist zich in te houden. Nadat het een tijdje stil was gebleven, begon Evi: 'We zouden naar Vuurtoreneiland gaan, maar Thijs liet me weer op het laatste moment zitten. Hij geeft alleen nog maar om zijn werk, daar moet alles voor wijken. Hij heeft nooit tijd voor zijn gezin en totaal geen interesse meer in mij.'

'Eef...'

'Ik zie hem amper meer, weet ik veel wat hij uitspookt daar op die Zuidas, als hij überhaupt op kantoor is. Hij heeft het goed voor elkaar, want ik slik het allemaal en ben minder gaan werken. Ik zorg in m'n eentje voor de kinderen...' Evi's stem haperde. 'Maar ik ben het ook weleens goed zat, Joyce.'

'Praat gewoon met hem, zeg dat het zo niet meer gaat. Zet hem desnoods voor het blok,' zei Joyce. 'Maar zorg dat het geen gewoonte wordt met... Wie was dat eigenlijk?'

Evi keek haar niet aan. 'Die nieuwe buurman.'

'Wát?' Van ongeloof en afschuw begon Joyce bijna te lachen. 'Jezus, Eef... Oké, zorg dus dat het geen gewoonte wordt. Binnen de kortste keren weet de hele straat ervan.'

Evi knikte flauwtjes.

Terwijl Joyce langs de speeltuin wandelt, constateert ze dat ze inderdaad meer energie heeft. Ze is niet langer compleet van de wereld na de kleinste inspanning, zoals een aantal weken terug. Wie weet kan ze over een tijdje wel rustig aan beginnen met joggen...

Ze slaat een straat in waar zich een lange grasstrook bevindt met daarachter de crème de la crème van de buurt: de vrijstaande villa's.

Als ze moet bukken om de veters van haar rechterschoen vast te maken, komt er aan het einde van het pad een hond de hoek om gedraafd. De rottweiler loopt los, maar schenkt geen aandacht aan haar als ze overeind komt en verder loopt. Joyce zucht geërgerd. De mensen die hier wonen klagen steen en been omdat hondenbezitters eerder geneigd zijn om de poep in de grasstrook te laten liggen, in plaats van gebruik te maken van zakjes. *U de hond, wij de stront*, staat in keurige letters op een houten bordje naast het hek van een van de oprijlanen.

Nu komt er ook een man in zicht, die de eigenaar wel zal zijn. Ze herkent hem direct. Hij was degene die ze in het huis van Evi had gezien, ze herkent zijn haren en het jack dat hij draagt.

'Goedemiddag. Politie,' zegt Joyce als hij haar dichter is genaderd. Ze ziet hem lichtjes verstarren, maar doet alsof ze dat niet opmerkt. Het is normaal dat mensen schrikken als ineens blijkt dat ze een agent in burger voor zich hebben.

'Zou je je hond alsjeblieft willen aanlijnen?' vraagt ze. 'Dit is geen losloopgebied.'

De vijandigheid die plotseling uit zijn ogen straalt doet haar vermoeden dat hij zal weigeren, of op zijn minst in discussie zal gaan. Maar hij mompelt een bevestiging en fluit zijn hond, die direct terug komt lopen.

'Dankjewel,' zegt ze.

Hij antwoordt niet en ze vervolgt haar weg, waarbij ze onwillekeurig haar pas versnelt. Ze snapt niet wat Evi in deze figuur ziet. Hij herinnert haar aan een verdachte die ze ooit moest verhoren, die er doodnormaal uitzag en ook redelijk meewerkte. Toch was er iets aan hem dat haar zo bang had gemaakt dat ze naderhand wenste dat ze het verhoor vroegtijdig had kunnen afbreken. Later had ze nog vaak bij zichzelf gedacht dat haar gevoelens door de mensen van het OM werden gedeeld. In de regel werd door criminelen erkend dat rechercheurs, rechtercommissarissen en officieren van justitie nu eenmaal hun werk moesten doen, ook wanneer het tot een veroordeling kwam. Bij deze verdachte was men daar kennelijk niet zeker van geweest. Die zaak was geseponeerd.

31

Ooit had Simone een Amerikaanse bewaarder op tv horen vertellen dat de gevangene die hij op de dag van zijn executie moest begeleiden het liedje *Silent Night* had gezongen. In de desbetreffende staat konden ter dood veroordeelden destijds nog kiezen voor de galg, waarvoor men, net als voor de elektrische stoel en de dodelijke injectie, een aparte ruimte in het gevangenisgebouw had ingericht.

Met de strop stevig om zijn nek, begon de gevangene aan het kerstliedje. 'Hij kwam tot "*Round Yon Virgin, Mother and Child*", voordat het luik onder hem openging,' had de bewaarder verteld. 'Nu kan er geen kerst meer voorbijgaan zonder dat ik noodgedwongen aan hem denk.'

Dat had Simone prachtig gevonden, de ultieme wraak. Want natuurlijk was dit liedje de gevangene op dat moment niet toevallig te binnen geschoten. De man had doelbewust besloten om zich in de seconden voorafgaande aan zijn dood onsterfelijk te maken bij iedereen die zijn terechtstelling bijwoonde. Te zorgen dat zij voortaan, juist tijdens de kerstdagen, zouden worden gekweld door het beeld van zijn executie.

Meesterlijk.

Zelf had Simone een soortgelijke ervaring gehad, hetzij lang niet zo onplezierig. Het liedje *Voor Marie-Louise* van Herman van Veen, is voor haar onlosmakelijk verbonden aan Hein.

En aan het lijk in de loods.

Kort nadat ze die eerste keer op de landweg hadden gestaan en Hein haar had verteld dat een moordenaar alleen maar de imperfectie hoeft op te zoeken om daar zijn voordeel mee te doen, hadden ze de gang van zaken gedeeltelijk herhaald. Een donkere weg, lopende langs verschillende, haar onbekende gehuchten, waar in de avond nog enkele mensen fietsten en hun honden uitlieten. Dit keer waren ze niet gestopt om te wachten, maar had Hein, toen er verder geen verkeer te bekennen was, een fietser van de weg gereden.

De vrouw kwam in de berm terecht, waarna Hein hun auto in het gras stilzette.

Nu het moment daar was, sloeg bij Simone de twijfel toe; ze voelde zich er nog niet klaar voor om daadwerkelijk een leven te nemen, maar ze wilde het wél van dichtbij meemaken. Ze wilde dat Hein haar blokkade wegnam, het hem gewoon zien doen, voordat zij zich vrij genoeg voelde om zich er zelf aan te wagen.

Hein had nergens last van. Aan niets zou je merken dat hij op het punt stond iemand te doden. Hij was niet zenuwachtig, zelfs niet opgewonden.

'Kom,' zei hij, toen hij de handrem erop zette en het portier opendeed. Daarop stapte ook Simone snel uit en keek ze met haar hart in haar keel nog eens in beide richtingen, of er echt niemand aankwam.

Hein zat al op zijn knieën in de berm, naast het slachtoffer. Zijn gehandschoende handen lagen om haar nek, wat haar belette te schreeuwen. De paniek van de vrouw – Simone zag vooral haar lange loshangende haren – droeg bij aan haar ondergang, want van alles wat zij had kunnen proberen; vingers in zijn oog, klap van beide vuisten op zijn oren, probeerde ze in haar doodsangst zijn greep los te wrikken. Haar benen schopten alle kanten op, waarbij ze hem een aantal keer van opzij raakte, maar hij leek het niet te voelen.

Ongetwijfeld was alles in die vrouw erop gebrand te blijven

leven, maar ze maakte simpelweg geen kans tegen iemand die zoveel groter en zwaarder was. En als het Simone zou worden gevraagd, dan zou zij niet kunnen vertellen wiens wil op dat moment sterker was geweest: die van de vrouw om te leven, of die van Hein om te doden.

Het ging precies zoals hij van tevoren had voorspeld. 'Als je alleen de luchttoevoer naar de longen afsluit, kan het minutenlang duren. Als je de bloedtoevoer naar de hersenen onderbreekt...' – hij had haar precies laten zien hoe je de halsslagaders moest dichtknijpen – 'is het binnen vijf seconden gebeurd.'

Simone ontwaakte uit haar trance toen Hein opstond en de kofferbak opendeed. Hij vroeg haar niet om te helpen, ook niet om naar auto's en voetgangers uit te kijken, maar was in een paar stappen weer bij de levenloze vrouw en tilde haar in één beweging van de grond. Pas toen hij haar in de kofferbak had gelegd en terugliep om haar fiets te gaan halen, lukte het Simone om ook in beweging te komen. De paar meter naar de passagiersdeur overbrugde ze alsof ze op water liep. Luttele seconden later reden ze alweer over de landweg.

In de loods stond een matras tegen de muur, dat Hein in het midden op de grond legde en vervolgens met zeil afdekte. Ook op de grond legde hij een paar grote stukken zeil, waar hij zijn jas, muts en de sjaal, die zijn gezicht tot aan het stukje huid onder zijn ogen had bedekt, op liet vallen. Later zou hij het lichaam in drie stukken verdelen, met een elektrische zaag die hij voor dat doel in de loods had opgeslagen. Hij zou zijn kleding verbranden en de auto naar het schroot brengen. Uiteraard nádat hij de lichaamsdelen, de zaag en de fiets, allen verzwaard met dakpannen ('Zoek een willekeurig nieuwbouwproject uit, de werklui laten er 's nachts alles liggen') in verschillende kanalen had gegooid. Die kanalen lagen op uren rijafstand van elkaar en eveneens ver verwijderd van de plek waar de moord had plaatsgevonden.

Hij was niet bang om uren met een in stukken gehakt lichaam in de achterbak te rijden, want als je je gewoon aan de regels hield en niets verdachts uitstraalde, hoe groot was dan de kans dat je door de politie werd gesommeerd te stoppen en dat ze ook nog in je kofferbak zouden gaan kijken? Veel gevaarlijker was het om een lichaam te dumpen in de directe omgeving van waar de persoon was vermoord.

'Eerst zullen ze een overzicht willen van degenen met wie het slachtoffer regelmatig te maken had,' had Hein thuis voorspeld, 'omdat dader en slachtoffer in tachtig procent van de gevallen bekenden van elkaar zijn. Verder zullen ze uitvinden waar hij of zij zich ten tijde van het misdrijf ongeveer bevond. Mensen hebben die persoon vanaf een locatie zien vertrekken of hij werd rond een bepaald tijdstip ergens verwacht. Zestig procent van de daders verbergt het lichaam van hun slachtoffer binnen een straal van tien kilometer van de vermissingslocatie.'

'Hoe weet jij dat allemaal?' vroeg Simone.

'Gegoogeld.' Hein grijnsde, om aan te geven dat het een geintje was, waarna hij haar verder onderrichtte: 'Je wilt niet weten hoeveel mensen een lichaam in hun eigen tuin of in de tuin van het slachtoffer begraven. Verder zijn het bos, de duinen en groenstroken populair, maar dat snap ik niet, want dan moet je dus gaan graven. Dat neemt veel tijd in beslag en de kans is groot dat je wordt gezien.'

'Waar en hoe verberg je het beste een lijk?' vroeg Simone zich hardop af.

'Niet,' antwoordde hij. 'Ik doe dat bijna nooit, alleen af en toe, voor de *thrill*. Meestal kies ik van tevoren een plek uit waar geen camera's of zendmasten aanwezig zijn en naderhand laat ik de persoon gewoon liggen. Een lijk verbergen geeft zoveel meer gedoe... Maar het is te doen. Je moet het alleen lastig voor ze maken om verbanden te leggen.'

Hein tilde het lichaam uit de achterbak. Dood gewicht, dat

geen millimeter meegaf, maar dat in zijn armen zo zwaar nog niet leek. Hij legde de menselijke vracht op het matras. Simone kwam dichterbij. Binnen in haar raasde een orkaan van euforie. Ze hadden het gewoon gedaan. Niet alleen Hein – zij had hier evengoed aan meegewerkt. Het resultaat van wat zij sámen hadden gedaan lag op een matras aan haar voeten.

Bevend van spanning en emotie, gunde Simone zich de tijd om het slachtoffer beter te bekijken. Ze schatte de vrouw halverwege de dertig. Haar haren waren rossig van kleur, haar nagels parelmoerkleurig gelakt, en ze droeg een met kleine diamantjes bezette, gouden armband. Geen trouwring.

Hein deed haar jas uit, die hij op de hoop van zijn eigen kleding legde. Toen trok hij, tot Simones verrassing, ook de witte trui van de vrouw over haar hoofd en stroopte hij haar spijkerbroek van haar benen. Als laatst kwamen haar ondergoed en sokken aan de beurt.

Het liefst had Simone een van haar eigen handschoenen uitgetrokken om met haar vingertoppen de huid van de vrouw aan te raken, zoals westerlingen die voor stropersplezier naar Afrika tijgen, de vacht van een giraffe willen strelen nadat ze die hebben afgeschoten.

'Ze is nog warm,' had Hein gezegd, die haar gedachten raadde. 'Je kunt gerust voelen als je wilt.'

Simone schudde haar hoofd. Eerst wilde ze gewoon wat kijken, de details van de vrouw in zich opnemen.

Het leek haar dat ze geluk hadden met dit exemplaar. Geen vadsig of oud slachtoffer, maar iemand in de kracht van haar leven, met een goed geproportioneerd lijf. Iemand die zich had onderhouden, die moeite had gedaan. Ze had vrouwen altijd mooier gevonden dan mannen. Niet aantrekkelijker, maar beslist mooier.

Hein sloeg Simone een tijdje gade en kwam toen bij haar staan om haar een kus te geven.

'Wacht,' zei hij, waarop hij zijn telefoon uit zijn achterzak haalde, achteloos iets intikte en het toestel weer wegstopte. Plotseling werd de ruimte gevuld met zachte pianomuziek. Een oudere Nederlandse zanger zette een lied in.

Hein verraste haar opnieuw, door zijn eigen trui over zijn hoofd te trekken en zijn bovenlichaam te ontbloten. Hij keek haar ontwapenend aan, zich bewust van de manier waarop zijn eigen granieten lijf met dat van het slachtoffer contrasteerde.

Zonder dat hun ogen elkaar loslieten, maakte Hein zijn broekriem los en ontdeed hij zich van zijn spijkerbroek en boxershort.

Simone keek weer naar de vrouw. Een rilling trok door haar heen, niet van afschuw of spanning, maar van opwinding.

Behalve de pianomuziek klonk nu ook het geluid van een viool door de grauwe bergruimte. 'De muziek waar je in je studententijd naar luistert, is meestal de muziek waarop je je hele leven seks blijft hebben,' had Susan jaren geleden verklaard. Simone had toen geantwoord dat zij het niet zou weten, ze had tijdens de seks eigenlijk nooit muziek op staan.

Ze herkende dit niet als een van de nummers waar Hein graag naar luisterde, hoe breed zijn muzieksmaak ook was, en ze twijfelde ten zeerste of dit lied op de achtergrond had geklonken wanneer hij vroeger op zijn studentenkamer met een meisje lag te vozen.

'*Er komen soms van die donkere dagen, dat de lucht niet open klaart.*'

Hein kwam bij haar staan en ritste haar jas open.

'*Het leven is zo zwaar te dragen, dat je liever niet geboren waart.*'

Zijn handen, die eerst nog meedogenloos in de huid van het slachtoffer hadden gedrukt, omvatten nu Simones gezicht. Hij boog zich voorover en kuste haar wang. Haar slaap, haar haren.

Nooit in haar leven was Simone zo geïmponeerd, of gebiologeerd geweest. Het leek niet echt dat hij haar uitkleedde, het was volkomen surreëel om op een moment als dit zijn lippen op haar borsten te voelen, zijn hand die langs haar dijen gleed.

'*Kom dan bij mij om je te warmen. Ik maak een kamer voor je klaar. Ik zal je wiegen in mijn armen. En je strelen door je haar.*'

Als vanzelf kwamen ze op het matras terecht en werd ze verrast door iets wat nog niet eerder was voorgekomen: Hein die de liefde met haar bedreef. Voorheen hadden ze seks gehad. Rauwe, ongekend goeie seks, zoals het vast en zeker bedoeld moest zijn. Maar dit, deze kant van hem, had ze nog niet eerder te zien gekregen.

De nabijheid van de vrouw, die zo-even nog een levende, denkende persoon was geweest, en hier nu lag vanwege een simpel geval 'verkeerde tijd verkeerde plaats', ontroerde haar evenzeer als het haar opwond.

'*Kom ik bij jou om me te warmen, maak dan een kamer voor me klaar. Wieg me in je armen, streel me door m'n haar.*'

De piano overstemde de violen. Heins rugspieren spanden zich aan onder zijn huid.

'*Streel me door m'n haar.*'

'*Streel me.*'

Zout vocht gleed uit Simones ooghoeken.

32

Anthony klopt op de badkamerdeur. 'Lina, schiet nou op, ik moet erbij!'

Lina negeert hem. Langzaam haalt ze een borstel door haar haren, terwijl ze overweegt alles en iedereen te laten barsten. Niet naar school, waar ze vandaag samen met Zafira bij Nederlands een presentatie moet houden, niet naar Hein en Simone. Anthony, die nog steeds voor de deur staat, laten verrekken.

'Lina!' Er wordt aan de klink gerammeld. 'Even serieus, kom eruit. Andere mensen moeten ook, ik kom te laat!'

Ze bant de geluiden uit haar hoofd, sluit haar ogen en probeert een beeld op te roepen van vroeger; samen met haar moeder op het strand. Het zand tussen hun tenen, volop lol, geen stress.

Het rammelen wordt heftiger en de woede komt plotseling op en zoekt een uitweg, als kokend water in een geiser.

'Rot op!' schreeuwt ze zo hard ze kan. 'Rot godverdomme op, met je tyfuszooi! Ga lekker tegen iemand anders lopen zeiken.'

Anthony geeft een klap tegen de deur. Ze sluit zich af voor zijn gescheld en kijkt pas weer op als de sussende stem van Agnes herhaaldelijk door het lawaai heen dringt. Anthony wordt gesommeerd even weg te gaan, naar zijn kamer of naar beneden.

Hij gehoorzaamt, zij het onder protest. 'Ik deed niks, hè, ik was gewoon op tijd, maar die trut houdt de hele boel op…'

Iets van schuldgevoel trekt door haar heen, maar niet genoeg om haar boosheid te laten wegebben.

'Lina.' Een klein klopje van Agnes op de deur. 'Doe nu maar open.'

Ze zucht en doet wat haar wordt gevraagd.

Agnes staat voor haar, de wenkbrauwen opgetrokken. 'Wat is dit nu?'

Lina probeert zich een houding te geven door quasi onverschillig haar schouders op te halen. Ze weet ook niet goed wat haar bezielde. Of eigenlijk weet ze het wel, maar ze kan moeilijk aan Agnes vertellen waarom ze er zo tegenop ziet om aan deze dag te beginnen.

'Ik was te lang in de badkamer. Sorry, zal niet meer gebeuren.'

Agnes kijkt haar even aan en knikt. 'Oké, dan ga ik daarvan uit. We moeten rekening blijven houden met elkaar, ook 's ochtends, anders loopt alles in de soep. En ik wil dat je dit vanmiddag uitspreekt met Anthony.'

'Doe ik.' De boosheid begint opnieuw te borrelen en nu is het inherente schuldgevoel sterker, want als er iemand is die dit niet verdient, is het Agnes.

Het is vreselijk om zo van jezelf te balen. Teleurgesteld zijn in andere mensen is al vervelend, maar het gevoel dat je jezelf in de kou laat staan, is vele malen erger. Ze wenste dat ze anders in elkaar zat, dat ze meer ballen had.

De schooluren zijn opvallend geestdodend vandaag en als ze 's middags samen met Hein en Simone aan tafel zit, is haar frustratie alleen maar toegenomen, ook al laat ze dat niet blijken.

'Was het nog gelukt met die nieuwe reclamescripts?' vraagt Simone aan Hein. Hij had ooit verteld dat hij online cursussen verkoopt, waarvoor hij via YouTube en Google reclames laat draaien.

'Ik heb niet veel inspiratie,' zegt Hein. Hij begint een nieuwe bruine bol doormidden te snijden.

'Je moet de teksten wel tijdig vernieuwen.'

'Dat wéét ik. Het komt heus wel goed.'

Het lijkt alsof Simone nog wat wil zeggen, maar ze houdt zich in.

'Hoe gaat het op school, Lina?' vraagt ze. 'Nog veel huiswerk deze week?'

'Ja, heel veel. Ik begrijp niet waarom dat nodig is, ik denk dat we ook genoeg zouden leren als we wat minder huiswerk kregen.'

'Wat vind je het moeilijkste vak?' vraagt Hein.

'Wiskunde.' Lina zorgt ervoor dat ze haar gezichtsuitdrukking neutraal houdt. Maar het doet haar goed dat ze zich stilletjes aan elkaar lijken te ergeren. Alles beter dan het leuke geslaagde stel, dat ze gewoonlijk te zien krijgt.

Als Simone na de lunch naar haar kappersafspraak vertrekt en Hein weer naar boven gaat om verder te werken, bedenkt Lina dat nu het perfecte moment zou zijn geweest om haar eerdere plan ten uitvoer te brengen. Thuis op haar kamer leek het een kunstje van niks. Op internet had ze gelezen dat jaarlijks tientallen honden de dood vinden door het eten van slakkenkorrels, een onschuldige benaming voor slakkengif, dat je gewoon bij de Intratuin kan kopen. De korrels blijken voor de trouwe viervoeters even dodelijk als smakelijk. Pure chocolade schijnt ook een grote boosdoener te zijn.

Hoe gemakkelijk zou het zijn geweest om te zorgen dat Jack een fatale hoeveelheid van een van die producten binnenkreeg... Ze was zo vaak alleen met de hond in de huiskamer en had gezien hoe snel een stukje cracker of kaas dat op de grond viel, werd verorberd.

Hein lijnde Jack nooit aan, ze heeft meermaals gezien dat het beest een stuk voor hem uit of achter hem aan liep. Het kan heel goed gebeuren dat Jack iets van de grond snaait zonder dat Hein dat ziet. Dat maakte de kans kleiner dat hij of Simone zou vermoeden dat zij erachter zat.

Ze wilde dat ze niet verder had gelezen op internet, maar

de gevolgen van een dergelijke actie knalden als het ware van het scherm. De hond zou lijden. Uren van krampachtig hijgen, mogelijke epileptische aanvallen, diarree, hartritmestoornissen, spiertrillingen en oververhitting, voordat uiteindelijk de dood zou intreden. Het hielp niets dat ze probeerde Jack te degraderen tot een luttel object, waarmee ze Hein een slag kon toedienen, hopelijk de eerste van een hele reeks… De vraag waar ze in godsnaam mee bezig was bleef haar andere gedachten overstemmen, net zo lang tot ze het opgaf. Ze zou dit toch nooit doen. De teleurstelling maakte haar misselijk.

Als Lina Glassex op een van de spiegels in de badkamer heeft gespoten en er een doekje overheen haalt, hoort ze hoe Hein zijn bureaustoel naar achteren schuift en zijn kamer uit komt.

'Lina, ik ga even een eindje lopen met Jack,' meldt hij vanaf de overloop. 'Ik heb vandaag toch mijn hoofd niet bij het werk.'

Ze doet de deur van de badkamer open en dwingt zichzelf tot een plagende opmerking. 'En de reclameteksten dan?'

Zijn lachrimpels geven hem meteen een warme uitstraling. Hij legt zijn vinger tegen zijn lippen. 'Ik vertrouw erop dat je me niet zult verraden.'

De kriebel in haar buik komt totaal onverwacht. 'Dat zal ik niet doen,' antwoordt ze snel.

Hij loopt lachend naar beneden en roept zijn hond. Terwijl de teleurstelling over haar eigen zwakte en de verbazing over dat gevoel van daarnet in haar hoofd rond woeden, kijkt ze hem even later na uit het badkamerraam.

Misschien is ze zo langzamerhand gestoord aan het worden, want heel even leek ze hem wel léúk te vinden in plaats van hem te haten. Hoe ziek is dat?

En dan Jack… waarschijnlijk maakt haar gebrek aan daadkracht haar in dit geval een beter mens, maar ze voelt zich een loser, zonder enige ruggengraat.

33

Evi zou zich schuldig moeten voelen naar Thijs. Ze vindt het vreselijk dat Joyce getuige is geweest van haar overspel. Haar vriendin heeft gelijk, zoiets kan nooit lang aan de gang blijven voordat de hele straat ervan weet.

Maar als ze eerlijk is, voelt ze zich helemaal niet schuldig. Ze had zichzelf toegesproken, besloten dat ze inderdaad met Thijs moest praten en dat ze zijn gedrag niet mocht gebruiken als excuus om vreemd te gaan. De herinnering aan de bewuste avond laat haar echter niet los en ze zou liegen als ze beweerde dat ze dat niet prettig vond.

Evi had niet gedacht dat Hein zou komen, en zat nog altijd in gedachten verzonken aan de keukentafel, toen er zachtjes op het raam van de schuifpui werd getikt.

Ze was zich wezenloos geschrokken en had zenuwachtig moeten lachen om haar eigen reactie.

Ze liep naar de schuifpui om hem binnen te laten. 'Zo, kwam je toch een drankje doen?'

'Niet echt,' had hij gezegd en hij had haar vastgepakt en haar gezoend op een manier die het laatste restje scrupule dat ze op dat moment nog bezat moeiteloos wegvaagde.

In de huiskamer voelde het toch te open en bloot, zelfs als ze de gordijnen dicht zou doen. De kinderen waren geen van beiden lichte slapers, dus had ze hem mee naar boven genomen. Hij had haar precies gegeven waar ze naar had verlangd op het moment dat Thijs had afgebeld. Hein was alles wat Thijs niet was, hij gaf haar iets dat ze nooit met Thijs zou hebben, zelfs niet als die al zijn Zuidas-maniertjes overboord zou gooien en zich van een ruigere kant zou laten zien. Thijs was gewoon een heel ander type. Geciviliseerd, charmant, fatsoenlijk. Zeker niet minder, maar anders.

Ze had haar man bedrogen, en toch voelde het niet zo. Bedrog kwam meestal voort uit verlangen en dat was niet haar drijfveer geweest, hoewel ze Hein wel aantrekkelijk vond.

Ze kon het gewoon niet hebben dat zij iedere keer degene was die moest schikken, dat zij zoveel meer zin had gehad in hun gezamenlijke uitje dan hij en dat ze zich vaak afvroeg of het wel echt waar was dat hij steeds moest overwerken. Dat ze steeds meer een hekel aan zichzelf kreeg omdat ze zich een slaafse hond voelde. Het was puur een wraakactie geweest. Als jij mij niet ziet staan, dan vind ik wel iemand die dat wél doet.

Joyce had makkelijk praten. Alsof Evi niet al zo vaak had geprobeerd om het er met Thijs over te hebben. Hij wilde niets horen waardoor het leven zoals hij het nu vormgaf ter discussie zou worden gesteld. Evi weet dat ze om die reden geen zin heeft om zich schuldig te voelen; omdat Thijs zich ook nergens schuldig over voelt.

'Ik vond het heel vervelend van gisteravond, Eef,' had hij de volgende ochtend gezegd, terwijl hij zijn e-mail checkte op zijn telefoon. 'We kunnen dit weekend uit eten gaan.' De onverschilligheid droop ervan af.

Fuck you, had ze gedacht. Zoek jij het maar uit. Ik zorg wel voor mezelf.

Op WhatsApp stromen de smileys en opgeheven duimpjes binnen nadat iemand heeft voorgesteld om tijdens het feest een pubquiz over de buurt te houden. De datum is vastgesteld op 30 juni. Evi had gevreesd dat veel mensen dan op vakantie zouden zijn, maar dat blijkt reuze mee te vallen. Het enthousiasme van haar buren verdringt haar onaangename gedachten voor even.

Dan denkt ze aan Lowlands. Aan Latin Village, Guilty Pleasure. Nog niet zo lang geleden gingen zij en Thijs samen alle festivals af. Drie keer per week uit eten, naar de film... Ze weet niet hoe en wanneer ze in twee huisgenoten zijn veranderd, maar het is erin geslopen.

Twee van hun vrienden waren ooit in relatietherapie gegaan en kwamen daar bevlogen uit. Ze konden het iedereen aanraden en dat deden ze dan ook, tot vervelens aan toe.

'Waar het bij ons misging en waar het bij bijna iedereen misgaat, is dat we probeerden de ander te veranderen,' werd er geestdriftig gepredikt. 'Maar dat is dus niet mogelijk. Dan maak je jezelf voor de rest van je leven ongelukkig.'

Evi en Thijs hadden moeite gehad om hun gezicht in de plooi te houden.

'De truc is zelf veranderen,' verduidelijkte de mannelijke helft van het koppel. 'Je moet zelf de beste partner zijn die je kunt zijn. Jíj moet moeite in de relatie steken, je moet de ander al je liefde geven zonder iets terug te verwachten. Jij moet doen wat je kunt om jezelf gelukkig te maken en afstappen van de voorwaarde dat de ander ook mee moet doen.'

Zijn vrouw had bij ieder woord instemmend zitten knikken, alsof het niet haar eega maar de Dalai Lama was, die zijn wijsheden debiteerde.

'Als het goed is, verandert de ander dan vanzelf mee,' vulde zij aan. 'Als hij ziet dat jij veel beter in je vel zit, het leuk maakt voor jezelf en een veel fijnere persoon wordt om mee samen te zijn, dan heeft dat een aanstekelijk effect.'

'Als het goed is,' had Thijs herhaald.

Ze gaf geen krimp. 'En als dat niet zo is, als iemand star blijft en zelf stil blijft staan en er helemaal niets uitkomt... dan zal die ander, die wél is gegroeid, daar geen genoegen meer mee nemen. Dan heb je niets meer aan je partner en maak je je van hem los.

Maar welke optie het ook wordt, je zult dus sowieso beter af zijn.'

Haar man knikte. 'Verander zelf, of ga weg, dat is het credo. Heeft voor ons perfect gewerkt.'

Het werd de vaste grap van Evi en Thijs. Zodra een van hen vroeg of de ander zich op enigerwijze kon aanpassen, al ging het om het terugzetten van het dopje op de tandpasta, dan baste de ander: 'Verander zelf, of ga weg!'

Nu bedenkt Evi cynisch dat als zij op deze voet verdergaat, met klagen en hopen dat Thijs een keer verandert, ze waarschijnlijk inderdaad voor de rest van haar leven ongelukkig zal zijn. Die twee hadden gelijk, met hun relatietherapeut. Het punt is alleen dat veel mensen voor zelf veranderen of weggaan de energie niet opbrengen. Aanmodderen is makkelijker. Je hóéft per slot van rekening niet ongelukkig te zijn. Je kunt je plezier ook uit andere dingen halen.

34

Beterschap, typt Lina, nadat Zafira heeft geappt dat ze ziek is. Die tekst werd vergezeld door een meme van een vrouw die zwetend op bed lag, met een washandje op haar voorhoofd. Op haar beurt voorziet Lina haar bericht van de nodige hartjes en kus-emoticons. Zelf zou ze ook het liefst op bed liggen, met een joint in haar mond.

Na een aantal geslaagde en minder geslaagde experimenten had ze drugs finaal afgezworen. Sinds haar leven door haar terugkeer in Amsterdam op zijn kop werd gezet, begon ze echter weer naar het verdovende spul te verlangen. Na haar laatste bezoek aan Hein en Simone, toen ze niet had gedaan wat ze eerder van plan was geweest met Jack en bovendien van die rare, misplaatste gevoelens had gehad, lonkt het meer dan ooit.

Ze heeft zo vreselijk veel zin in een rush, niets zwaars, alleen maar wat wiet om de scherpe randjes ervanaf te halen. Maar thuis kan ze onmogelijk blowen vanwege de geur en ze heeft geen zin om urenlang in een boetiek of onder een viaduct te gaan zitten.

'Dan maak je er toch thee van,' stelt een pragmatische klasgenoot voor, onder aardrijkskunde.

'Thee?'

'Wietthee. Je kunt er gemakkelijk thee van trekken, daarvan neem je steeds een klein slokje. Zoek maar op, werkt als een trein.'

Na een artikel op Google te hebben gelezen, is Lina blij dat Zafira er vandaag niet is. Het is lullig dat ze ziek is, maar haar vriendin is niet iemand die haar kritiek onder stoelen of banken steekt.

In de korte pauze loopt Lina doelbewust het schoolterrein over, naar de plek waar haar klasgenoot die Setje wordt genoemd vaak rondhangt. Hij lijkt druk in gesprek met een paar vrienden. Om de paar seconden gieren de jongens het uit.

'Hi,' groet Lina, als ze hen dicht is genaderd. 'Kan ik jou even spreken?' Haar blik is strak op Setje gericht.

De anderen maken plagende geluiden, eentje stoot hem aan. 'Ze wil je even spreken, waar wacht je op?'

Het gebeurt vaak dat ze zich verbaast over het kinderachtige gedrag van mensen die toch echt van haar leeftijd zijn.

Ook Setje zendt de jongens een afkeurende blik en loopt na een verveeld 'ja hoor' gewillig met haar mee in de richting van de fietsenstalling, waar het rustiger is.

Als Lina zich ervan heeft verzekerd dat er geen leraar te bekennen is, draait ze zich naar hem om en zegt zachtjes: 'Ik wil graag een gram wiet van je kopen.'

'Dat kan,' antwoordt hij. 'Acht euro.'

Ze haalt een tientje uit haar zak. 'Heb jij twee?'

Hij knikt, ritst zijn jack open en haalt een doorzichtig zakje met het gevraagde, plus een twee-euromunt uit zijn binnenzak.

'Alsjeblieft,' zegt hij. Ze pakt het zakje en de munt aan en geeft hem het briefje. Terwijl hij zich omdraait en de fietsenstalling verlaat, reikt ze onder haar shirt en stopt ze het zakje wiet in haar bh.

Het gaat niet goed, alsof ze wordt gestraft omdat ze qua drugs toch weer voor de bijl is gegaan. Ze had moeten wachten totdat iedereen naar bed was, omdat de wiet minstens een halfuur op een laag vuurtje in de thee moest trekken. Eerst had ze, zoals het informatieartikel voorschreef, de wietblaadjes vermengd met een theelepel boter en dit mengsel in een geopend theezakje gedaan. Dat diende ze te laten zakken in een pan, gevuld met een kopje water, dat nog dertig minuten moest koken op een zo laag mogelijk vuur. Gelukkig gingen Agnes en Pim zoals gewoonlijk rond halfelf naar bed.

Toen ze alles in een grote kop had overgegoten, waste Lina de pan af, moffelde het theezakje weg en sloop naar haar kamer. Ze hoopte maar dat het zou werken zoals het op internet had gestaan en ze kan zichzelf wel voor haar kop slaan dat ze, toen ze na ruim een uur nog niets voelde, zo stom was geweest om de hele kop leeg te drinken.

Nu lijkt haar lichaam continu in haar matras weg te zakken. Water verandert binnen de kortste keren in droge korrels op haar tong, waardoor ze zou zweren dat ze geen druppel binnenkrijgt. Bovendien blijkt ze groen uitgeslagen. Zelfs in haar bedwelmde toestand schrikt ze er iedere keer dat ze naar het toilet gaat weer van.

Ik lijk de fokking Hulk wel.

Als haar wekker uiteindelijk afgaat, kan ze niet geloven dat ze toch nog in slaap is gevallen. Ze sleept zich uit bed en maakt zich klaar om naar school te gaan, maar niet voordat ze heeft vastgesteld dat haar huid zijn normale kleur weer heeft teruggekregen.

Deze werkdag bij Simone en Hein is haar bijzonder zwaar gevallen. Vanwege de kater natuurlijk, maar vooral omdat ze het zichzelf aanrekent dat er nog niets van de grond is gekomen. Hein heeft nog op geen enkele manier last ondervonden van het feit dat zij nu in zijn leven is.

Volledig gesloopt pakt ze haar jas van de kapstok. Ze probeert er niet aan te denken dat ze nog het hele eind terug naar huis moet.

'Je ziet er moe uit,' merkt Simone op, als ze haar betaalt.

Lina stopt de briefjes in haar jaszak en glimlacht vaag, hopend dat dit Simone voldoende ontmoedigt.

'Ben je niet zo lekker?' vraagt Hein, die vanuit de woonkamer de hal in komt.

'Jawel hoor,' murmelt ze. 'Gewoon, zware week.' Ze herinnert zich er niet voor het eerst aan dat ze aardig moet zijn. Als ze zo kortaf blijft doen, zullen ze gauw genoeg van haar krijgen.

'O ja? Wat is er zo zwaar?' vraagt Hein. Zijn ene mondhoek verraadt een klein glimlachje en dat schiet haar totaal in het verkeerde keelgat.

'Kan het niet zwaar zijn voor mij?' barst ze uit. Ze hoort zichzelf, maar tot haar afgrijzen lukt het haar niet om zich in te houden. 'Kunnen de dingen alleen maar kut zijn als je oud bent?'

Hein en Simone schieten in de lach.

'Nee,' antwoordt Hein. 'Zeker niet.' Beiden wachten totdat Lina meer prijsgeeft, maar ze voelt zich veel te opgelaten en kan hen amper meer aankijken.

'Ik moet gaan,' prevelt ze, waarna ze zich omdraait en wegvlucht.

Bij thuiskomst komen de geuren van gebraden vlees, ui en knoflook haar vanuit de keuken tegemoet. In stilte vervloekt ze de huisregel dat ze allemaal samen moeten eten.

Ze wast haar handen en schuift op haar vaste stoel aan de eettafel. Gelukkig valt haar brakheid niet zo op, omdat haar jongste pleegbroertje Ronnie er vanavond ook niet veel zin in lijkt te hebben. Hij jengelt onafgebroken dat hij het eten niet lust.

'Mag ik van tafel?' vraagt Lina. 'Ik ben niet zo lekker.'

'Dat is goed,' zegt Pim. 'Je ziet ook bleek, gaat het wel?'

Ze stelt hem gerust en loopt de gang op. Boven sluit ze haar kamerdeur, laat zich op bed vallen en neemt zich voor om nooit meer wiet te kopen, er in ieder geval geen thee meer van te trekken.

Ze was er zeker van dat ze zou slapen zodra haar hoofd het kussen raakte, maar haar gedachten razen alle kanten op. Zou dat nog steeds door die shit komen? *Zorg dat niemand ooit zal denken: 'Ik weet niet wat ik nou met haar aan moet.'*

Ze weet de laatste tijd nauwelijks meer wat ze met zichzélf aan moet. Lina loopt naar de badkamer en plenst koud water in haar gezicht. Dan smeert ze een laagje foundation van Agnes op en kamt ze haar haren, zodat ze er wat frisser uitziet. Tot slot trekt ze op haar kamer een schone outfit aan.

In de keuken zitten de anderen inmiddels aan het toetje.

'Zafira appte of ik bij haar wou komen chillen,' zegt Lina.

Agnes en Pim vinden het goed. Omdat ze al zeventien is, laten ze haar in principe gaan en staan waar ze wil, zolang ze zich aan de tijden houdt en alles goed gaat op school.

'App je wel even een adres door?' vraagt Agnes. 'En kom op tijd terug, je moet morgen weer vroeg op.'

Lina belooft het en vertrekt voordat iemand haar nog iets kan vragen.

Ze zet er stevig de pas in op het afgelegen stuk tussen de woonwijk van Agnes en Pim en het centrum, vastbesloten om zo snel mogelijk de met graffiti bespoten brug en het viaduct achter zich te laten. In de huiskamers van de flats die ze passeert branden lichten, maar de meeste gordijnen zijn dicht. Een scooter rijdt haar voorbij in de richting van station Bijlmer Arena, een eindje verderop staan twee jongens te roken.

In haar jaszak omklemt ze de sleutelhanger met daaraan de huis- en schuursleutel. *Altijd zorgen dat je je sleutels vasthebt, dan kan je daarmee uithalen als iemand je lastigvalt.*

Ze heeft Agnes Zafira's adres geappt, wetende dat zij of Pim daar toch niet voor de deur zal verschijnen. Haar pleegouders denken dat ze hier in de buurt zal gaan chillen. Maar eenmaal op het station loopt Lina door naar de busstandplaats. Na een paar minuten wachten stapt ze op lijn 300, op weg naar Amstelveen.

Tijdens de busrit en het laatste stuk dat ze moet lopen, weet Lina haar gedachten met succes weg te drukken. Ze beseft ook wel dat dit raar is, dat er vreemd opgekeken zal worden. Maar het is beter dan in bed blijven liggen terwijl ze toch niet kan slapen.

In de woonwijk beginnen haar zenuwen op te spelen, maar ze dwingt zichzelf door te lopen.

Pas als ze aanbelt, realiseert ze zich dat ze geen flauw idee heeft wat ze moet zeggen. Ze had ten minste van tevoren iets kunnen bedenken.

Hein doet open. Ze probeert alsnog iets te verzinnen, maar in haar hoofd is alles blanco. Hij neemt haar even op.

'Ik neem aan dat het nog steeds kut is?' vraagt hij dan.

Lina knikt.

Hij maakt een hoofdbeweging dat ze mee kan komen en loopt naar binnen.

Jack komt verheugd op haar af gedribbeld, drukt zijn natte neus tegen haar hand als ze zijn kop aait. Lina ziet Simone, uitgestrekt op de bank in een wit, strak trainingspak. Ze klikte juist een film aan op Netflix. Op tafel staan twee glazen wijn en een kaasplankje.

'Lina!' Simone komt overeind. 'Is alles oké?'

'Niet echt, zou ik zeggen.' Hein loopt naar de keuken en pakt nog een glas uit de kast. 'Anders was ze hier niet.'

'Is er iets gebeurd?'

'Nee,' zegt Lina haastig. 'Alles is oké. Het is alleen…' Ze wendt haar bik af en zoekt weer naar woorden.

Simone maakt een wegwerpgebaar. 'Zin in een film?'

Beduusd kijkt Lina naar het scherm. *The Hitman's Bodyguard.* Hein drukt haar een glas wijn in haar handen, loopt door naar de bank en ploft op zijn plek.

'Wil je wel met twee ouwe mensen kijken?'

Voor ze het weet, stoot ze een lachje uit.

35

Simone stond naakt voor het raam in de slaapkamer van Heins appartement. De mensen op straat keken zelden naar boven, zeker niet helemaal naar het raam van vier hoog. De enigen die haar goed zouden kunnen zien waren degenen die recht tegenover hen woonden, maar die hadden altijd de gordijnen dicht. Ze vond het prettig om naar de mensen op straat te kijken. De marktlui met hun wagens, de studenten die gingen lunchen, oude vrouwtjes die hun boodschappenkoffers achter zich aan sleepten. Het was alsof haar zintuigen voorheen geblokkeerd werden omdat zij alles had afgeschermd, constant met de handrem erop had geleefd. Na de moord op de vrouw met het rossige haar was de geest uit de fles, leek iets in haar op scherp gezet en beleefde ze alles intenser.

'Je wordt nog eens een echte rebel,' klonk het spottend vanaf de andere kant van de kamer. Hein keek haar aan vanaf het bed, de pretlichtjes in zijn ogen dansten. Hij had zijn laptop op zijn schoot, om een paar nieuwe e-mails te schrijven voor zijn mail-campagnes. 'Eerst was je altijd zo behoedzaam, wilde je het liefst onzichtbaar zijn, en kijk je nu eens. Nog even en je klimt op de gevel naast de duiven.'

Ze rende naar hem toe en hij schoof haastig de laptop aan de kant, voordat ze boven op hem sprong. Hij pakte haar heupen vast en zij ging met haar handen over zijn stoppelbaard van een paar dagen.

'Als wij ooit uit elkaar gaan, dan weet ik alles van jou, en andersom,' zei ze.

'Dat klopt. En als een van ons ooit de ander verraadt, wordt hij zelf ook verraden, dus klappen we beiden nooit uit de school.'

'Dus hebben we nooit iets van elkaar te vrezen?' vroeg ze half schertsend.

Hein haalde zijn schouders op. 'De enige reden waarom mensen zoals jij en ik gaan praten, is uit angst voor de ander, of uit schuldgevoel.' Een van zijn handen gleed over haar buik omhoog, naar haar borsten. 'Jij zult nooit bang voor mij hoeven zijn, zodat je je genoodzaakt ziet om alles te vertellen. En schuldgevoel... Ik heb me nooit schuldig gevoeld en ik denk jij ook niet.'

Daar had hij gelijk in.

'Ik hoop wel dat we één ding kunnen afspreken,' zei hij. 'Als een van ons ooit wordt gepakt, dan houdt diegene zijn mond. Ik zeg nooit iets over jou en jij zegt nooit iets over mij.'

'Natuurlijk,' zei ze. 'Dat spreekt toch vanzelf.'

Zijn stem bleef ernstig. 'We geven de ander de kans te verdwijnen en zullen dan nooit meer contact kunnen hebben.'

Ze knikte, dit keer zonder te glimlachen, om hem ervan te overtuigen dat het haar menens was. 'Dat beloof ik. Je kunt me vertrouwen.'

Bij iedere moord werd een grens verlegd. De meeste herinnert ze zich haarscherp, bij sommige is haar geheugen wat vertroebeld. De tweede keer kan ze zich nog precies voor de geest halen. Niet alleen de daad zelf, maar ook het donkere duingebied, het geraas van de golven en de kou, die al even snijdend was als op de dag van hun eerste ontmoeting.

Ze stond te wachten, hupte een beetje op en neer om zich warm te houden en spiedde ondertussen om zich heen of ze echt niemand zag.

Haar hartslag versnelde toen ze twee figuren ontwaarde in de verte: Hein, die een tweede persoon met zich meesleurde. De man had een zak over zijn hoofd en zijn handen en enkels waren vastgebonden, zodat hij amper een stap kon verzetten. Er klonk geen geschreeuw, zou Hein hem iets in zijn mond hebben gestopt?

Ze kwamen verrassend snel dichterbij. Hein had zijn rechterarm om zijn slachtoffer heen geslagen en trok hem in rap tempo met zich mee over de oneffen grond. Even deed het Simone denken aan de boeren die ze in haar jeugd vaak met hooibalen in de weer had gezien. Koortsachtig keek ze in alle richtingen, maar er was niemand anders. Alleen maar duinen, de zee ver achter haar en de twee mannen, van wie er één zou sterven.

Haar hand sloot zich om de injectiespuit in de zak van haar jas.

Hein trok de zak omhoog en Simone zag dat hij de man inderdaad had gekneveld. Ze schatte hem een jaar of vijftig. Kalend en gezet, in een nette grijze jas die eigenlijk te dun was voor dit weer. Ze zag verbazing en iets van hoop in zijn ogen toen hij haar in het oog kreeg en direct daarop stootte hij een serie noodlijdende klanken uit, die verloren gingen in het geraas van de wind en de golven. Hoewel het geluid werd vervormd door de prop in zijn mond, was het duidelijk dat hij haar om hulp smeekte.

Hein verspilde geen tijd. Hij gooide het slachtoffer op de grond, trok de jas van de man open en deed zijn trui omhoog. Het gekerm werd luider en panischer, maar Heins gewicht hield zijn prooi tegen de grond gepind. Hoe de vijftiger ook schopte met zijn gebonden benen, zich met zijn hielen probeerde af te zetten, hij kon geen kant op.

'Hier.' Heins gehandschoende vinger tikte op het bleke vlees bij het linkerborstbeen.

Simone keek de man in de ogen, zag voor de tweede keer in haar leven een mens in pure doodsnood, en ergens in een uithoek van haar geest was er het besef dat dit een bepalend moment was. Dat zij zich hiermee definitief zou kwalificeren als een van hén; een persoon zonder geweten, een psychopaat. Dit was iets anders dan op twaalfjarige leeftijd iemand duwen, of toekijken hoe iemand anders een leven nam. Dit was een test of er ergens in haar lichaam nog een molecuul was die schuldgevoel zou toelaten, haar zou doen stoppen.

Nadat Simone haar doelwit bijna een volle minuut in de ogen had gekeken, op zoek naar een bepaald gevoel dat het gros van de mensen zo eigen scheen te zijn, positioneerde ze de spuit en drukte ze de naald met de giftige cocktail in het vlees boven het hart.

Ze voelde niets. Niets anders dan de lust om te doden.

Simone kwam overeind en ging naast Hein staan. Voor hun ogen schokte het lichaam op zijn bed van zand en gras.

'Je hebt toch wel de juiste dosis gedaan?' vroeg ze in haar opwinding, waarop Hein bevestigend knikte.

'Absoluut. En anders was het nu toch afgelopen. In van die medische series injecteren ze altijd in het hart om iemand te redden, maar in het echt is de kans het grootst dat iemand dan doodbloedt.'

Terwijl Simone die woorden op zich liet inwerken, bereikte het geschok en gekerm een hoogtepunt, waarna het – sneller dan ze had gewild – afnam en algauw helemaal stopte.

De herinnering aan hun laatste moord is waziger, alsof haar geheugen lakser is geworden, terwijl zij zich de details van die laatste keer juist zo wanhopig wenst te herinneren. Omdat het toen niet volgens plan verliep. Het is die laatste keer die zich vaak in haar nachtmerries herhaalt, haar het gevoel geeft dat de politie haar op de hielen zit.

Dit keer was het een zwerver, die 's nachts vaak beschutting zocht in een verlaten schuur bij de stadstuintjes aan het spoor in Amsterdam-West. Hein had een week lang zijn doen en laten bestudeerd en was hem een aantal keer gevolgd.

Ze herinnert zich hoe ze de man in zijn slaap hadden overvallen, hoe Hein ook deze persoon tegen de grond had gehouden, terwijl Simone hem probeerde te wurgen. Dat had ze al willen doen sinds ze Heins handen om de hals van de vrouw met het rossige haar had gezien. Het was een lastige klus, maar bij dit specifieke slachtoffer, sterk vermagerd en verzwakt door een drugsverslaving, zou het toch moeten lukken.

Ze werden opgeschrikt door een tweede man, die plotseling in de deuropening stond. Eveneens een dakloze, een vriend misschien, die ook op zoek was naar een droge slaapplaats.

Deze man begon te schreeuwen en Hein reageerde bliksemsnel. Hij pakte het eerste het beste dat voor handen was – een schoffel of een hark? – en sloeg de man daarmee op zijn hoofd. De zwerver ging neer en Hein hief het ijzeren werktuig op om af te maken waar hij aan begonnen was, toen Simone geroep van buiten hoorde. Ze sprong naar de deur en zag in het donker de gedaante van een derde persoon, die zich een weg door de tuinen baande.

'We moeten weg,' siste ze in paniek. Ze greep Hein bij zijn arm en trok hem naar achteren. Toen Hein de figuur zag naderen, liet hij de schoffel vallen en rende hij samen met haar achter de houten bouwwerken en kassen langs, richting de weg, waar hun auto stond.

Terwijl Hein de motor startte, keek Simone uit het achterraam. Ze zag niemand. Misschien was de derde man een vriend van de andere twee en probeerde hij hen nu bij bewustzijn te brengen. Misschien sloeg hij op dit moment alarm. Het drong direct tot haar door dat ze helemaal niets zeker wisten. Misschien was die eerste man dood, maar misschien ook niet. Waarschijnlijk was die tweede ook niet dood, alleen bewusteloos.

Simones hart klopte in haar keel, ondanks het feit dat het donker was en ze handschoenen, mutsen en sjaals droegen, waardoor ze nooit goed herkenbaar konden zijn geweest.

Misschien was die derde man hen wel gevolgd en had hij op een of andere manier het nummerbord kunnen lezen. Ze moesten zo snel mogelijk de auto dumpen.

Misschien had hij wel een telefoon, waarmee hij op dat moment de politie belde…

Terwijl de auto pijlsnel door de nacht gleed, moest Simone verschrikkelijk haar best doen om haar ademhaling onder controle te houden.

36

'Lina?' Een klopje op de deur.

'Kom binnen.' Ze maakte zich net klaar om te gaan werken. Agnes komt haar kamer binnen.

'Ik wil graag heel even praten.'

Vanbinnen zet ze zich schrap. Agnes en Pim waren laatst niet blij, toen ze tot zo laat was weggebleven. Zij denken dat ze te lang bij Zafira was blijven plakken. Als ze zouden weten dat ze naar Amstelveen was gegaan om daar ongevraagd bij Hein en Simone aan de deur te verschijnen, zouden ze dat raar vinden. Ze vraagt zich af wat Hein en Simone er zelf van dachten. Zij hebben geen vragen gesteld. Lina weet ook niet waarom ze uitgerekend naar hun huis ging. Op dat moment was ze niet zozeer bezig geweest met hoe ze Hein kon treffen.

Er is iets anders, iets waar ze niet goed de vinger op kan leggen, dat haar naar hen toe trekt.

'Er vallen mij wat dingen op,' zegt Agnes, terwijl ze op Lina's bed gaat zitten. 'Je slaapt slecht en bent er overdag niet goed bij met je gedachten. Laatst bleef je tot laat weg. En ik denk dat je ook weleens blowt... Heb ik gelijk?'

Het heeft geen zin om te liegen, Agnes zou er dwars doorheen prikken. Lina knikt en verwacht een preek over regels en afspraken.

'Heb jij al een idee van wat je graag voor de toekomst zou willen?' vraagt Agnes. 'Hoe zie je jezelf over een paar jaar?'

Ze houdt met moeite een zucht binnen. Een paar kleine

incidentjes en dan denken ze meteen dat ze haar hele toekomst vergooit.

'Ik weet het niet,' antwoordt ze.

'Pim en ik zien een hele intelligente jonge vrouw, die over een paar jaar zeker haar diploma op zak kan hebben. Je hebt nu nog volop tijd om te onderzoeken wat je leuk vindt, zodat je straks een studie kan kiezen die daarbij aansluit.' Agnes telt het af op haar vingers. 'Wij zien zoveel kinderen bij wie het op school heel moeizaam gaat, maar jij kunt goed leren, je bent heel zelfstandig... Je hebt het echt in je om er voor jezelf iets moois van te maken.'

In stilte wenst Lina dat Agnes gewoon to the point komt.

'Maar daarvoor is het wel belangrijk dat je blijft focussen op de juiste dingen. Soms hebben mensen veel aan hun hoofd en dan is dat moeilijk. Ik weet dat jij ook veel aan je hoofd hebt, dat zie ik aan je. Kun je me vertellen waar je het meest mee zit?'

Ze weet wel dat Agnes het ook alleen maar goed wil doen voor haar, dat ze echt wil helpen, maar ze kan niets vertellen over Hein, over haar moeder en wat er vroeger is gebeurd. Als ze dat doet, is het meteen over met haar werk in Amstelveen.

Ze schudt nee. Haar ervaring is dat als ze op dit soort momenten blijft zwijgen, de ander vanzelf de conclusie trekt dat het moeilijk is om je open te stellen en aanbiedt altijd beschikbaar te zijn als ze wel wil praten.

'Je kunt het ook opschrijven, of iemand anders in vertrouwen nemen,' oppert Agnes. 'Het gaat erom dat als we weten wat zo zwaar op je weegt, we kunnen meedenken. Kijken hoe we kunnen helpen, zodat jij weer kan focussen op wat goed is voor jou.'

Het bed kraakt als Agnes overeind komt. 'Jij denkt misschien dat je gewoon met rust gelaten wilt worden, dat we je in je sop moeten laten gaarkoken. Maar ik weet één ding heel zeker: jij bent niet gelukkig, zoals het nu gaat.' Agnes geeft haar een kneepje in haar schouder. 'Ik zou dat zo graag anders zien.'

Bij aankomst in de Amstelveense woonwijk, ziet ze de auto van Simone niet staan. Als Hein opendoet, staat haar lichaam direct weer op scherp, alsof iemand haar zojuist een adrenalineshot heeft toegediend.

'Hé, Lina.' Zelf lijkt Hein totaal niet scherp, maar afgemat en ver weg met zijn gedachten.

'Hoe gaat het?' Ze hoort zelf de nieuwsgierigheid doorklinken in haar woorden.

Hij glimlacht. 'Zie ik er zo belabberd uit?'

Ze haalt haar schouders op.

'Niet heel geweldig,' geeft hij toe. 'En met jou?' Ze zal er zelf ook wel niet florissant uitzien.

'Ook niet geweldig.'

Hij trekt vragend zijn wenkbrauwen op.

'Mijn pleegmoeder zit me te veel op m'n huid.'

'O. Wil je een stukje lopen?'

'Ik moet schoonmaken.'

Hij wuift het weg. 'Dan doe je straks toch nog wat, het is grotendeels schoon. Ik betaal je gewoon hetzelfde.'

De spanning in haar borst neemt toe, maar ze kan geen reden verzinnen om te weigeren en een stem in haar hoofd roept haar toe dat ze nu moet doorpakken.

'Oké,' stemt ze in.

De rottweiler draaft voor hen uit, verrassend lichtvoetig voor zo'n groot beest. Hein leek behoefte te hebben aan iemand om tegenaan te praten, maar nu zwijgt hij, dus voelt Lina zich genoodzaakt om zelf maar te beginnen.

'Waarom gaat het niet geweldig?'

Hij zucht. 'Ik denk dat ik heimwee heb.'

'Naar Amsterdam?'

'Ja… naar m'n oude leven.'

'Je oude leven?'

'Van voordat we hier kwamen wonen,' verduidelijkt hij.

'Hoezo dan? Wat is er veranderd?'

Zijn vingers rollen de leren hondenriem die hij nooit gebruikt steeds opnieuw op.

Hij doet haar aan haarzelf denken, tijdens het gesprek met Agnes.

'Ik heb gewoon mijn draai nog niet goed kunnen vinden,' zegt hij, en ze weet dat er iets heel anders speelt, dat hij niet aan haar wil vertellen. Het is frustrerend dat hij alleen maar vragen oproept, terwijl zij zo naar antwoorden verlangt. Wat bedoelt hij met zijn oude leven? Waarom heeft hij haar moeder vermoord? Was hij een bekende, hadden ze ruzie? Was hij een inbreker en had zij hem betrapt? Waarom moest zij dood?

'Je zult je draai heus wel vinden,' antwoordt ze. 'Ik kan het weten, ik heb op veel plekken gewoond.'

'In veel verschillende gezinnen?'

'Gezinnen, tehuizen, instellingen...'

Hij fluit tussen zijn tanden. 'Het leven kan bikkelhard zijn, hè?'

Haar vingers klemmen zich om de sleutelbos in haar zak. Dan herinnert ze zich een van de trucjes van de psychologen met wie ze vroeger praatte, iets wat leraren ook vaak doen om vertrouwen te wekken: over je eigen leven vertellen. Het bij algemeenheden houden, maar de ander toch het gevoel geven dat je je openstelt, zodat diegene dat ook sneller zal doen.

'Het wordt altijd wel beter,' verzekert ze hem. 'Je zal hier wel gewend raken. Weet je wat ik leuk vind aan waar ik nu woon?'

'Nou?' vraagt hij.

'De muziek die altijd vanuit de tuin van de buren klinkt wanneer ze barbecueën. Zodra het een beetje lekker weer is, gaat de hele buurt barbecueën en wordt er muziek opgezet. In de Amsterdamse Poort zitten mensen gezellig bij elkaar en ze nemen echt de tijd om met elkaar te kletsen.'

Hein glimlacht. 'Ik heb daar ook een tijdje gewoond, toen ik jonger was. Geweldige buurt. Hoeveel broodjes kipkerrie en nasi moksi ik wel niet bij de toko heb gehaald...'

'Dat doe ik ook altijd. Je hebt er een die erg populair is, tegenover een winkel waar je allemaal pruiken en nephaar kan kopen. De eigenaar van die winkel vindt het vervelend dat er de hele tijd rijen klanten van die toko voor zijn etalage staan. Daarom heeft ie een briefje op de ruit geplakt. Daar staat op: "Voor mijn winkel géén rij. Houd er rekening mee!!! En doe vriendelijk!!!" Zés uitroeptekens.'

Hein moet hardop grinniken. 'Zoiets zie je niet in buurten als deze.'

Ze begrijpt wat hij bedoelt. Amstelveen is strak en gepolijst, niet rauw en authentiek.

'Ik wilde dat ik jouw leeftijd weer had,' peinst hij. 'Ik weet dat het ook lang niet allemaal rozengeur en maneschijn is als je een tiener bent, maar je staat nog aan de vooravond van je leven.'

Ze knikt en voelt de zenuwen toenemen. 'Waarom zou je het opnieuw willen doen? Heb je ergens spijt van?'

Hij schudt zijn hoofd. 'Nee. Ik zou het gewoon opnieuw willen beleven.'

'Je tienertijd?'

'Eigenlijk mijn jaren als twintiger en dertiger. Toen was ik het gelukkigst.'

In die tijd had hij haar moeder omgebracht. Het is tien jaar geleden, dus hij moet toen eind twintig of begin dertig zijn geweest. Hoe kan hij zeggen dat hij toen het gelukkigst was en dat hij nergens spijt van heeft? Gal brandt in haar keel en ze wendt haar gezicht af.

'En wat was er met jou?' vraagt hij dan. 'Waarom zit je pleegmoeder je zo op je huid?'

Ze moet de grootste moeite doen om helder na te denken. 'Omdat ik heb geblowd.'

'Foei.' Hij maakt het tsssk-tssk-geluid.

Ze perst er een glimlachje uit.

'En waarom doe je dat dan?'

'Omdat ik daar soms zin in heb.'

'Of omdat je je niet rot wil voelen?'

Ze kan hem niet aankijken, het liefst zou ze er nu als de bliksem vandoor gaan.

'Ik snap het wel,' zegt hij.

Zijn zachte toon maakt dat ze toch opkijkt en iets in zijn gezicht doet de draaikolk aan emoties afnemen. Ze is er nog niet achter wie deze man is en wat zijn beweegredenen waren, maar één ding is duidelijk: ook hij zit met zichzelf in de knoop. Hij is niet gelukkig.

Dat is dan tenminste iets...

Ze glimlacht naar hem en hij doet hetzelfde. Hij denkt dat het een teken van verstandhouding is, dat ze elkaar begrijpen. Arme Simone, die geen idee heeft met wat voor monster ze haar leven deelt. Als zij eens te weten zou komen wat Hein gedaan heeft... Dan zou ze hem vast en zeker verlaten en het zou nog weleens veel ingrijpender gevolgen kunnen hebben.

Haar mislukking met Jack is nog vers en Lina probeert het gevoel dat ze tekortschiet kwijt te raken. Misschien moet ze, met het oog op vergelding, haar pijlen meer op Heins vrouw richten.

37

'Ik wil stoppen, Hein.' Star en onverzettelijk had Simone de woorden uitgesproken, aan tafel in het appartement in de Pijp.

Het was tien jaar nadat ze bij hem was ingetrokken. Tien jaar en in totaal zeven mensen verder, die Hein en zij samen naar de andere wereld hadden geholpen. De laatste keer, in de schuur bij de stadstuintjes in West, betekende voor haar een definitief einde.

'We zijn niet gezien.' Hein stond op van zijn stoel, hurkte bij haar neer en nam haar handen in de zijne. 'Dan zouden we inmiddels wel zijn aangehouden.'

'Dat weet jij helemaal niet. Misschien staan we bij de politie op de radar, maar hebben ze niet voldoende bewijs. Misschien volgen ze ons al wel een tijd, je weet het niet.'

'Ah kom op, Moon. Ze volgen ons niet. Nergens is een bericht gedeeld over een man en een vrouw, die op die bewuste avond zijn gezien. Het was donker, het ging om een paar zwervers, waarvan jij de eerste volgens mij al had gedood en ik de tweede op z'n minst buiten westen had geslagen.'

'En die derde dan?'

'Die was zo ver weg, die heeft onmogelijk íéts goed kunnen zien.'

'Maar wel dat wij met z'n tweeën waren, hij heeft ons weg zien rennen.'

'Dat heeft nergens toe geleid. Waarschijnlijk was hij zelf ook verslaafd, net als die ene die ik had getarget. Die mensen gaan nooit naar de politie, die vallen buiten de maatschappij…'

'Ik wil gewoon niet meer. Punt.'

Er veranderde iets in zijn ogen. Voor het eerst sinds ze hem kende zag ze een spoor van waakzaamheid, argwaan zelfs.

'Zit je met jezelf in de knoop, Moon?' vroeg hij. 'Heb je last van schuldgevoelens?' *Heb je jezelf nog in de hand? Is er een risico dat je gaat praten?*

'Nee, natuurlijk niet,' verzekerde ze hem, terwijl ze de verontrustende duizeling in haar buik probeerde te negeren. 'Ik wil gewoon niet naar de gevangenis, dat is de enige reden.'

Ze streelde een pluk haar weg uit zijn gezicht, het gezicht waar ze door de jaren heen zo van was gaan houden.

'Hein,' zei ze. 'Wij hebben dit nu zeven keer gedaan en ik heb nergens spijt van. Ik wil eigenlijk ook helemaal niet stoppen. Daarom hebben we het hier nooit eerder over gehad, maar dit kan onmogelijk goed blijven gaan. Als we doorgaan, worden we een keer gepakt. Dat besef je toch?'

Hij had er in eerste instantie niets van willen weten. Hij beweerde dat zij niet meer rationeel naar dingen kon kijken en zich veel te veel liet meeslepen door haar angst. Dat ze zo ver ging dat ze zich nog een manier van leven zou aanmeten die ze zelf afschuwelijk vond.

Maar hoezeer zijn hele wezen zich er ook tegen verzette, uiteindelijk moest hij wel meegaan in haar argument dat hun manier van leven gedoemd was te mislukken. Eens zouden ze tegen de lamp lopen en Simone wist dat als Hein alleen was geweest, dit precies de manier was waarop alles zou eindigen. Hij zou nooit uit zichzelf zijn gestopt, zou er dan maar alles uit hebben gehaald wat erin zat en het risico van een gevangenisstraf hebben aanvaard.

Maar dat kon zij niet. En in al zijn anarchisme, eigengereidheid en onverschilligheid waar het levens van andere mensen betrof, hield Hein wel degelijk van haar. Zoveel dat hij erin toestemde weg te gaan uit Amsterdam.

Sinds de laatste moordpoging was de stad haar tegen gaan

staan, zag ze in elke zwerver een van hun slachtoffers, die haar zou herkennen en aangeven bij de politie. Ze wilde ergens anders opnieuw beginnen. Ze zouden hun driften beteugelen, kappen met al die uren op het dark web, de verleidingen niet meer opzoeken... In hun eigen belang moesten ze alles op alles zetten om een normaal leven op te bouwen.

Terwijl de regen onverminderd op het dak klettert, kijkt Simone naar Hein, die slaapt. Hij heeft zich al meerdere malen omgedraaid en af en toe maakt hij een steunend geluidje. In plaats van hem wakker te maken, neemt ze hem stilletjes in zich op.

Hij had haar verteld dat hij de laatste tijd steeds over vrachtauto's droomt. Dat hij op de rijbaan van een snelweg staat en verschillende auto's hem claxonnerend ontwijken, maar niet de vrachtwagen die ineens opdoemt.

Of dat hij zelf in de auto zit en op de verkeerde weghelft terechtkomt, waar ongelukkig genoeg juist een vrachtwagen nadert.

'Misschien is het een voorteken,' had hij geopperd. 'Is dat de manier waarop ik aan mijn eind kom.' Dat vindt Simone een typische simpele, mannelijke gedachtegang. Zij gelooft geen moment dat Hein ooit door een vrachtwagen zal worden aangereden. Het zal eerder de angst voor het onvermijdelijke zijn, die hem tijdens zijn slaap parten speelt.

Die gedachte houdt háár uit haar slaap; alles wijst erop dat het niet goed met hen zal aflopen. Dat Hein vroeg of laat weer de fout in zal gaan en blijven gaan, totdat de politie ten tonele verschijnt en het spel – boem! – uit zal zijn.

Zelf droomde Simone vaak van vogelspinnen. Het gedrag van de zwarte weduwe. De mannetjesspin, die het web van het vrouwtje laat trillen met zijn poten, om aan te geven dat hij wil paren. Volgens veel biologen is de mannelijke spin er op dat moment volledig van bewust dat het vrouwtje waarop hij zijn keuze heeft laten vallen, hem na de daad zal doodbijten. Hoewel

Simone van mening is dat dit niet met zekerheid kan worden vastgesteld, lijkt het haar ook niet onmogelijk. Feit is dat dieren op instinctief niveau dingen weten, maar als de spin over dergelijke voorkennis beschikt, waarom wil hij dan in hemelsnaam nog paren? Het was logischer geweest als de lust hem voor eens en voor altijd was vergaan. Maar Simone weet dat sommige verlangens sterker zijn dan de neiging tot zelfbehoud. In het geval van de spin is dit de drang tot voortplanting.

Na zo'n nachtmerrie deed ze haar best om het beeld van de spinnen te verdrijven, wetende dat ook zij waarschijnlijk aan haar verlangens ten onder zou gaan... In een cel zou eindigen. Of dat haar een ander, gruwelijker lot te wachten stond. Soms overviel het haar als ze naar Hein keek, een zweem van een onbestemd gevoel, alsof haar lichaam haar probeerde te waarschuwen. Dan kon ze zich niet aan de gedachte onttrekken dat ze ook in een ander opzicht de gelijke van die mannelijke spin zou kunnen worden; dat ze op een dag ten prooi zou vallen aan haar partner.

Wat als het Hein niet lukt om te stoppen? Het heeft er steeds meer de schijn van dat hij ondanks hun afspraak niet kán stoppen, en dat betekent dat ze ieder hun eigen weg moeten gaan.

Dat idee vindt ze verschrikkelijk. De mogelijkheid dat hun twee-eenheid zal worden verbroken, is zo onvoorstelbaar dat ze zich de gedachte amper kan toestaan. Hein is altijd haar anker geweest.

Maar als hij echt niet kan veranderen, is het van cruciaal belang dat zij daarop anticipeert. Weggaan bij Hein zou haar niet met angst hebben vervuld als hij niet zo achterdochtig had gereageerd toen ze kenbaar maakte dat ze wilde stoppen, toen aan de keukentafel in de Pijp.

Ze had destijds niet gelogen. De angst voor gevangenschap was – en is nog steeds – haar enige reden om van het moorden af te zien. Maar wat als hij daar niet honderd procent zeker van is als zij aangeeft dat ze bij hem weg wil? Wat als hij twijfelt of zij niet toch zal gaan praten? Wat als zíjn behoefte tot zelfbehoud opspeelt?

Cynisch bedenkt Simone dat ze zich met z'n tweeën in een mooi parket hebben gebracht. Als twee mensen met een drang om te doden elkaar hebben weten te vinden, dan brengt dat een exceptionele zielsverwantschap met zich mee, een band die alleen maar kan ontstaan tussen outcasts, voor wie bij de rest van de wereld geen plaats is. De keerzijde van de medaille is dat als een van de twee ermee wil stoppen, dit óók gevolgen heeft die bij de gewone mens niet spelen. Een eventuele breuk houdt automatisch in dat je je leven niet meer zeker bent.

38

Hoewel Evi zich vast heeft voorgenomen om niet meer de fout in te gaan, merkt ze dat ze Hein bewust opzoekt. Ze weet op welke tijden hij meestal met zijn hond loopt en vaak zorgt ze er dan voor om zelf te gaan hardlopen.

'Hoe gaat het?' had hij gevraagd toen ze elkaar de eerste keer nadat hij bij haar thuis was geweest tegenkwamen. Er waren meerdere buren op straat.

'Prima,' zei Evi. 'En met jou?'

'Goed hoor. Lekker aan het hardlopen?'

'Zeker,' voerde ze het brave toneelstukje op. 'Tot nu toe houd ik het goed vol.'

'Goed zo.'

Het had wel wat, voor het oog van de anderen zo beleefd te doen. Ze moesten eens weten. Direct daarop schoot haar te binnen dat zijzelf ook geen idee had van wat er eventueel schuilging achter de vrolijke gezichten van de mensen bij wie ze in de straat woonde. Zij kon niet de enige zijn die stilletjes buiten de lijntjes kleurde.

Een andere keer trof ze Hein in een nabijgelegen park, waar het stiller was. Voordat ze het wist flapte ze eruit dat ze het fijn had gevonden, laatst.

'Ik ook,' zei hij.

'Zou je dat nog eens willen doen?' vroeg ze ondanks haar voornemen.

'Ja hoor.'

Eigenlijk had ze iets meer gretigheid verwacht, hoewel het ook wel weer fascineerde, dat macho stoïcijnse.

Ze had verder niets voorgesteld, maar haar hardloopronde hervat. Dit was voldoende. Met kleine momenten als deze kon ze zich de rest van de dag amuseren.

Ze voelt zich niet meer continu gevangen in de sleur van alledag en maakt zich bovendien een stuk minder druk. Wat ze nooit had verwacht, is dat Thijs de verandering zou opmerken. Zij dacht dat hij alleen maar met zijn hoofd bij zijn werk was.

'Is er iets gebeurd, Eef?'

'Hoezo?'

'Je bent zo afwezig.'

Ze kijkt hem quasi verwonderd aan. 'Nee hoor. Alles is oké.'

Evi pakt haar vest dat over de stoelleuning lag, trekt het aan en stopt haar telefoon in haar zak. 'Joyce had gevraagd of we konden gaan sporten en daarna bij haar een film kijken. Ik app haar net dat het goed is.'

'Kan je dat niet afzeggen?' vraagt Thijs.

'Waarom?'

Hij heeft het lef om bezeerd te kijken. 'Omdat ik eindelijk weer eens op een normaal tijdstip vrij ben. Hebben we even tijd voor elkaar.'

Ze pakt haar laptop van tafel en maakt aanstalten om naar boven te gaan. 'Ik wil Joyce niet afzeggen. We kunnen een andere keer iets leuks doen samen.'

Nadat Vuurtoreneiland in de soep was gelopen, had ze gehoopt dat Thijs zou laten zien dat het hem speet en dat hij meer moeite wilde doen voor hun relatie. Dat was niet gebeurd. Nu verwacht hij dat zij haar afspraken afzegt, alleen omdat hij toevallig een keer vroeg vrij is en lijkt hij nog beledigd ook dat ze heeft geweigerd. Ze doet net of ze zijn verongelijkte gemompel niet hoort en loopt de trap op. Laat hem ook maar eens balen.

’s Middags staat Joyce voor de deur, in trainingsoutfit en sportschoenen.

‘Je ziet er goed uit,’ merkt Evi op. Haar vriendin lijkt meer kleur op haar gezicht te hebben en het duffe, afgematte dat haar de afgelopen maanden als een wolk had omsloten, is grotendeels verdwenen. Evi ziet ook dat de grijze uitgroei van een aantal maanden is vervangen door vertrouwde, blonde highlights. Ze strijkt er even overheen met haar vingers. ‘Mooi!’

‘Dank je.’ Joyce is zichtbaar in haar nopjes dat haar herstel niet onopgemerkt blijft. ‘Misschien komt het doordat ik de laatste tijd beter in mijn vel zit. Ik slaap beter, ga vaker naar buiten. Dit is een goede week, fingers crossed dat het aanhoudt…’ Ze moeten haastig aan de kant om een paar joelende jongetjes op skelters te laten passeren.

‘Het loopt allemaal op rolletjes met het buurtfeest,’ vertelt Evi, als de kinderen hen voorbij zijn. ‘We zitten nu al op bijna tachtig man, en dat exclusief kinderen.’

‘Wow.’

‘Ik maak binnenkort een overzicht van de kosten per persoon en dan kunnen we beginnen met…’

Ze valt stil als de buurvrouw van nummer 64 naar buiten komt. Alsof ze Evi’s ogen op zich gericht voelt, kijkt ze op en Evi verstijft lichtjes. Ze zou toch niets weten?

De buurvrouw groet hen vriendelijk terwijl ze naar haar auto loopt en Evi slaagt er wonderwel in haar opluchting niet te laten blijken.

‘Hoi,’ zegt Joyce. ‘Wij hebben nog geen kennis gemaakt. Jullie wonen hier nog niet zo lang hè?’ Het liefst zou Evi haar aanstoten.

‘Nee, klopt,’ antwoordt de buurvrouw. ‘Zo’n anderhalve maand nu. Jullie wonen ook hier in de straat? Ik heb jullie weleens vaker gezien.’

‘Wij wonen daarachter,’ wijst Joyce. ‘Ik in dat op één na laatste huis, zij daartegenover. Ik ben Joyce.’

'En ik ben Evi.'

'Simone,' stelt de buurvrouw zich voor.

'Bevalt het jullie hier?' vraagt Joyce. Evi kan haar wel schieten.

'Zeker.'

'Waar komen jullie vandaan?'

'Amsterdam.'

'O, leuk, waar uit Amsterdam?'

'We... O, wacht.' De buurvrouw steekt een verontschuldigende vinger op, pakt haar telefoon uit haar tas en kijkt op het scherm. 'Sorry, deze moet ik even opnemen.'

'Natuurlijk,' zegt Evi. 'Fijne avond nog.'

Terwijl Simone haar telefoongesprek begint, zet Evi er flink de pas in, zodat Joyce een stukje moet draven om haar bij te kunnen houden.

'Was dat nou nodig?' sist Evi, zodra ze de hoek om zijn.

'Ja,' zegt Joyce. 'Nu zijn jullie officieel bekenden. Bekenden die nog geen honderd meter van elkaar vandaan wonen, wat in bepaalde gevallen als een goede reminder zou kunnen dienen...'

'Jézus,' stoot Evi uit, maar alles wat ze verder wil zeggen zou zo hypocriet klinken dat ze het maar voor zich houdt.

Joyce glimlacht. 'Echt, Eef, ik heb het beste met je voor. Maar ze had er trouwens niet veel zin in, hè?'

'Wat?'

'Die vrouw, Simone. Ze had niet echt zin in een praatje.'

Evi doet haar best om haar ergernis opzij te zetten. 'Ze werd toch gebeld?'

'Ja...' Joyce herschikt haar pas geverfde krullen. 'Maar ik kreeg toch de indruk dat ze niet echt op ons zat te wachten.'

39

Toen Lina vandaag op haar schoonmaakadres arriveerde, bleek Simone niet thuis te zijn. Ongeveer een uur na haar komst, was ook Hein vertrokken, met de mededeling dat hij met anderhalf uur wel weer terug zou zijn. Ze vertrouwen haar blijkbaar voldoende om haar alleen in hun huis te laten. Het valt Lina op dat Simone steeds vaker weg is en niet meer altijd mee luncht. Met de jaren heeft ze geleerd om de sfeer in huis en de stemmingen van anderen heel snel te peilen en haar gedrag daarop aan te passen. De laatste weken hangt er een onderliggende spanning tussen Hein en Simone in de lucht. Hoewel Simone geen opmerkingen heeft gemaakt waar zij bij was, merkt Lina haar ergernis richting haar man op.

Het deed haar terugdenken aan haar gesprek met Hein, zijn gepraat over heimwee naar Amsterdam en zijn oude leven, het zijn draai niet kunnen vinden... Toen Lina net bij hen werkte, waren ze warmer en liefdevoller naar elkaar toe, maar nu is er duidelijk iets veranderd.

Andere, kleine dingen zijn haar ook opgevallen. Onder het lunchen, wanneer gewoonlijk ter sprake komt wat ze allemaal zoal hebben gedaan, heeft Simone onder andere over een klassenreünie verteld en over een vriendin, met wie ze van plan was af te spreken. Hein heeft het nooit over iemand anders gehad. Het was altijd werk, sport, of wandelen met Jack. De keren dat hij iets leuks had gedaan, was het altijd samen met Simone. Hij is een einzelgänger, die meer dan genoeg lijkt te hebben aan zichzelf.

Lina heeft veel nagedacht over manieren om Simone van Heins vroegere daad op de hoogte te brengen. Het lastige is dat ze moet zorgen dat Simone het verhaal ook zal gelóven, of op zijn minst aan haar man zal gaan twijfelen. Ze kan bijvoorbeeld zorgen dat Simone een van de artikelen over het misdrijf te zien krijgt, met de boodschap dat Hein de schuldige is, maar elke gek kan wel zomaar iets beweren. Ze heeft geen bewijs, behalve dat zij Hein die nacht zelf gezien heeft, maar Simone mag nooit weten dat de boodschap van Lina afkomstig is. Want dan komt dat waarschijnlijk weer bij Hein terecht en wie zegt dat hij haar dan niet te grazen zal nemen?

Ze kent het koppel nog niet goed genoeg om in te schatten hoe Simone zou reageren als ze dergelijke informatie over Hein onder ogen kreeg. Zou ze het direct afdoen als laster, of een stomme grap? Zou ze denken dat een of andere laag-bij-de-grondse persoon het op haar man had voorzien? Dat Hein nooit zoiets op zijn geweten kon hebben? Of zou er ergens in haar achterhoofd toch iets van twijfel opspelen, doordat ze het zich weliswaar niet zou kunnen voorstellen, maar ook niet zonder meer uitsluiten?

Met haar tong bevochtigt Lina haar lippen en gehemelte, die kurkdroog zijn geworden van de spanning. Voor het eerst sinds ze hier is komen werken, is ze in Heins werkkamer.

Voor de rest is ze overal al geweest. Niet dat ze gewoonlijk in lades snuffelt of Heins broek- en jaszakken naloopt, maar hij en Simone hebben zich altijd zo relaxed opgesteld, dat ze zich niet kan voorstellen dat zij dingen die al te privé zijn op zulke toegankelijke plekken zouden bewaren.

Heins werkkamer is een ander verhaal, daar wordt ze geacht vandaan te blijven, dus gokt ze dat ás er hier in huis iets is waar zij iets aan zal hebben, het zich in deze kamer zou moeten bevinden.

Op een bureau staan meerdere laptops. De werkruimte is netjes opgeruimd en oogt vrij leeg, net als de rest van het huis. Hein en Simone hebben niks met prullaria in kasten of op tafel. Ze ziet diverse boeken op een plank, die allemaal over marketing en online business gaan.

Moet hij hier nou zo moeilijk over doen? Waarom zou ze hier niet mogen schoonmaken? Misschien is hij bang dat ze per ongeluk zijn laptops beschadigt… Of in het bureaukastje kijkt.

Ze knielt neer bij het bureau en opent het kastdeurtje. Kladblokken en multomappen.

Ze haalt er een map uit, die ze haastig doorbladert. Een akte van oprichting van een bedrijf, een aantal documenten van de Kamer van Koophandel. In een andere map wordt zo te zien een administratie bijgehouden. Als ze de aantekeningen op een van de kladblokken vluchtig doorleest, komt ze alleen maar woorden als 'funnel', 'checklist voor beter converterende website' en 'ad-optimalisatie' tegen.

Ze bergt alles weer op, waarbij ze ervoor zorgt dat ze de spullen precies teruglegt zoals ze lagen. Deze kamer is een en al zakelijkheid, geeft geen spoor van een privéleven prijs. Er staat nog geen foto op het bureau.

Dan valt haar oog weer op de drie laptops. Ze is bang om iets aan te klikken, maar na even aarzelen klikt ze toch op de ingebouwde mousepad van de middelste laptop, waardoor het scherm oplicht. Er wordt om een wachtwoord gevraagd.

Uiteraard… Ze klikt op de tweede en daarna op de derde laptop, die ook vergrendeld blijken te zijn.

Dat is echt balen, want waar zou je meer informatie over een persoon kunnen vergaren dan op zijn computer, smartphone of laptop? Google en social media slaan alles op; geliefde merken, etenswaren, politieke voorkeuren, andere interesses, plaatsen die iemand heeft bezocht, plaatsen die hij op grond van zijn online gedrag hoogstwaarschijnlijk binnenkort zal bezoeken…

Teleurgesteld staart ze naar buiten, naar de achtertuinen van de buren, met de loungesets, trampolines, boomhutten en glijbanen.

Haar blik fixeert zich op een man die een aantal tuinen verderop in de steeg staat. Is dat Hein?

Ze blijft even staan kijken en concludeert dat hij het inderdaad is, in dat hofje voor de schutting. Een vrouw komt door de schuifpui van het achtergelegen huis naar buiten, loopt de tuin door en opent het hek. Ze ziet dat Hein haar vastpakt. Haar hart gaat met geweld tekeer terwijl ze goed probeert te zien wat er gebeurt. Hij staat met zijn rug naar haar toe en heeft haar vast. Staan ze nou te zoenen?

De vrouw trekt zich even terug – Lina ziet duidelijk dat ze lacht – om zich vervolgens weer naar hem toe te buigen.

'What the...' fluistert ze bij zichzelf. Meteen daarop krijgt ze een ingeving. Haar hand schiet naar haar broekzak en graait naar haar telefoon. Zo snel ze kan ontgrendelt ze het scherm, klikt op het camera-icoontje en zoomt in.

Ze neemt een serie foto's, haar duim tikt als een razende op de ronde witte knop op het scherm en ze stopt pas als de vrouw zich opnieuw van Hein losmaakt en terug haar tuin in loopt.

Als de vrouw naar binnen is gegaan, draait Hein zich om en haalt hij zijn telefoon uit zijn zak. Hij tuurt een moment naar het scherm, slentert de steeg door, heft zijn hoofd op waardoor het lijkt alsof hun blikken elkaar kruisen, en loopt verder.

In een reflex is Lina achteruit gestapt. Heeft hij haar gezien? Kan je het vanaf daar zien als er hier iemand voor het raam staat? Ze schiet de werkkamer uit en doet de deur dicht.

Kippenvel verspreidt zich over haar lijf. Wat als hij haar inderdaad heeft opgemerkt? Als hij thuiskomt, is ze met hem alleen. Wat als hij weet dat zij hem met de buurvrouw heeft gezien? Straks eindigt zij ook levenloos onderaan de trap.

Zo snel ze kan, rent ze naar beneden. In de huiskamer springt de hond op bij het horen van de gehaaste voetstappen.

'Rustig maar, Jack,' sist ze, als het beest naar haar toe draaft. Het leek er niet op dat Hein haar zag, hij bleef ook niet staan om te kijken. Besluiteloos staat ze een aantal seconden in de gang en grist dan toch haar jas van de kapstok.

Dan klinkt het geluid van een sleutel in het slot en gaat de voordeur open. Ze verstijft met haar jas in haar hand.

'Hé, Lina.' Hein komt binnen. 'Hé, jongen.' Hij neemt de kop van Jack in zijn handen en stoeit een beetje met hem. 'Ga je alweer weg?' vraagt hij. Uit zijn gedrag noch zijn gezichtsuitdrukking blijkt dat hij haar zojuist in zijn werkkamer heeft zien staan. Een vlaag van opluchting trekt door haar heen, hoewel ze nog steeds op haar hoede is.

'Nee, ik… wilde even een paar minuten naar buiten.'

'Tuurlijk.' Hij trekt zijn jas uit en hangt hem aan de kapstok. 'Rustig aan. Simone had nog broodjes gehaald bij de bakker. Zullen we zo lunchen?'

'Ja, is goed,' antwoordt ze en ze stapt meteen daarop naar buiten en trekt de voordeur achter zich dicht.

Een beverige zucht ontsnapt aan haar lippen en ze voelt dat haar hartslag met elke stap die ze bij de woning vandaan zet, weer wat rustiger wordt. Hij heeft haar niet gezien, anders had hij wel iets gezegd. Als hij kwaad in de zin had, dan had hij daar net alle gelegenheid voor. Dan had hij haar niet naar buiten laten gaan.

Ze haalt nog eens diep adem en bevestigt haar conclusie in gedachten nog een keer. Er is niets aan de hand. Zij heeft foto's van hem gemaakt terwijl hij Simone bedroog en hij weet van niets.

Als ze echter weer bij het huis aanklopt, verkrampt er iets in haar buik, alsof haar lichaam haar waarschuwt om niet terug naar binnen te gaan. Voordat ze echter kan besluiten om rechtsomkeert te maken, verschijnt Hein al in de hal om open te doen.

De televisie staat aan.

'Dat wil Simone nooit onder het eten, maar als de kat van huis is…'

Ze zou moeten glimlachen om het grapje, maar ze krijgt het niet goed voor elkaar.

'Hoe is het nu met jou?' vraagt hij, terwijl hij zijn brood smeert. 'Blow je nog steeds?'

'Soms.' Ze dwingt zichzelf de gedachten aan de foto's opzij te zetten. 'Heb jij dat weleens gedaan?' Het klinkt overdreven opgewekt.

'Nee, dat is niets voor mij. Daarvoor ben ik een te grote controlfreak.'

'Dus je drinkt ook niet?'

'Niet veel.'

'Ook niet toen je jonger was?'

Hij schudt zijn hoofd. 'Ik ben er altijd op gebrand geweest mijn lijf gezond te houden.'

Dus hij was niet een of andere junk of alcoholist die tien jaar geleden een willekeurig huis binnendrong. Maar het kon evengoed om geld gaan... Alleen is het veel logischer om in te breken wanneer je weet dat de bewoners weg zijn, of in ieder geval slapen. Niet als het licht nog aan staat. Misschien gebeurde het in een impuls, dacht hij snel wat waardevolle spullen mee te kunnen graaien...

Opnieuw moet ze zichzelf ertoe zetten om bij de les te blijven. 'Ik zou ook gezonder moeten leven,' zegt ze.

Hij knikt bevestigend. Dat kan ze niet uitstaan, het is immers zijn schuld dat ze steeds de behoefte voelt om zich te verdoven.

'Ben jij altijd zo braaf geweest, of heb je ook nog wat stoms gedaan toen je jonger was?'

Hij lacht. 'O, ik heb een hoop stomme dingen gedaan. En niet alleen toen ik jonger was.'

Hij kijkt haar recht aan en op dat moment zou ze zweren dat hij het wél weet, dat hij haar wel heeft gezien, zojuist. Haar handen worden onmiddellijk klam.

'Zoals?'

Zijn aandacht is weer bij zijn eten. 'Ach, laten we het erop houden dat ik lang niet altijd een lieverdje ben geweest. Maar iedereen heeft wel zijn dingen.'

'Ja... zeker. Mijn pleegmoeder zegt dat ik veel potentie heb, maar ik vind het moeilijk om me te concentreren op school.'

'Misschien is het nu even bikkelen, maar ik denk inderdaad dat jij het prima zal redden.' Hij wijst op het tv-scherm. 'Wie is dat?'

'Poetin.'

'Nou, zie je. Zo slecht kan het niet met je gesteld zijn.'

Niet voor het eerst wanneer ze in zijn gezelschap is, moet ze lachen terwijl ze dat niet wil. 'Maar dan wijs je ook wel een gek aan.'

'Is hij zo'n gek?' vraagt Hein.

'Vind jij van niet dan?'

'Hij heeft zeker z'n dingen, ja. Maar nogmaals, wie niet?'

Hij schijnt haar nervositeit nog altijd niet op te merken. 'Iedereen heeft zijn dingen,' beaamt ze snel, 'maar sommige mensen hebben echt issues.'

Heins blik blijft rusten op de Russische leider, die een persconferentie houdt. 'Geen enkel mens is helemaal goed of helemaal slecht. De wereld bestaat uit grijstinten.'

Wat zou ze hem graag vertellen dat ze weet dat hij uit z'n nek lult, dat bepaalde personen, onder wie hij zelf, door en door slecht zijn.

'En Hitler dan?' vraagt ze voor de vorm.

Hein grijnst. 'Wist je dat Hitler een hond had die Blondi heette?'

'Blóndi?'

'Zoek maar op. Een Duitse herder. Hitler was gek op Blondi en nam haar overal mee naartoe. Hij vertroetelde haar als een kind.'

'O.'

'Hij had ook een vriendin, Eva Brown. Mensen vonden haar alleraardigst, maar Eva scheen stikjaloers te zijn op Blondi. Zodra ze dacht dat er niemand keek, gaf ze de hond een schop. Als we het Blondi hadden kunnen vragen, was Hitler de held geweest en Eva de schurk. Niemand is helemaal goed of helemaal slecht.'

Terwijl hij praatte zijn haar zenuwen weer weggevallen, wat haar enorm verwart. Ze wil hem niet knap of fascinerend vinden, gatverdamme.

Soms heeft ze het gevoel dat Hein precies weet wat er in haar omgaat. Dat hij dwars door haar heen kijkt.

'Ik moet weer verder.' Ze springt op, pakt haar bord en glas van tafel en loopt naar de keuken.

Ze zou zweren dat ze hem zachtjes hoort grinniken.

40

Simone verheugt zich op een middag en avond bankhangen. Zoals altijd krijgt ze een blij gevoel van hoe schoon alles eruitziet en van de frisse geur die in de woonkamer hangt nadat Lina is geweest. Ze hadden elkaar nog net even gezien toen zij thuiskwam en Lina op het punt stond om te vertrekken. Vanuit het keukenraam ziet Simone haar richting de tram lopen. Lina moest eens weten in wat voor leeuwenkuil ze zich wekelijks begeeft, maar van Simone heeft het meisje niets te vrezen. Hein zal ook niets uithalen, dat weet ze zeker.

Lina is precies het soort mens dat Hein met geen vinger aan zou raken. Hij had haar verteld van een avond, kort voordat zij elkaar leerden kenden. Dat hij, voordat hij wegvluchtte van een plaats delict, onverwacht oog in oog had gestaan met een kind.

Hein heeft moeite met kinderen, die maken dat hij zichzelf in twijfel trekt. Zij zijn de enigen die niets van hem te vrezen hebben. Simone zou geen moeite hebben met het doden van een meisje, maar zij zou nooit zo stom zijn om haar eigen nest te bevuilen.

Hein komt naar beneden en als hij de woonkamer binnenloopt, verstart Simone. Hij heeft een bepaalde blik in zijn ogen die ze meteen herkent en eigenlijk weet ze niet waarom ze ervan schrikt. Het zat er al zo lang aan te komen.

'Moon, ik wil er weer een doen,' zegt hij zonder omhaal. Hij komt naar haar toe en neemt haar in zijn armen. 'Een andere manier gaat niet werken. Ik heb het geprobeerd, maar ik kan zo niet leven.' Hij brengt zijn mond bij haar oor. 'Dit is wie ik ben. Dit is toch wie wíj zijn? Wees nou eens eerlijk tegenover jezelf...'

Een pijnlijk prikkelend gevoel heeft zich over haar huid verspreid en een zelfbeschermingsmechanisme treedt in werking, waarschuwt haar dat het beter is om nu niet botweg te weigeren.

'Oké... Had je al een plek op het oog?'

'Nee, maar wel een persoon. Kom.' Hij pakt haar hand en trekt haar mee. 'Misschien kun je haar nog zien vanuit het raam boven,' zegt hij op de trap.

Simones hart gaat tekeer. Het zou toch niet... Heeft ze zich dan zo vergist, kent ze hem zo slecht? Hij kan toch niet werkelijk Lina bedoelen? In haar verwarring heeft ze in eerste instantie niet door dat hij haar meeneemt naar zijn werkkamer, waar je helemaal geen zicht hebt op de tramhalte, maar op de achtertuinen van de wijk.

'Zij,' zegt hij en hij wijst op een vrouw die op een ligstoel in haar tuin een boek leest. Simone herkent haar wel. Het is de jongste van die twee buurvrouwen die ze kortgeleden heeft ontmoet, Eva of Eefje of zoiets was haar naam...

41

Na zoveel jaar bij de politie ontwikkel je vanzelf een soort zesde zintuig. Dat van Joyce werd geprikkeld toen ze die nieuwe buurman – Evi had haar verteld dat hij Hein heet – tijdens het wandelen was tegengekomen. Wat haar intrigeert, is dat ze ook aan de ontmoeting met zijn vrouw, Simone, een ongewoon gevoel overhield. Niet zozeer hetzelfde als bij haar man, maar toch iets wat haar intuïtie had aangezwengeld.

Sindsdien houdt ze het koppel een beetje in de gaten. Daar heeft ze nu alle tijd voor. Doordat zij voor haar revalidatie veel buiten loopt, weet ze dat Hein dat ook doet. Ze komen elkaar vaak tegen, maar met hun laatste ontmoeting in haar achterhoofd heeft ze nooit het initiatief genomen om een praatje te maken, zoals bij Simone. Ze werken allebei vanuit huis, had Evi verteld, iets met online marketing en tekstschrijven.

Het was Joyce opgevallen dat er meerdaags per week een jong meisje bij hen komt. Dat meisje zag er niet goed uit. Ze was opvallend bleek en had donkere kringen onder haar ogen. Dat deed bij Joyce vaag wat alarmbellen rinkelen. Ze had genoeg kinderen met problemen gezien. Kinderen die te maken hadden met geweld, te veel verantwoordelijkheden op hun bordje kregen, werden verwaarloosd, afgleden, het criminele pad op gingen. Ze had zich afgevraagd welk verhaal er schuilging achter dit meisje en wat haar relatie met Hein en Simone was.

De therapie en haar vaste routine van op tijd opstaan en naar bed, douchen, huishoudelijke taken uitvoeren en naar buiten gaan, doen haar merkbaar goed. Qua energie en levenslust is er duidelijk sprake van een stijgende lijn. Ze is er zeker nog niet, maar het gaat goedkomen, daar raakt ze iedere dag meer van overtuigd.

Tijdens haar ochtendwandeling wenst ze meer dan ooit dat ze weer aan de slag kon. Het zachte lenteweer, waardoor alles om haar heen bloeit en vervuld is van leven, wakkert haar heimwee naar het team, naar de stad en het werk aan. Maar daarvoor laat haar conditie nog te veel te wensen over. Zelfs joggen met Evi zit er nog niet in, maar ze is tenminste in beweging.

Ze steekt over en loopt langs nummer 64. *Fam. Koster*, staat er op het naamplaatje naast de deur. Joyce pakt haar telefoon uit haar zak en slaat de naam op in haar notities, aangezien ook haar kortetermijngeheugen nog altijd niet op peil is. Ze wil een beter beeld krijgen bij Hein en Simone en als ze eerlijk is, leeft ze meteen op doordat ze zich weer eens op iets anders richt dan op Netflix, Videoland en het huishouden.

Thuis installeert ze zich met een kop thee en een zakje winegums achter haar laptop.

Ze probeert zowel Simone als Hein te googelen, maar dat levert niets op. Weliswaar treft ze in de zoekresultaten een hoop Hein Kosters en Simone Kosters, maar geen van allen blijken de twee die zij zoekt.

Ze checkt Facebook en Instagram. Hoewel ze eigenlijk niet had verwacht dat twee mensen die op Google niet te vinden zijn er socialmedia-accounts op na zouden houden, is ze toch teleurgesteld als er inderdaad geen enkele match naar voren komt.

Zie me zitten, denkt ze. Doe ik voor het eerst sinds tijden wat uitzoekwerk, loopt het hier al spaak.

Ineens moet ze denken aan haar overbuurvrouw, met haar keeshondje. Een idee vormt zich in haar hoofd. Het gaat wel wat ver, maar het is niet tegen de regels en ze gunt zichzelf een kleine uitspatting, iets wat enigszins de schijn van werk geeft.

Alle uren die ze lusteloos op haar balkon heeft doorgebracht, blijken toch nog ergens goed voor te zijn. Inmiddels is ze goed op de hoogte van het dagelijkse ritme van haar buurtbewoners. Ze weet hoe laat de mensen naar hun werk gaan, thuiskomen, wie er thuis werken, op welke dagen haar buren vrij zijn… en ze weet ook op welke tijden haar gepensioneerde overbuurvrouw haar irritante keffertje meestal uitlaat.

Joyce zorgt ervoor dat ze zelf ruim voor die tijd buiten staat en ze slentert wat door de straat zonder de hoek om te slaan, zodat ze zicht houdt op het huis van haar overbuurvrouw. Na een minuut of tien ziet ze haar met haar hondje naar buiten komen. Joyce wandelt rustig haar kant op, terwijl ze zo nu en dan op haar telefoon kijkt, alsof ze druk in gedachten is.

Deze buurvrouw weet dat zij bij de politie werkt en heeft altijd iets te klagen. Kinderen die belletje-trek doen, jongeren die in het speeltuintje hangen, een onbekende auto die al twee dagen voor de deur geparkeerd staat… Normaal gesproken weet Joyce niet hoe snel ze weg moet komen als ze haar in het oog krijgt, maar nu groet ze haar vriendelijk.

'Goedemiddag, Maud. Alles goed?'

'Ja hoor,' knikt de vrouw. 'Met jou ook? Ben je nog niet aan het werk?'

'Nee, nog niet… Gaat alles ook goed met Louis?' Zo heet het beestje, naar Louis van Gaal, had de vrouw haar ooit trots verteld.

'Ja, hij heeft momenteel weer last van zijn buik. We zitten weer aan de speciale voeding, hè Louis?'

'Wat vervelend om te horen,' zegt Joyce. 'Zou hij last hebben van stress?'

'Dat zou heel goed kunnen. Dat koppie krijgt ook zoveel te

verwerken. Het is hier natuurlijk vrij druk, met al die kinderen en andere honden en zo...'

'Ja, er worden vaak meldingen gemaakt van overlast. Katten die in tuinen poepen, honden die loslopen... Ik zag laatst zelf ook weer iemand die zijn rottweiler niet had aangelijnd.'

'Die man van verderop in de straat, die hier nog maar pas woont met zijn vrouw,' reageert de buurvrouw prompt.

Zoals Joyce al verwachtte, heeft Maud Hein allang in de smiezen gehad.

'Die kom ik ook steeds tegen! Hij lijnt dat beest nooit aan, ik zie die hond áltijd loslopen... Dat gaat een keer fout, daar kun je vergif op innemen. Levensgevaarlijke beesten, dat soort honden.'

Joyce knikt ernstig. 'Goed dat u het zegt. Ik zal er eens extra op letten. Het is altijd goed als er van zoiets melding wordt gemaakt.'

De buurvrouw stemt gretig in. 'Je voelt je toch een stuk minder veilig als zo eentje gewoon maar los rondloopt en ik heb ook gezien dat het een reu is...' Ze knipoogt suggestief naar Joyce, die haar een plichtmatige glimlach schenkt en zichzelf in gedachten feliciteert dat dit gesprek precies is verlopen zoals zij het van tevoren had bedacht. Een melding is voldoende om iemand op te zoeken in het politiesysteem.

42

Lina zit op een bankje op een plein en luistert naar de tropische tonen die uit de speakers van een van de cafeetjes klinken. Om haar heen hoort ze vele verschillende talen. Mensen staan op straat te kletsen alsof ze alle tijd van de wereld hebben. Kinderen rijden voorbij op elektrische steps, de terrassen zitten vol. Het is alsof de buurt naar haar lacht, met haar flirt, zijn armen wijd voor haar openhoudt, zonder dat zij aan de omhelzing kan toegeven.

Steeds opnieuw heeft ze de foto's van Hein en de buurvrouw op haar telefoon bekeken. Ze heeft ze naar haar e-mailadres verstuurd, zodat ze veilig bewaard blijven, zelfs als ze haar telefoon kwijt zou raken. Ze heeft wat ze zo graag wilde: iets waar ze Hein mee zou kunnen pakken, belastende feiten die tegen hem spreken. Weliswaar heeft het niets met zijn daad van vroeger te maken, maar toch, ze heeft iets wat Simone zeker niet leuk zou vinden.

Deze foto's zullen haar vertrouwen in hem een enorme knauw geven. Als ze daarna te horen krijgt dat Hein nóg iets heeft gedaan dat zij nooit zou hebben verwacht, iets veel ergers, zal ze misschien eerder geneigd zijn dat te geloven.

Maar hoe meer Lina het scenario uitdenkt, hoe meer ze twijfelt of het wel zo'n goed idee is.

Als Simone Hein met de foto's confronteert, zal hij zien dat hij van bovenaf is gefotografeerd en vanuit welke richting. Als hij een beetje doordenkt, zal hij ook nog weten dat Lina schoonmaakte op de dag dat hij die buurvrouw had opgezocht. Wat als hij wel degelijk haar gestalte voor het raam had gezien, maar niets had gezegd? Of dat hij twijfelde of hij iets had gezien en dáárom niets had gezegd? In dat geval zullen zijn gedachten direct naar haar uitgaan wanneer hij de foto's ziet.

Je bent laf, klinkt het verwijt in haar hoofd. *Je bedenkt van alles, maar als het erop aankomt durf je niets te doen.*

Ze begrijpt zelf niet waarom ze zo bang is het risico te nemen. So what, als het fout gaat? Zo leuk is haar leven niet.

Iemand komt naast haar zitten, het blijkt een klasgenoot te zijn. Sinds ze hem samen met de meester heeft zien losgaan op de track van Poke, heeft ze zich zijn dansende lichaam nog vaak voor de geest gehaald.

'Hoi Gregory,' groet ze zo nonchalant mogelijk.

'Hi, Lina. Ik wilde een ijsje gaan halen en ik zag je zitten. Heb je ook zin in schaafijs? Wacht even.' Hij staat op, maar laat zijn vest op het bankje liggen. 'Ik ben zo terug.'

Verbluft kijkt ze toe hoe hij op een drafje naar een van de winkeltjes loopt. Als vanzelf glijden haar vingers over de stof van zijn vest. Vaag bereikt haar de geur van Armani Code, een populair luchtje onder de jongens uit haar klas.

Gregory komt snel terug met twee bakjes schaafijs. 'Alsjeblieft.' Hij reikt haar er eentje aan, hangt zijn vest over het bovengedeelte van het bankje en neemt weer naast haar plaats. 'Van mij mag het elke dag dit weer zijn.'

'Thanks... Van mij ook.'

'Was je een beetje aan het chillen?'

Ze knikt en weet ook niet waarom ze nu blokkeert en het zo moeilijk is om iets gezelligs te verzinnen om te zeggen.

Gelukkig klinken de zoete tonen van een haar bekend nummer uit de speakers in een van de winkels.

'Dit vind ik zo'n mooi liedje.' Ze lepelt wat schaafijs op. 'Ik hoor het vaak hier in de buurt, maar ik weet niet hoe het heet.'

'Dorina.'

'Wat?'

'Zo heet het. Het is een oud Surinaams nummer. De zanger wist dat hij dood zou gaan, hij had darmkanker. "Je hoeft niet te huilen, Dorina," zegt hij. "Je hoeft niet verdrietig te zijn. Ik ben al een wandelende dode, ik vrees de dood niet."'

Samen luisteren ze naar het refrein.

'Het klinkt helemaal niet treurig,' merkt ze op. 'Eerder vrolijk. Troostend.'

Zijn lach doet haar denken aan warme minicroissantjes met honing. 'Dat is Surinaamse muziek in een notendop. Ook op begrafenissen draaien we vrolijke muziek en zingen en dansen we. We vieren het leven van de persoon. Dat wilde deze zanger zeker, hij is in het harnas gestorven, tijdens een optreden.'

De vertaling heeft een snaar bij haar geraakt. *Ik ben al een wandelende dode, ik vrees de dood niet.*

'Heb je zin om een keer iets leuks te doen?' vraagt Gregory. Dat verrast haar, waardoor ze niet meteen antwoord geeft.

'Picknicken bijvoorbeeld, of naar de film,' vervolgt hij, niet in het minst ontmoedigd.

'Picknicken lijkt me gezellig.' Het is nauwelijks meer dan een fluistering.

'Cool.' Weer die brede glimlach. Het valt haar op dat hij een prachtige rij tanden heeft, wit en kaarsrecht.

'Ik moet nu gaan, ik moet om drie uur werken.'

'Waar werk je?' vraagt ze.

'Footlocker, Kalverstraat.'

'Veel plezier.' Ze kan haar tong wel afbijten. 'Werk ze', had ze moeten zeggen, of 'zie je morgen'.

'Doei, Lina.'

Ze kijkt toe hoe hij het plastic bakje in een vuilnisbak gooit en opgaat in de drukte.

43

Om iemand op te zoeken in het politiesysteem, heb je een duidelijke reden nodig. Dat is niet bepaald een zwaar criterium. Er wordt ook niet actief gecontroleerd op uitgevoerde zoekacties door agenten, maar toch leek het Joyce beter als ze voor alle zekerheid een klacht van een buurvrouw over een loslopende hond op zak had. Dan mag worden gekeken of een persoon wellicht meer meldingen achter zijn naam heeft staan, wat zou kunnen helpen bij de vraag of, en zo ja, op welke manier er een vervolgactie moet plaatsvinden.

De eerste naam die Joyce intypt, is Hein Koster. Het levert nul zoekresultaten op. Simone Koster… Idem dito.

Verbaasd besluit Joyce om dan hun adres in te voeren en dit keer heeft ze wel beet. Op de woning staan Simone van Ieperen en Hein van Dam ingeschreven.

Joyce fronst lichtjes.

Na een snelle check constateert ze dat er bij Hein noch Simone sprake is geweest van antecedenten. Als ze de adresgegevens nog eens controleert, ziet ze dat er geen telefoonnummer bij staat.

Behalve het adres en de woonplaats zou het systeem haar de directe familieleden van beide personen moeten tonen. Er komen geen kinderen, broers of zussen naar voren, bij Simone zijn achter het woordje 'ouders' twee namen te zien. Bij Hein niet.

Joyce staart een poosje naar het scherm. Dit is vreemd, het systeem geeft altijd de namen op, ook als de ouders zijn overleden, zodat tenminste duidelijk is wie het waren. Het enige wat Joyce kan bedenken is dat Hein kennelijk ooit zijn achternaam officieel heeft laten veranderen.

Beiden hebben een auto op hun naam staan, Joyce kan zien wanneer Simone haar rijbewijs heeft gehaald, maar ook deze informatie ontbreekt bij Hein. Dat kan betekenen dat hij zonder rijbewijs rondrijdt, maar waarschijnlijker is het dat hij inderdaad zijn achternaam heeft veranderd en zijn rijbewijs nog daarvóór heeft gehaald. Maar dat is dan weer niet in het systeem te zien.

Waarom zouden deze mensen een andere achternaam op het naamplaatje op hun huis hebben gezet? Op zich zou Joyce hier niet veel van hebben gedacht, als ze niet intuïtief een vreemd gevoel had gehad bij zowel Hein als Simone. Ze merkt dat ze steeds meer plezier begint te krijgen in het verzamelen van informatie, het nachecken... onderzoeken of haar gevoel juist is.

Ze herinnert zich dat ze Simone was tegengekomen toen ze met Evi ging wandelen en dat haar toen was opgevallen dat de buurvrouw niet veel zin leek te hebben in een praatje.

Ze weet nog dat het gesprek ten einde was gekomen nadat zij Simone had gevraagd waar zij en Hein in Amsterdam hadden gewoond.

Het is haar duidelijk dat het stel zo min mogelijk kwijt wil over de privésituatie. Dat is op zich niet ongewoon. Juist in deze tijd, waarin gegevens gemakkelijk voor handen zijn en slimme algoritmes alles omtrent een persoon kunnen registreren, hebben velen de behoefte om informatie af te schermen en aliassen te gebruiken. Maar iets zegt haar dat er bij Hein en Simone meer speelt. Als ze voor haar werk onderzoek had moeten verrichten, had ze de Basisregistratie Personen kunnen raadplegen, die door de overheid wordt bijgehouden. Een enorme databank, met informatie over miljoenen mensen. Maar daarvoor moet aanvraag worden gedaan en ook wordt bijgehouden wie deze gegevens raadpleegt of wijzigt. Dat gaat hem nu niet worden...

Misschien komt het doordat zij altijd in statistieken denkt dat het haar helemaal niet onwaarschijnlijk voorkomt dat er twee mensen bij haar in de straat niet helemaal zuiver op de graat zouden zijn. Jaarlijks zijn meer dan achthonderdduizend mensen slachtoffer van structureel huiselijk geweld. Maar liefst één procent van alle mannen tussen de zeventien en zeventig schijnt pedofiel te zijn. Gemiddeld komt een Nederlander die tachtig jaar oud wordt, in zijn leven zeker drie moordenaars tegen.

Vaak, als Joyce voorbij de speeltuin loopt, het hart van de wijk, en ziet hoe ouders naar hun kroost staan te kijken, schat ze in dat er hier in het blok een kleine honderdvijftig man woont. Dan duikt onvermijdelijk de vraag van 'wie is wie' op. Waar zijn ze, de alcoholist, de verkrachter, de dief, die bij de zelfscan in de Albert Hein het nodige 'vergeet', degene met losse handjes, de vreemdganger, het koppel met een wietplantage op zolder, de pedo? Ook honderdvijftig op het eerste gezicht keurige mensen vormen onderdeel van het statistische geheel.

Ze zint op mogelijkheden om uit te vogelen of er inderdaad iets niet helemaal in de haak is met Hein en Simone, of dat het puur de verveling en het nutteloze gevoel zijn, die opspelen.

44

Het valt Simone met de dag zwaarder om het geduld op te brengen dat nodig is om tijd te rekken, zodat ze kan besluiten wat ze het beste kan doen.

De vrijgevochtenheid die Hein uitstraalt, wat ze altijd als een van zijn meest aantrekkelijke eigenschappen beschouwde, komt haar nu als blinde eigenwijsheid voor. De arrogantie spreekt uit zijn gezicht, uit zijn hele houding, wanneer hij de kamer binnenkomt. Het maakt dat haar nekharen binnen een seconde overeind schieten.

'Wat is er nou weer?' vraagt hij.

'Hoezo?'

Hij pakt een blikje cola uit de koelkast. 'Je hebt al dagenlang een rothumeur.'

'Vind je het gek?' Ze dempt haar stem. 'Jij wilt er eentje hier uit de straat doen.'

Hij zucht. 'Moet je daar nou dagenlang kwaad over zijn?'

'Ik begrijp niet hoe je je zoiets in je hoofd haalt. Je snapt zelf toch ook wel dat het veel te riskant is?'

'Niet als we het goed doen.'

Simone sluit een moment haar ogen. 'Het kán niet, er zijn te veel ogen hier, je kunt je niet onopgemerkt voortbewegen. Er is altijd wel iemand die toevallig langsloopt of boven uit een raam kijkt en je ziet. Bovendien zal de politie er echt wel achter komen dat jullie elkaar kenden…' Ze kijkt hem veelbetekenend aan.

'Is dat wat je dwarszit? Dat ik met haar heb ge…'

‘Nee, natuurlijk niet, dat weet je best. Ik heb daar geen problemen mee, hoewel ik het ontzettend stom vind dat je van alles en iedereen juist een buurvrouw uitkiest.’

‘Zij koos mij uit. Zíj vroeg of ik…’

Ze wendt zich zuchtend van hem af. ‘Doe jij lekker alsof het een grote grap is, allemaal. Kon je niet bedenken dat dit het laatste is wat je moet doen als je onder de radar wilt blijven?’

Hein staat er half lachend bij, als een puber die een preek krijgt. Ze heeft zin om hem in zijn gezicht te meppen.

‘Rustig nou maar,’ sust hij. ‘Zelfs al zou iemand daarachter komen, wat dan nog? Zij zullen niet verder denken dan dat er twee buren vreemd zijn gegaan.’

‘Geloof je het zelf, als zij is vermoord?’

‘Ik zorg er heus wel voor dat ik geen sporen achterlaat. Met alle respect, Simone, voordat ik jou leerde kennen…’

‘Had je er al een hele rits op je naam staan, ja, het is goed met je. Toen gebruikte je je hersens tenminste nog.’

‘Nou, ik ga wel even naar boven.’ Hein maakt nooit ruzie, maar neemt in plaats daarvan de kuierlatten.

Ze wil hem iets weinig ethisch na snauwen, maar houdt zich in. Ze zou echt niet weten wat er in hem is gevaren. Maandenlang moet ze al machteloos toezien hoe de Hein waarvan zij houdt langzaam maar zeker vervaagt, verdwijnt. De man die overblijft is een vreemde voor haar, iemand die zij niet wíl kennen.

Hij wordt steeds extremer, in alles. Dat obsessieve sporten, het amper meer thuis kunnen zijn en zijn werk laten versloffen, zijn vlucht in avontuurtjes met een andere vrouw… En dan nu het krankzinnige idee om iemand uit hun eigen straat te vermoorden. Niet voor het eerst vraagt ze zich af of hij misschien bezig is langzaam door te draaien, dat zou niet eens zo gek zijn. Hij zou niet de eerste seriemoordenaar zijn die van het padje af raakt.

Ooit heeft zij de groep waar Hein en zij deel van uitmaken opgedeeld in kortweg vier subgroepen.

De eerste groep wordt nooit gepakt.

De tweede groep maakt uiteindelijk een fatale fout en wordt gepakt.

De derde groep draait compleet door en wordt gepakt.

De vierde groep is feitelijk succesvol, maar kan de stress niet handelen en slaat uiteindelijk de hand aan zichzelf óf stuurt het op een arrestatie aan door roekeloos te opereren.

Het heeft er alle schijn van dat Hein zich inmiddels onder de derde of vierde categorie laat scharen. Het is net of hij het ineens spannend vindt om op de vulkaan te dansen, om het randje op te zoeken, alsof hij zich onaantastbaar waant.

Of dat hij erop aanstuurt om gepakt te worden... Ze weet dat Hein evenmin als zij naar de gevangenis wil, maar ze denkt terug aan zijn depressieve buien, nachtmerries en ongewone inzinkingen van de afgelopen tijd en beseft dat het heel goed kan dat hij het gewoon niet meer ziet zitten en – bewust of onbewust – die kant op laveert.

Dat betekent dat zij weg moet.

Hij zal haar met zich meesleuren. Als ze bij hem blijft, eindigt ze zeker in de gevangenis. Ze zorgt ervoor geen geluid te maken als de tranen haar in de ogen springen en ze blikt de kamer rond in een poging zich af te leiden.

In de woonkamer van hun nieuwe huis, waar ze een frisse start zouden maken, dringt het ten volle tot Simone door dat er aan de tien gelukkigste jaren van haar leven een einde is gekomen.

45

Gezeten op een plaid in het Vondelpark geniet Lina van Gregory's opgewekte gezelschap en van het heerlijke eten dat hij heeft meegebracht. Pittig, maar niet té.

Samen hadden ze de metro naar de binnenstad genomen. Ze wisselden muzieknummers uit, vulden hun Spotifylijsten aan. Vanuit de boodschappentas die aan zijn voeten stond, bereikten haar de meest verleidelijke geuren. 'Mijn moeder heeft broodjes gemaakt, met kip en pom.'

Na haar bezoek aan haar oude huis was Lina zo veel mogelijk in het oostelijke deel van de stad gebleven en had ze Amsterdam-Zuid en het centrum gemeden. Nu trof het haar weer vol in het gezicht; de terrassen, de restaurantjes aan het water, de gele en rode rozen rond de voordeuren van de huizen. Samen liepen ze langs de grachten, om de haverklap gepasseerd door de zoveelste sloep met passagiers die aten, dronken en lol maakten.

'Kijk.' Bij een brug wees Gregory haar op het bekende theater in de verte. 'Carré… ben je daar al eens geweest?'

'Een keer, vroeger.'

'Ik nog nooit. Ik heb altijd al eens naar een voorstelling willen gaan.'

Aan de gracht sloten de mensen van de advocatenkantoren en de kunstgalerijen de middag af met een glas wijn op de stoep voor de deur.

Een mix van bitterzoete gevoelens maakte haar ondanks de warmte rillerig.

De zon voegt vrolijkheid toe aan de weerspiegeling van de treurwilgen in het water, verwarmt hun blote voeten op de plaid en voorziet Gregory's opgeheven gezicht van een gezonde, goudachtige gloed.

'Even een shot vitamine D,' zegt hij, terwijl hij zich de warmte laat welgevallen. Hij had haar een pand vlak aan het park laten zien, oud en monumentaal, met twee heuse torentjes.

'Dat huis ga ik later kopen, daar wil ik wonen.'

'Dat is een kantoor,' giechelde ze.

Hij haalde zijn schouders op. 'Dan laat ik het toch verbouwen?'

Lina stelde zich voor hoe het zou zijn om in een van die torenkamertjes te chillen, te werken, of te slapen. 'Ik weet niet of je het mag gebruiken om in te wonen. En ik denk dat je minstens miljonair moet zijn om zo'n pand te kunnen kopen.'

'Dat stond toch al op de planning.'

Ze moest lachen en toen hij met haar meedeed, flapte ze er bijna uit dat ze de kuiltjes in zijn wangen zo leuk vond. Snel riep ze zich in gedachten tot de orde, maar hij maakte het haar in ieder geval gemakkelijk om haar ineenkrimpende maag te negeren.

'Ik wil graag mijn eigen spijkerbroekenlijn beginnen.' Met een tevreden, lome blik kijkt Gregory naar de mensen die hen voorbij joggen. Bij het stalletje verderop worden ijsjes en hotdogs verorberd en pal daarnaast slingeren kinderen als apen aan de laaghangende takken van een boom.

'Dat vind ik wel bij jou passen,' merkt ze op.

'Ik heb mijn ontwerpen al klaar. Een hele lijn van denim items. Nu is het alleen nog sparen en dan ga ik naar Azië om daar een goede leverancier te zoeken. Het moet geen houtje-touwtje zijn, maar echt goede kwaliteit. Dan zet ik er een mooie marge op en verkoop ik die broeken op mijn eigen webshop. Ik promoot het via TikTok en Insta, het wordt booming.'

In haar borst wordt de kilte verjaagd door iets warms en weeks.

'Weet jij al wat je wilt gaan doen?' vraagt Gregory.

Even doet ze heel hard haar best om ter plekke iets te verzinnen, maar geeft het al snel op.

'Nee. Op het moment vind ik het al heel wat als ik kan zorgen dat ik dit jaar overga.'

Hij legt zijn hand even op de hare, zijn duim strijkt over haar huid en is direct daarna weer weg. Ze wenst dat het langer had geduurd.

Aarzelend kijkt ze hem in de ogen. Haar glimlach is doorspekt met ongemak, de zijne ook, ze wendt als eerste haar blik af, hopend dat ze niet van haar gezicht tot aan haar borst rood is geworden.

'Ik vind het knap dat jij dat wél hebt,' brengt ze uit. 'Dat je precies weet wat je wilt.'

'Tja, ik heb altijd een zwak gehad voor mooie kleding, mooie spullen...' Hij krijgt een ingeving. 'Weet je wat ik ook echt supertof vind? Het Rijksmuseum.'

'Ik ook!' bekent ze. 'Ik kwam daar vroeger vaak, met mijn moeder.'

Hij lacht haar stralend toe. 'Heb je anders zin om daar nu heen te gaan?'

'Naar het Rijks?'

'Ja, waarom niet?'

Nu glimlacht zij ook. 'Is goed.'

Toeristen snellen hen voorbij terwijl ze samen door de gangen slenteren.

'Kijk,' zegt Gregory, met een knikje naar een groep kwetterende Engelsen, 'iedereen rent altijd maar als een kip zonder kop door naar boven, naar *De Nachtwacht*. Maar dat is niet de bedoeling.'

'Nee?'

'Nope, die hebben ze expres voor het laatst bewaard. Eerst het gewone schildersvolk, op de begane grond. Daarna de elite, op de eerste en tweede verdieping. En boven de goden onder de kunstenaars, waaronder Rembrandt. Zo wilde de architect dat mensen het Rijksmuseum zouden beleven.'

'Hoe weet jij dat?'

'Dat heeft iemand die hier werkt me verteld.'

Buiten het feit dat zijn liefde voor dit museum haar fascineert, triggert zijn uitleg iets wat binnen in haar lag verborgen; weer een stukje van de film, waarvan ze niet wist dat het nog in haar gedachten lag opgeslagen. Alsof de duivel ermee speelt valt haar oog op een van de schilderijen van Jan Steen.

'Kijk nou eens naar dit schilderij...' Uit haar moeders ogen spreekt meer voldoening dan Lina tot nu toe tijdens hun museumbezoek heeft gezien. 'Wat zie je? Een gezin, met kinderen die de boel op stelten zetten, beesten die eten stelen, overal troep en ouders die niets in de gaten hebben. Een huishouden dat duidelijk niet perfect is en toch ziet iedereen er gelukkig uit.' Lina bekijkt het schilderij nauwkeuriger terwijl haar moeder verder praat. 'We willen allemaal het perfecte plaatje... maar dat kan niet altijd. Het is beter om blij te zijn met wat je hebt.' Haar hand strijkt over Lina's haar. 'Ik vind dat wij het prima doen met z'n tweetjes.'

De hunkering, veroorzaakt door pure heimwee naar wat ooit was, maakt dat haar ogen inmiddels vol tranen staan.

'Ik moet even naar de wc.' Ze wil niet huilen waar Gregory bij is en haast zich weg.

In de toiletruimte bevochtigt ze haar polsen en slapen. Dit is Heins schuld. Door hem doet iedere herinnering aan het verleden haar pijn, zelfs tijdens haar date, die anders perfect zou zijn geweest. In gedachten hoort ze hem weer zeggen dat hij nergens spijt van heeft. Ze wil niets liever dan dat hij pijn heeft, bang is, lijdt, zoals zij nog steeds doet. Maar iedere keer dat ze overweegt om Simone de foto's te sturen, schiet de mogelijkheid door haar hoofd dat Hein zal weten wie hem gefotografeerd heeft. En telkens als ze zich voorstelt dat ze Simone via een anonieme boodschap laat weten dat Hein de dader is in een cold case die nog altijd niet is opgelost, bedenkt ze dat hij zich, na een confrontatie met Simone, zal afvragen wie zijn vrouw na al die jaren dat bericht kan hebben gestuurd. Dat hij zal terugdenken aan het kind dat hij had gezien, en concluderen dat dat meisje van toen nu een tiener moet zijn. Hoelang zal het dan duren voordat hij een en een bij elkaar optelt?

Alles wat ze bedenkt ketst af op de angst dat hij het zal doorzien en haar kwaad zal doen. Ze krijgt hoe langer hoe meer een hekel aan zichzelf omdat ze niet handelt. Omdat ze ondanks de vele jaren die zijn verstreken amper verschilt van de zevenjarige van vroeger, die als verstijfd op de trap stond.

'Zullen we even buiten in de tuin gaan zitten?' vraagt Gregory.

Dankbaar stemt ze in.

In de museumtuin is het rustiger dan in het gebouw. Na even te hebben gewandeld, laten ze zich op een bankje naast een boom zakken. Hier is voornamelijk schaduw, maar af en toe schijnt er een streep licht door de takken en bladeren van de boom, wat het zilver van Gregory's ketting doet schitteren. Het is een mooi sieraad, waarin om de paar centimeter een zwarte steen is verwerkt.

'Zafira heeft een ketting met dezelfde soort steen,' zegt Lina. 'Heeft die een speciale betekenis?'

'Ja, dat is een ograisteen. Die is voor bescherming.'

'Waartegen?'

'Het boze oog. Net zoals Turken het blauwe oog hebben en Marokkanen het Handje van Fatima.'

'Mooi,' zegt ze.

'Thanks… Eigenlijk veel lekkerder hier, hè, met dit weer?'

Een plotselinge golf van genegenheid vermengd met iets anders stroomt door haar heen en spoelt haar somberheid weg. In stilte neemt ze alles van hem in zich op, zijn gezicht, zijn blote armen, het vleugje Armani Code dat ze af en toe ruikt als hij zich beweegt. Als ze durfde, zou ze zich tegen hem aan nestelen en haar gezicht naar hem opheffen, hem woordeloos aanzetten tot een eerste kus.

46

'Doei, Floris.' Met haar tas met daarin de schep en de hark, loopt Joyce terug naar haar auto. Maandenlang had ze de wereld door een behoorlijk zwarte bril bekeken, maar inmiddels zorgt haar vooruitgang voor zoveel lichtpuntjes dat ze weer in staat is om schoonheid om haar heen te zien, zoals het glooien van de begraafplaats in de namiddagzon.

Haar bloemen voor Floris staan vol in bloei en het graf is netjes bijgewerkt. Sinds kort slaapt ze weer een stuk beter en de paniekaanvallen zijn al een tijdje helemaal weggebleven. Even steekt het besef dat de begraafplaats er na zijn sombere winteraanzicht beter uitziet dan ooit en zijzelf ook zienderogen opknapt, terwijl haar vriend nooit meer zal opstaan, nooit meer van een nieuwe lente zal genieten. Maar het is goed dat ze tenminste weer blij kan zijn dat ze leeft, alsof ze hem eindelijk de eer bewijst die hij verdient.

Als ze een halfuur later haar eigen straat in rijdt, ziet ze het meisje dat steeds bij Hein en Simone over de vloer komt net vertrekken. Haar nieuwsgierigheid wordt meteen weer gewekt, want nadat het politiesysteem de nodige vragen rondom Hein en Simone had opgeroepen, had Joyce niet geweten hoe ze aan meer informatie kon komen. Ze was niet aan het werk, het was geen officieel onderzoek, dus de mogelijkheden waren beperkt.

Ze aarzelt even, maar sluit dan de autodeur en kuiert op haar gemak achter het meisje aan, volgt haar de hoek om en constateert dat ze richting de tramhalte loopt. Joyce kijkt toe hoe de tiener op een van de ijzeren bankjes gaat zitten. Deze halte vormt het vertrekpunt van lijn 25 en er zijn op dit moment geen andere mensen te zien. Als Joyce dichterbij komt, ogenschijnlijk druk in de weer met haar telefoon, ruikt ze de weeïge geur van wiet. Het meisje neemt een trek van de joint die ze net heeft aangestoken en let in het geheel niet op haar. Opnieuw valt het Joyce op dat ze er slecht uitziet, bleek en verlept. Als ze die joint niet in haar hand had gehad, zou Joyce zich afvragen of ze misschien aan een of andere ziekte leed. Nu ligt het meer voor de hand dat haar uiterlijk het gevolg is van een ongezonde levensstijl. De wiet vormt een buitenkansje, biedt haar onverwachts de mogelijkheid om haar kleine privéonderzoek voort te zetten.

'Hoi. Politie,' groet ze, terwijl ze haar politiekaart tevoorschijn haalt.

Het meisje zet grote ogen op.

'Je hoeft niet zo te schrikken, maar het is verboden om hier wiet te roken. Dit is een kinderrijke buurt en er geldt een blowverbod voor deze wijk. Bovendien ben je zelf nog minderjarig, toch?'

Het meisje knikt zwijgend.

'Wat is je volledige naam?'

Angst vlamt in de blauwe ogen op en vervolgens is het alsof de luiken dichtgaan. Alle emotie verdwijnt uit het gezicht en het meisje kijkt Joyce met een omfloerste blik aan.

'Lina Hermans,' zegt ze.

'Heb je legitimatie bij je?'

'Ja.' Ze haalt een ID-kaart uit haar zak en Joyce checkt de naam en achternaam.

Dan knikt ze. 'Luister, Lina, ik zal je nu geen bekeuring geven. Maar kan ik er dan van op aan dat je niet meer zult blowen in deze wijk?'

Het meisje is duidelijk verrast en stemt meteen toe.

'Volgens mij heb ik jou wel eerder in de straat gezien,' vervolgt

Joyce luchtig. 'Ben jij de dochter van Hein en Simone?'

Op het bleke gezicht verschijnt nu een rode blos. 'Nee, het zijn... vrienden van me.'

'Ah...' Dat antwoord had Joyce niet verwacht. Voor het spoor beginnen de rode waarschuwingslichten te knipperen en een paar seconden nadat de alarmbellen zijn afgegaan, komt de tram de hoek om gedenderd.

Het meisje staat direct op. 'Ik moet gaan. Dank u wel dat u me geen bekeuring heeft gegeven.'

'Al goed,' mompelt Joyce en ze kijkt toe hoe het meisje, zodra de tram tot stilstand is gekomen, op de knop van de schuifdeuren drukt en naar binnen verdwijnt.

Vrienden... Hoe oud zou dat kind zijn, zestien jaar, hooguit? Welke tiener is zo goed bevriend met twee veertigers dat ze meerdere malen per week bij hen over de vloer komt? Misschien eentje bij wie het thuis niet zo goed gaat, iemand die door bekende volwassenen hulp wordt geboden. Dat zou kunnen. Toch zit iets haar niet helemaal lekker.

Sneller dan tegenwoordig haar gewoonte is, loopt ze terug naar huis. Eenmaal in haar voortuin blijft ze even hijgend voor de deur staan.

Binnen schenkt ze zichzelf een glas water in, dat ze bijna in één keer achterover klokt, en daarna ploft ze aan de eettafel op een stoel.

Terwijl ze haar laptop openvouwt, besluit ze eerst te kijken hoe ver ze komt via de gewone weg. In het zoekscherm van Google typt ze de naam Lina Hermans. Uit de zoekresultaten komt een zakenvrouw uit Helsinki naar voren, een bruinharige verkoopster van Hans Anders en verder draagt LinkedIn nog een aantal vrouwelijke Hermansen aan, maar dat zijn Linda's, geen Lina's. Op Facebook noch Instagram komt de juiste Lina Hermans naar voren en TikTok of Snapchat heeft Joyce zelf niet.

Dan maar weer het politiesysteem, waarvoor ze ook dit keer

een geldige reden heeft, omdat het meisje tegen de regels in een joint had opgestoken in een wijk met een blowverbod.

Joyce was niet bedacht op de waslijst die er uit de zoekmachine rolt. Het meisje blijkt een kind van het systeem, zoals dat wordt genoemd. Met toenemend medelijden en een gevoel van schaamte over het stelsel dat een kind als een bal in een flipperkast door heel Nederland torpedeert, neemt Joyce kennis van de vele plaatsingen. Drieëntwintig in totaal, waaronder een periode in een gesloten instelling, wegens gebrek aan beschikbare plekken. De laatste plaatsing was bij een gezin in Amsterdam-Zuidoost.

Joyce scrolt terug naar boven en zoekt naar informatie over de ouders. Over een vader is niets te lezen, maar de moeder, Alice Hermans, blijkt niet meer te leven. Dat niet alleen, ze is tien jaar geleden door een misdrijf om het leven gebracht.

Nu volledig geïntrigeerd, googelt Joyce Alice Hermans. De vrouw blijkt in haar woning te zijn vermoord en op de lijst van cold cases op politie.nl te staan.

Fronsend tikt Joyce de naam van de website in.

WIE DOODDE ALICE HERMANS? luidt de kop van het bericht naast een foto van een vrouw met donkerblond haar en blauwe ogen. *Op 24 november 2011 trof de politie het levenloze lichaam van Alice in haar huis aan de Prinsengracht in Amsterdam. De veertigjarige bleek door een misdrijf om het leven te zijn gekomen. Zij scheen van de trap gevallen, maar de uiteindelijke doodsoorzaak was wurging. Het is niet duidelijk of er iets uit de woning is meegenomen en er zijn ook geen aanwijzingen gevonden die erop duidden dat de woning was doorzocht. Weet u meer over dit misdrijf met dodelijke afloop, neem dan contact op via een van de tipmogelijkheden.*

Na nul op het rekest te hebben gekregen qua Hein en Simone, is Joyce bijna beduusd van wat ze zojuist heeft gelezen. Op Google geeft het eerste zoekresultaat al aan dat er wel een verdachte was in deze zaak. *Mick ten Napels, vriend van vermoorde Alice Hermans, vrijgesproken wegens gebrek aan bewijs*, zeggen de koppen.

'Jemig,' fluistert Joyce voor zich uit. 'Wat een shitzooi.'

47

'Heb je zin om ergens iets te gaan drinken?' had Evi Hein op straat toegefluisterd. Ze hadden elkaar de laatste tijd vaker getroffen, meestal voor een snelle ontmoeting in de steeg achter haar huis. Het stelde niet veel voor; ze hadden er een soort spel van gemaakt om met hun ogen een teken te geven als ze elkaar op straat tegenkwamen, om vervolgens in de steeg als twee pubers een beetje te zoenen en te frummelen.

Nu had ze er behoefte aan om in zijn gezelschap te zijn, om eens wat langer met hem te praten. Hij stemde toe.

'Om twee uur in Bistro G.P. op het Gelderlandplein,' zei ze, waarna ze snel verder liep.

Thuis had ze zich opgemaakt, iets leuks aangetrokken en haar favoriete parfum opgedaan. Ze wilde er niet te veel werk van maken, maar was vastbesloten te zorgen dat het uitzicht hem zou bevallen wanneer hij tegenover haar aan een tafel zat. In de auto onderweg naar Buitenveldert komt de gedachte bij haar op dat de verwachtingvolle spanning die ze voelt niet louter aan Hein valt toe te schrijven. Er zal niet veel zijn dat een mens een levendiger gevoel bezorgt dan een clandestiene daad, hoe klein ook. Het verwerpen van regels en voorschriften en precies het tegenovergestelde doen, heeft een verademend én een verslavend effect. Een ogenblik lang bezorgt deze gedachte haar een wrang gevoel, omdat zij eigenlijk veel liever tevreden zou zijn met het normale. Omdat haar uitspattingen haar problemen niet oplossen, haar leven niet beter maken. Ze neemt de afslag naar het Gelderland Plein en besluit om gewoon te genieten van het moment. Per slot van rekening zullen ze vandaag alleen maar samen lunchen.

Op het terras zijn nog tafels vrij en normaal gesproken zou Evi daar hebben plaatsgenomen. Nu lijkt het haar beter om binnen te gaan zitten. Door het mooie weer is het daar lekker rustig, wat haar goed uitkomt. Niet dat iemand er direct iets van zou denken als ze met Hein op een terras werd gezien, maar toch wil ze zich liever niet aan eventuele bekende blikken blootstellen.

Een serveerster vraagt haar of ze alvast iets te drinken had gewild en ze bestelt een verse jus.

'Kijk eens.' Met een opgewekte glimlach wordt het drankje enkele minuten later voor haar neus gezet en dankbaar bevochtigt Evi haar droge mond en lippen met het koele vruchtensap. Dan ziet ze Hein binnenkomen. Ze wil haar hand opheffen om te zwaaien, maar hij loopt zonder te hoeven zoeken in een rechte lijn door naar haar tafeltje. Ze merkt dat twee vrouwen aan een tafel schuin tegenover haar vluchtig opkijken en dat de serveerster hem hartelijker begroet dan ze zo-even bij háár had gedaan. Het feit dat hij andere vrouwen ook niet onberoerd laat, verzacht haar schuldgevoel een beetje en ze vraagt zich ineens af hoe vaak hij eigenlijk met dit bijltje heeft gehakt. Zouden er meerdere vrouwen zijn buiten Simone die hij zo nu en dan opzoekt?

'Had je me al gezien?' vraagt ze. 'Ik zit zo verborgen in deze hoek.'

'Je wilde hier afspreken, in plaats van ergens dicht bij huis. Ik had je niet buiten op het terras verwacht,' zegt hij droog.

Evi wenkt de serveerster. Ze heeft ineens toch meer zin in een wijntje. Hein bestelt bier.

'Dus je dacht: laten we nu eens met elkaar praten,' glimlacht hij.

Ze haat het dat ze zich steeds op een of andere manier in verlegenheid laat brengen, als de eerste de beste bakvis.

'Inderdaad. Ik wilde weleens weten met wie ik het nou precies heb gedaan.'

De glimlach wordt een grijns. 'Vind je dat niet riskant? Zo afspreken, met de kans dat iemand ons ziet? Buitenveldert is niet bepaald de andere kant van het land.'

'Dat is waar, maar...'

'Ergens vind je het wel leuk, die spanning.'

'Vind jij dat dan niet?' vraagt zij op haar beurt. 'Dat het feit dat het geheim is ervoor zorgt dat...'

'Ik spreek niet in het geheim met je af.'

Ze valt een moment stil. 'Weet je vrouw ervan?'

'Ja. Die heeft er geen probleem mee.'

Evi denkt terug aan haar ontmoeting met Simone, toen Joyce een kennismaking forceerde, in de hoop Evi's zin in nog een rendez-vous met Hein voor eens en voor altijd in te dammen. Hij heeft het zijn vrouw gewoon verteld. Geen probleem mee, ammehoela... Joyce had gelijk gehad, dat Simone niet op hen zat te wachten. Niet omdat ze geen praatje wilde maken, maar omdat ze geen zin had in een gezellige kennismaking met iemand die met haar vent in bed had gelegen.

'Nou hoef je niet zo rood te worden.' Hein lijkt het komisch te vinden.

Het liefst zou ze opstaan en weglopen.

Hein legt zijn hand op die van haar. 'Je hoeft je niet ongemakkelijk te voelen, Evi. Waarom denk je dat ik niet monogaam ben? Om precies dezelfde reden als dat jij hier nu zit. Ik hou er ook van als het een beetje spannend blijft.'

'En dit... werkt voor jullie?'

Hij knikt. 'Simone is niet jaloers aangelegd.'

Ze moet even schakelen. Ze wilde hem graag wat beter leren kennen. Ze heeft haar zin gekregen. Dropt er even eentje een bom.

‘Wilde je nog meer weten?’

Ze schiet half in de lach. ‘Je hebt het meest sensationele al weggegeven, maar ja, eigenlijk wel. Er is nog zoveel dat ik wil weten.’

‘O ja?’

‘Zoals wat voor werk je doet, wat je hobby’s zijn, wat je lievelingsgerecht is. Ik ben gewoon nieuwsgierig naar jou.’ Ze is alweer over de eerste schok heen. ‘Dus vertel, wat doen je ouders?’

Hij gniffelt. ‘Mijn vader doet al jaren niet zoveel meer. Hij zit in een verzorgingstehuis. Dementie.’

‘Ach…’

‘En mijn moeder, ik zou het niet weten. Ze reist het liefst fulltime, dus die zou overal ter wereld kunnen zitten.’

‘Hebben jullie geen contact?’

‘Ik heb nooit veel contact met haar gehad. Ze is van het type carrière-voor-alles. Ik heb haar mijn hele jeugd amper gezien en later verwaterde het contact helemaal.’

Evi denkt aan Thijs en aan Luuk en Sophie.

‘Maar genoeg zware kost,’ zegt Hein monter. ‘Mensen zouden niet meteen diep moeten gaan in het begin, dat schrikt af.’

‘Nee, het is beter om gewoon lekker te gaan seksen, dat houdt het luchtig.’

De lachrimpeltjes naast zijn ogen verdiepen zich. ‘Je vroeg wat ik graag eet. Ik ben dol op carpaccio. Als we nou eens een lunch bestellen. En het over jou gaan hebben.’

Evi neemt de lunchkaart aan die hij haar aanreikt. ‘Ik vrees dat ik een stuk burgerlijker ben. Ik ben freelance marketingspecialist, ben getrouwd, heb twee kinderen…’

‘En je hebt nooit eerder een scheve schaats gereden?’

‘Nee.’

‘Nooit eens uit de band gesprongen? Gestolen?’

Ze grijnst. ‘Snoep uit een winkel, toen ik acht was.’

‘Dat telt niet. Seks gehad op een hele foute plek?’

‘Zelfs dat niet. Ik ben altijd bang dat ik word gefilmd en op dumpert.nl beland.’

Hij lacht hoofdschuddend.

‘Al heb ik het altijd al eens in de natuur willen doen.’

Zijn blik lijkt zich meer te fixeren, alsof ze nu pas zijn volledige aandacht heeft. ‘Het is niet zo moeilijk om plekken op te zoeken waar niemand je zal fotograferen of filmen, waar niemand anders komt.’

Ze voelt dat ze het warmer krijgt en doet met haar ogen zo onverschillig mogelijk een rondje door het vertrek, om er zeker van te zijn dat er niemand op haar let. Wanneer ze zich weer op Hein richt, kijkt hij haar strak aan en vraagt: ‘Zou je de volgende keer in de natuur willen afspreken? Op een afgelegen plek waar beslist niemand langs zal lopen?’

Ze negeert de schok in haar buik en knikt lichtjes.

Zijn mondhoeken plooien zich in een glimlach. ‘Dan doen we dat.’

48

Het valt Simone zwaar om zich op haar werk te concentreren, ook al is het heerlijk rustig en wordt de stilte in de woonkamer alleen af en toe onderbroken door het gesnurk van Jack.

Hein was gaan lunchen met de buurvrouw die sinds kort de aanleiding vormt van hun onderlinge ruzies ('ja, alleen lunchen, Moon, in een openbare tent, maak je niet druk...') en daarna was hij in zijn eentje de stad in gegaan. De laatste tijd maakt ze zich alleen nog maar zorgen of hij niks stoms zal doen op de momenten dat hij de hort op is. Nu eenmaal tot haar is doorgedrongen dat ze weg moet, is het belangrijk dat ze de juiste voorbereidingen treft.

Er bestaat immers een groot risico dat Hein haar zal zoeken, vinden en... Bij die gedachte is er altijd een deel van haar dat schampert dat ze niet zo gek moet doen. Hein houdt van haar, hij zal haar nooit kwaad willen doen. Een ander deel houdt vol dat ze het zich niet kan veroorloven om naïef te zijn. Dat hij niet de rest van zijn verdere leven het risico zal willen lopen dat zij ooit zal gaan praten. Hij zal geen losse eindjes willen.

Ze schrikt op van het geluid van hun algemene telefoon. Zij en Hein geven bijna nooit iemand hun privénummers. Voor klanten en instanties maken ze gebruik van een aparte mobiele telefoon die – lang leve VPN – niet aan hun adres is gekoppeld.

Simone neemt op.

'Goedemiddag, met Debbie van de Zonnehoek,' klinkt een vrouwenstem. 'Ik ben op zoek naar Hein.'

'Die is op het moment niet thuis. Kan ik iets doorgeven?'

‘Ja, ik bel in verband met zijn vader… Heeft u enig idee wanneer hij weer thuis zal zijn?’

Hein had haar ooit verteld dat zijn vader dement was en in een verzorgingstehuis woonde. Voor zover zij weet, bezoekt hij hem vrijwel nooit.

‘Ehm, hij zal ergens vanmiddag thuiskomen, ik kan u geen exact tijdstip geven, maar als het dringend is kan ik hem bellen. Is er iets gebeurd?’

‘U bent zijn vrouw, of…’

‘Dat klopt,’ zegt Simone.

Een korte stilte aan de andere kant van de lijn. ‘Zijn vader is helaas overleden, mevrouw.’

Ergens vermoedde ze al zoiets.

‘Ah,’ brengt ze uit.

‘Vanzelfsprekend nemen wij in geval van overlijden contact op met de naaste familie…’ De vrouw van het verzorgingstehuis klinkt verontschuldigend. ‘Maar het is beter om zulk nieuws te horen van iemand die dicht bij je staat en niet van een vreemde.’

‘Nee, natuurlijk, geen probleem, ik zal het hem vertellen,’ antwoordt Simone. ‘Is zijn vrouw al op de hoogte gesteld, of is het de bedoeling dat mijn man dat doet?’

Weer een stilte.

‘De vrouw van meneer De Jong is al heel lang geleden overleden.’

Simone voelt zich verstarren. ‘Natuurlijk, sorry… Mijn man had het nooit over zijn moeder, maar hij heeft me wel ooit verteld dat ze er niet meer was. Ik… dacht even niet goed na.’

De vrouw maakt een begrijpend geluidje. ‘Maakt niet uit. U gecondoleerd en heel veel sterkte. Is het goed als wij het dan later in de middag nog even proberen?’

‘Zeker.’ Met de telefoon tegen haar oor geklemd laat Simone zich op een stoel zakken. ‘Dank u wel voor het bellen. Ik zal het doorgeven aan mijn man. Later in de middag contact opnemen is inderdaad het beste.’

Nadat ze heeft opgehangen, blijft ze stil op haar stoel zitten, terwijl het binnen in haar raast en kolkt.

Hein had verteld dat zijn moeder zich vroeger al realiseerde dat het niet goed zat met haar zoon en dat ze daar niet mee om kon gaan. En dat zij een globetrotter is, die elk jaar wel ergens anders in het buitenland zit. Dat laatste blijkt dus niet waar te zijn. Ze reist momenteel niet de wereld rond, ze ligt al een hele tijd onder de groene zoden. Waarom zou hij zijn moeders dood voor haar verborgen willen houden?

Natuurlijk heeft Simone wel een sterk vermoeden, waardoor ze ook kan begrijpen dat Hein hierover heeft gelogen. Zelfs het schuim der aarde kent verschillende gradaties. De kindermoordenaar kan in de gevangenis niet tussen 'gewone' moordenaars worden gezet, want dan wordt ie binnen de kortste keren afgemaakt. En Simone, die zelf bepaald niet zuiver op de graat is, huivert bij het idee dat iemand moedwillig zijn eigen móéder… Een man die in staat is om dat te doen, kun je bijna geen mens meer noemen.

Hein moet zich hebben gerealiseerd dat er voor Simone wel degelijk grenzen bestaan en daarom heeft hij haar de waarheid niet verteld. En misschien besefte hij ook wel dat Simone, als ze het wél zou hebben geweten, vast en zeker het volgende in haar achterhoofd zou hebben gehouden: als iemand zo ver kan gaan om zijn moeder te vermoorden, dan zou hij ongetwijfeld hetzelfde met zijn vrouw kunnen doen.

Iets anders schiet haar te binnen, dat haar meteen opviel tijdens het gesprek met dat mens van het verzorgingstehuis. 'De vrouw van meneer De Jong is al heel lang geleden overleden,' had zij gezegd. Simone verkeerde altijd in de veronderstelling dat Heins echte achternaam Van Dam was. Dat is de naam die in zijn paspoort staat en die bij officiële instanties bekend is. Het kan zijn dat Hein de achternaam van zijn moeder draagt, dat zij Van Dam heet. Heette.

Maar waarschijnlijker is het dat hij ooit een nieuwe achternaam heeft aangenomen, om moeilijker vindbaar te worden in de systemen. En om los te komen van het verleden...

Als hij al ooit Hein de Jong is geweest, bestaat die persoon officieel niet meer. Het vergt diepgaand onderzoek om hem in verband te brengen met de persoon Hein van Dam. Is zijn voornaam eigenlijk wel Hein? Daar had zij vroeger nog lol om gehad, een moordenaar die zo heette.

''t Is dat je niet mager bent...' had ze gegrapt.

Nu heeft het er alle schijn van dat dit helemaal geen toeval was, maar gewoon een voorbeeld van Heins zwartgallige humor, net zoals het vernoemen van hun hond naar zijn alias op het dark web.

Het kippenvel prikt, alsof haar huid zich veel te strak aanspant. Ze kent deze man helemaal niet.

Van één ding is ze nu wel overtuigd: als Hein straks doorkrijgt dat Simone óók niet meer met hem kan leven, zich van hem af wil keren, is het heel aannemelijk dat zij straks de volgende in de reeks wordt.

Ze snakt ineens naar frisse lucht en staat op, grist in de hal haar jas van de kapstok en pakt de plastic tas met lege flessen, die ze op de deurmat had gezet om weg te gooien.

De buitenlucht doet haar deels goed, want ze had het benauwd gekregen, maar de hoofdpijn die is komen opzetten laat zich niet verjagen. Wat moet ze nou als Hein straks thuiskomt?

Ze zal hem moeten vertellen dat zijn vader is overleden en medeleven tonen, terwijl ze weet dat ze hem nu amper in haar buurt zal kunnen verdragen.

Ze wordt zo in beslag genomen door haar gedachten dat ze de buurvrouw pas ziet als ze zelf al bij de glasbak staat. De vrouw gooit net wat opgevouwen karton weg, in de papierbak ernaast, en draait zich dan naar haar om. Het is niet die buurvrouw op wiens leven Hein het heeft voorzien, maar haar vriendin. Joyce was het, als Simone het zich goed herinnert.

‘Hi,’ zegt de buurvrouw. ‘Alles goed?’

‘Ja…’ Simone hoort zelf dat haar stem enkele octaven hoger klinkt dan normaal. ‘Het gaat z’n gangetje. En met jou?’

‘Ja, goed hoor.’ Haar glimlach is open en vriendelijk. Dit is zo’n vrouw die door de meesten automatisch aardig zal worden gevonden en in Simones ervaring zijn deze mensen juist het minst te vertrouwen. Het is een belangrijke les die ze in haar studententijd heeft geleerd, toen ze nog dagelijks met vele groepen mensen tegelijk te maken had. Wanneer het erop aankwam, bleken veel krengerige types verrassend principieel en hulpvaardig, terwijl de zoete, lieve lieden het vaakst verstek lieten gaan en anderen nogal eens het spreekwoordelijke mes in de rug staken.

‘O ja, dat vroeg ik me nog af…’ vervolgt de buurvrouw, ‘hebben jullie ook een dochter?’

‘Nee,’ antwoordt Simone.

‘O. Ik zie hier vaak een tienermeisje in de straat van wie ik dacht dat ze bij jullie hoorde. Donkerblond haar, blauwe ogen…’

‘Dat is onze hulp. Zij maakt twee dagen per week schoon bij ons.’

‘Ah, vandaar. Ik dacht al, volgens mij had je de vorige keer niet gezegd dat je een kind had, dus…’ Joyce haalt glimlachend haar schouders op. ‘En voor ik het vergeet: ik organiseer een buurtfeest samen met Evi, mijn vriendin met wie ik je de vorige keer was tegengekomen. Dat is op 30 juni. We zouden het leuk vinden als jullie ook kwamen.’

Terwijl ze het zegt komt er een idee bij Simone op, zo helder en duidelijk alsof haar onderbewustzijn dit allang heeft uitgedacht en alleen nog maar wachtte op het moment waarop Simone er klaar voor zou zijn. Hein wil een moord plegen en dat kan verkeerd gaan, net zoals de laatste keer bijna was gebeurd. Hij kan worden betrapt, gearresteerd. Als dat gebeurt, zal hij verwáchten dat zij verdwijnt.

Razendsnel schieten de mogelijkheden door haar hoofd. Zij

hoeft tegenover hem alleen maar het spelletje mee te spelen. Een buurtfeest zou haar de perfecte dekmantel verschaffen.

'30 juni?' herhaalt ze.

De buurvrouw knikt.

'Volgens mij kunnen wij dan wel.'

'Ik kan je toevoegen aan de buurtapp,' stelt Joyce voor. 'Dan kan je laten weten of het gaat lukken en blijven jullie ook gelijk op de hoogte van alle andere spannende dingen die hier gebeuren.' Ze knipoogt.

Dat moet dan maar, Simone zal wel een ander nummer aanvragen wanneer dit allemaal achter de rug is. 'Ja, dat is goed. Zo'n buurt als deze, ik ben benieuwd...' Die vrouw moest eens weten wat hier zoal wordt bekokstoofd.

Joyce pakt haar telefoon erbij en typt Simones naam in. 'Wat is je achternaam?'

'Koster.'

Nadat ze dat genoteerd heeft, voegt Joyce het nummer toe dat Simone opnoemt. 'Er hebben zich al veel buren aangemeld voor het feest,' zegt ze, als ze haar telefoon terug in haar jaszak stopt.

'Mooi.' Simone glimlacht haar Mona Lisa-glimlach. *Hoe meer zielen, hoe meer vreugd.*

49

Terwijl Joyce thuis haar gympen uitdoet en onder de kapstok zet, blijven de bruine ogen van Simone op haar netvlies verschijnen. Er is iets met die vrouw en het is niet alleen dat maskergezicht. Bij veel mensen kijk je recht in hun ziel, bij anderen kaatst je blik op een masker af. Dat is zeker niets ongewoons en de buurvrouw had zich ook niet raar gedragen. Sterker nog, ze had ingestemd om op het feest te komen, had haar telefoonnummer gegeven en vriendelijk gedaan… en toch wás er iets met haar.

Dat meisje, Lina, had gezegd dat Simone en Hein vrienden van haar waren. Volgens Simone was ze de huishoudelijke hulp. Wie van de twee heeft gelogen? En waarom zouden ze daar überhaupt over liegen?

Joyce denkt terug aan het stuk over de cold case. De moeder, die bruut en onverwacht uit het leven was gerukt. Haar vriend was als enige verdachte aangemerkt, maar was later vrijgesproken wegens gebrek aan bewijs. Mocht ze ooit vragen krijgen, dan zou Joyce nog wel kunnen uitleggen dat ze Mick ten Napels had opgezocht in het politiesysteem in verband met een zwaar misdrijf, dat jaren geleden had plaatsgevonden. Niemand zou daar een probleem van maken en nadat ze had ontdekt wat er met Lina's moeder was gebeurd, was ze te nieuwsgierig geweest om het niet te doen.

Mick bleek beslist geen lieverdje. Hij had meerdere antecedenten achter zijn naam staan, de meeste druggerelateerd. Hij was ook drie keer aangehouden vanwege een geweldsincident.

Waarschijnlijk heeft hij die vrouw gewoon vermoord en is er daarom nooit iemand anders als verdachte aangemerkt, had Joyce bij zichzelf gedacht. Wat een indruk moest dat Lina geven, dat degene die hoogstwaarschijnlijk verantwoordelijk was voor de dood van haar moeder geen gevangenisstraf had gekregen maar vrij rondliep, terwijl zij zelf in een gesloten instelling was geplaatst?

Vermoedelijk was ze na het verlies van haar veilige haven en al die verschillende thuisadressen totaal onthecht, voelde ze zich nergens meer op haar plek. Het kind is als oud vuil behandeld.

Het zijn vrienden van me. Ook Lina had een maskergezicht, maar zij is nog maar een tiener. Jong en kwetsbaar. Joyce heeft sterk haar twijfels bij het 'huishoudelijke hulp'-verhaal van Simone. Als Lina bij een gezin in Amsterdam-Zuidoost woont, waarom zou ze dan helemaal hier komen schoonmaken?

Waarom ziet ze er altijd zo bleek en uitgeblust uit? Waarom hebben Simone en Hein een naamplaatje op hun deur dat niet klopt? Ze heeft echt een unheimisch gevoel bij die twee en ze hoopt maar dat dit, als het gegrond is, losstaat van het meisje. Dat er daar op nummer 64 geen dingen met haar gebeuren die niet in de haak zijn.

Ondanks haar onderbuikgevoel is er niets dat Joyce op dit moment kan doen. Ze heeft geen enkele feitelijke beschuldiging, loopt maar een beetje te gissen. Lina kan inderdaad twee dagen per week schoonmaken. En een andere naam op het bordje bij de deur is niet strafbaar, al zou je er Familie Flodder op zetten.

50

Het is voor het eerst dat Lina bij Zafira thuis komt. In de tweekamerflat die haar vriendin met haar moeder deelt, ontberen de ramen gordijnen en de peertjes lampenkappen. Het behang is gescheurd en over de bank ligt een plastic zeil. Zafira's moeder staat te koken en de ruimte is vervuld van zalige geuren.

'Mama, dit is Lina,' zegt Zafira, nadat ze haar moeder heeft omhelsd.

'Ik ben Maureen. Leuk dat je bent gekomen,' glimlacht de vrouw hartelijk. 'Je woont hier nog niet zo lang, toch?'

'Nee, dat klopt. Bijna drie maanden nu.'

'Waar woonde je hiervoor?'

'In Groningen.'

'Zo, dat is een eind weg.'

Lina knikt.

'Ma, is het goed als wij in de slaapkamer gaan chillen?' vraagt Zafira.

'Tuurlijk. Willen jullie wat drinken?' Maureen opent de koelkast. 'Er is cola, stroop, of Fernandez.'

'Stroop?' vraagt Lina.

Zafira haalt een kan uit het vak in de deur, gevuld met een bleekroze vloeistof. 'Het is een soort limonade, wij noemen het stroop. Anders probeer je een glaasje, het is lekker.'

Na Lina's instemmen schenkt Zafira twee glazen vol.

In de enige slaapkamer die de flat rijk is, staan een tweepersoonsbed en een bureau met een computer. 'Het is erg klein, ik weet het,' zegt Zafira. 'Maar we moeten het ermee doen.'

'Je hoeft je tegenover mij niet te schamen, hoor.' De zoete maar frisse smaak van de stroop doet Lina beseffen dat ze dorst had. 'Ik heb in veel pleeggezinnen gewoond en ik had meestal ook geen eigen kamer.'

Zafira's bruine ogen weerspiegelen duidelijk haar opluchting. Misschien is het daarom, dat ze Lina niet eerder thuis had gevraagd. Zelf neemt ze nooit mensen mee naar huis, omdat geen plek waar ze ooit werd geplaatst voldoende 'eigen' is gaan voelen om dat te doen.

Op de computer surft Zafira naar YouTube om een liedje van Broederliefde op te zetten.

'Je ziet er vaak nogal moe uit, Lina,' zegt ze bijna terloops. 'Slaap je slecht?'

'Ja.'

Tegenwoordig mijdt Lina spiegels zoveel ze kan. Het is een wonder dat Gregory haar nog belt, zoals ze er nu uitziet. Ze beantwoordt zijn telefoontjes niet, ze schaamt zich voor zichzelf en heeft bovendien te veel aan haar hoofd.

'Heb je problemen thuis?' vraagt Zafira.

'Niet echt, maar je weet wel... gewoon stress.'

'Ja, ik ken het.' Haar vriendin gaat naar de badkamer en komt terug met een make-uptasje. 'Ik heb een hele goede concealer voor elk huidtype, daar werk ik altijd mijn wallen mee weg.'

Ze doet een beetje bij Lina op en houdt haar een spiegeltje voor.

'Ik kan ook je haren doen als je wilt?'

'Ja, is goed.' De ongedwongen hulp van Zafira voelt eigenlijk wel prettig, verzachtend als het ware.

'Ik heb ook slecht geslapen. M'n ma is gisteren beroofd.'

Lina schrikt op. 'Wat?'

'Ze was van het werk onderweg naar huis en twee van die tering-gastjes trekken een mes en zeggen dat ze haar tas moet geven.'

'Wat erg...' Lina zou het nooit hebben gedacht, omdat de moeder van Zafira er net zo relaxed uitzag. 'Heeft ze aangifte gedaan?'

'Ja, maar ze verwacht er niet veel van. Die dingen gebeuren zo vaak. De politie doet niet veel.'

'Nee, dat is waar...' Even denkt Lina weer aan de agente die haar had betrapt toen ze bij de tramhalte in Amstelveen zat te blowen. Die vrouw was wel oké geweest, ze had haar geen bekeuring gegeven. Ze dacht dat ze de dochter was van Hein en Simone. Lina had maar gezegd dat zij vrienden van haar waren, want als ze vertelde dat ze schoonmaakwerk bij hen deed, zou de agente misschien doorvragen. Ze had geen zin in gezeik omdat ze zwart werkte.

'En als die jongens wel worden gepakt, heb je er eigenlijk nog niks aan. Dan mogen ze naar bureau Halt ofzo. Een paar middagjes afval prikken op straat.' Zafira haalt mascara en blush tevoorschijn en ratelt bij het aanbrengen maar door over dat in Nederland sowieso absurd lage straffen worden gegeven. Dat is in andere landen, zoals Amerika, wel anders, maar ze zou toch niet in een ander land willen wonen. Zeker niet in Amerika.

'Ik vind het zo erg voor je moeder,' zegt Lina.

Haar vriendin haalt haar schouders op. 'Ik ook. Maar gelukkig hebben ze haar verder niet aangeraakt. Het is wat het is.'

Lina's haar wordt rond haar hoofd een stukje ingevlochten en de rest laat Zafira in golven op Lina's schouders hangen.

'Zo...' Ze inspecteert het resultaat van haar werk. 'Nu ben je net die vrouw uit *Vikings*.'

Lina bekijkt haar spiegelbeeld. Ze heeft die serie nooit gezien, maar ze kan zich niet voorstellen dat de vrouw over wie Zafira het heeft zo uit haar ogen zou kijken als zij nu doet. Snel glimlacht ze, ter compensatie. 'Thanks, Zafira. Het is echt mooi.'

Het is nog lang geen etenstijd als Lina het huis van haar vriendin verlaat, maar ze heeft er behoefte aan om haar hoofd leeg te maken. Zoals gewoonlijk stapt ze daarom op de metro. Ze vindt het prettig om op een plekje bij het raam toe te kijken hoe de buitenwereld aan haar voorbijglijdt.

Bij het zien van haar reflectie in de rechthoekige ramen van de schuifdeuren, gaat ze met haar hand over haar ingevlochten haar. Haar gedachten gaan terug naar Zafira en haar moeder en zodra ze een plekje heeft bemachtigd, pakt ze haar telefoon en typt ze op Google de woorden 'lage straffen Nederland' in.

Lage straffen leiden tot meer misdaad… Welke maatregelen kent het Nederlandse recht? … Belachelijk lage straffen voor jonge criminelen… Verkrachters worden zelden vervolgd…

Ze klikt op de site met informatie over straffen voor jonge criminelen. Volgens Zafira en de schrijvers van deze artikelen mag Nederland wat dit soort dingen betreft een lachertje zijn, maar zelf heeft Lina daar altijd het hare van gedacht. Zij heeft het Nederlandse rechtssysteem tien jaar lang aan den lijve ondervonden en weet hoe meedogenloos het een mens, vooral een jong mens, kan vormen.

Iemand die jonger is dan twaalf jaar, kan niet worden gestraft. Voor daders van twaalf tot en met vijftien jaar geldt een maximale celstraf van één jaar. Voor zestien- en zeventienjarigen is dat twee jaar.

Nu ze het zo leest, lijkt dat inderdaad belachelijk weinig.

Ze denkt aan Hein. Aan de foto's van hem en de buurvrouw, de gesprekken met hem, haar angst en bij tijd en wijle de vlinders in haar buik. Het is onverteerbaar dat hij zulke gevoelens bij haar kan opwekken en ze heeft zich meerdere malen afgevraagd of ze nog wel goed bij haar hoofd is.

Ze zal moeten stoppen met het werk in Amstelveen. Als ze die foto's niet aan Simone durft te laten zien en haar ook niet van Heins duistere verleden op de hoogte wil brengen, moet ze haar verlies nemen en ermee kappen. Alleen maakt die gedachte haar hondsberoerd.

De wetenschap dat hij gewoon verder zal leven, ongestraft en zo vrij als een vogeltje, is als een zuur dat haar vanbinnen verschroeit.

Het zal zijn alsof er niets is gebeurd. Wat Hein haar en haar moeder heeft aangedaan, de liefdevolle band die hij heeft verbroken, is iets van vele jaren geleden waar niemand ooit nog aan denkt.

Met opeengeklemde kiezen concentreert ze zich weer op het artikel. Een gedachte, eigenlijk meer een wens, komt in haar op, en niet voor het eerst. Meer dan eens heeft ze zich voorgesteld dat ze hem doodmaakte, maar die hersenspinsels heeft ze nooit serieus genomen. Nu schiet de zinsnede van de maximumstraffen voor zeventienjarigen weer door haar hoofd.

Heel even staat ze zich toe om te bedenken hoe het zou zijn als hij er niet meer was.

Als zij hem vermoordt, zal ze dus maximaal twee jaar vast komen te zitten. Terwijl ze die gedachte op zich laat inwerken, lijkt het een bijna lachwekkend goede deal.

Na die paar jaar zal het klaar zijn, dan zal ze vrij zijn. Uit de gevangenis, maar ook vrij van de kwellende mogelijkheid dat hij nog lang en gelukkig zal leven. Verlost van het schuldgevoel over haar eigen passiviteit.

Zij heeft al eerder opgesloten gezeten en dat overleefd… Als het voorbij is, zal ze voor de zoveelste keer in haar leven opnieuw kunnen beginnen, maar ditmaal zonder dat het verleden in de weg zit.

In de paar seconden waarin haar brein zich volledig overgeeft aan dat idee, kan ze dat nieuwe leven daadwerkelijk voor zich zien, als een onbezoedelde replica van de huidige situatie. School, werk, chillen, vrienden, Vondelpark, liefde. Zorgeloos.

Ruim anderhalf uur zijn voorbijgegaan als ze met de nodige tegenzin aan de terugreis richting Zuidoost begint. Vlak bij Station Sloterdijk komt het spoorviaduct in zicht dat altijd een glimlach aan haar ontlokt. De tram gaat er razendsnel voorbij, maar toch langzaam genoeg om de met witte verf aangebrachte letters te zien die (al meer dan veertig jaar, ze had het uit nieuwsgierigheid opgezocht op internet) de betonnen rand sieren. *Git, ik houd zoveel van je, Erik.*

Altijd als die tekst aan haar voorbij zoeft, fantaseert ze dat Erik en Git, die misschien wel Birgit, of Brigitte heet, nog steeds bij elkaar zijn en dat ze met hun twee kinderen, die dan waarschijnlijk al iets ouder zijn dan Lina, nog altijd hier in de buurt wonen. Dat Git vroeger 's ochtends hun lunchtrommeltjes vulde terwijl zij tv-keken en dat ze in de weekenden nog vaak met z'n vieren langs de grachten wandelen.

Station Rai… Van der Madeweg… Station Duivendrecht… Station Bijlmer Arena.

Het denkbeeldige Amsterdamse gezin vervaagt en wordt weer vervangen door de gedachte aan Hein. Tien jaar geleden is hij iets begonnen en als een of andere zieke grap van het universum hebben hun levens elkaar weer gekruist. Misschien moet het gewoon zo zijn dat zij deze cirkel rondmaakt.

51

Hein maakt een uitgelaten, relaxte indruk en heeft overduidelijk een leuke middag gehad.

'Was het gezellig?' vraagt Simone.

'Ja, eigenlijk wel,' zegt hij. 'We hebben geluncht op het Gelderland Plein en daarna ben ik nog even naar de binnenstad gereden en heb ik wat door de Jordaan gelopen. Toch doodzonde dat we ooit uit de stad zijn weggegaan, Moon.'

'Ja… Hein, ga even zitten. Ik moet je wat vertellen.'

Hij knippert verrast met zijn ogen. 'Zeg het me nu maar. Ik zak heus niet door m'n hoeven.'

'We zijn gebeld door het verzorgingstehuis van je vader. Hij is helaas overleden.'

Ze kijkt toe hoe hij uitademt en zijn schouders weer iets ontspant.

'Jezus,' mompelt hij. 'Verdomme… maar het zat eraan te komen. En het is waarschijnlijk maar beter zo.'

Omdat het zo hoort, komt ze dichterbij en omhelst hem. Hij slaat zijn armen om haar heen en ze heeft het gevoel dat hij het net zo goed voor de vorm doet. Eigenlijk lijkt hij wel opgelucht.

'Wil je een borrel?' vraagt ze.

'Ja, doe maar.'

'Er zal een uitvaart georganiseerd moeten worden.' Simone pakt twee glazen uit de kast.

Hein is aan tafel gaan zitten, zijn kin in zijn handen. 'Ik zal het morgen allemaal uitzoeken. Er moet nog wel meer worden geregeld. Trouwens, een uitvaart… Het zal eerder een kort afscheid in een kamer worden. De man had geen familie en vrienden meer.'

'En je moeder? Die moet ook op de hoogte worden gesteld.'

'Ja, doe ik. Al betwijfel ik of zij hiervoor naar Nederland zal komen. Zij is hem nooit komen bezoeken in het verzorgingshuis.'

'Hmm.'

'Is er iets?' vraagt hij, terwijl hij een van zijn slapen masseert met zijn duim.

'Nee, maar ik vind het gewoon zo… koud allemaal. Zo triest.'

Hij haalt lichtjes zijn schouders op. 'Zo gaan die dingen.'

Simone zet twee glazen op tafel, bier voor Hein en wijn voor zichzelf. Dan laat ze haar handen over zijn schouders en in zijn nek glijden. 'Weet je, ik heb nagedacht over hoe we die buurvrouw kunnen doen,' fluistert ze in zijn oor.

Scherp kijkt hij op. 'Ik dacht dat jij dat niet wilde?'

'Dat is waar, maar jij wilt het zo graag. Dan zoek je naar een compromis.'

Hij lijkt steeds verbaasder, maar haar woorden treffen duidelijk doel.

Heel zijn vader vergeten, denkt Simone.

'Het wordt wel anders, misschien iets minder, maar ik wil het niet op de normale manier doen,' vervolgt ze. 'Dat iedereen meteen kan zien dat er sprake is geweest van een misdrijf. Ik wil het op een ongeluk laten lijken. Of in ieder geval… dat het op allerlei manieren gebeurd kan zijn.'

'Ik luister.' De gretigheid van zijn woorden gaat gepaard met die typische, bijna jongensachtige glimlach waar ze ooit als een blok voor viel.

'GHB,' zegt ze.

'GHB?'

'Die partydrug, of rapedrug, of whatever.'

Hein schiet in de lach. 'Ik weet wat voor drug het is, maar je wilt die vrouw gaan bedwelmen?'

'Ik niet, jij. En ik weet ook al wanneer en waar. Er wordt een buurtfeest georganiseerd.'

'Dat heb ik gehoord. Wilde je daarheen gaan?'

'Nou nee.' Haar eigen glimlach is op zijn best wrang te noemen. 'Maar het verschaft ons de ideale mogelijkheid.'

'Kom.' Hein is geil. Dat was te verwachten, nadat zij hem uit de doeken had gedaan hoe ze het zouden aanpakken met die buurvrouw.

'Kom naar boven.' Hij begint haar te zoenen, en ze heeft zin om hem af te weren, te weigeren, hem toe te schreeuwen dat hij alles kapotmaakt. Ze hadden een goed leven samen, totdat hij zo veranderde. Maar zoals altijd reageert haar lichaam automatisch op hem, klemmen haar benen zich om zijn middel als hij haar optilt, brengt haar mond de gewoonlijke geluiden voort als hij in haar is.

Ze heeft vaak gedacht dat de natuur hem, als een vleesetende plant, perfect naar zijn rol heeft geschapen. Hein trekt vrouwen aan als een magneet, hij hoeft er nul moeite voor te doen, niet eens aardig te zijn.

'Dat zou je net zo goed over jezelf kunnen zeggen,' zei Hein, toen ze dat ooit tegen hem had gezegd. 'Jij bent ook niet bepaald te versmaden.'

'Dat is niet hetzelfde.'

Simone weet dat ze mooi is, maar ook dat ze vaak koel en afstandelijk overkomt. Gereserveerd, zeiden de leraren vroeger op school. Dat is prima, het laatste wat zij wil, is benaderbaar overkomen. Maar Hein heeft iets waar vrouwen gevoelig voor zijn. Iets waardoor Simone direct voor de bijl ging toen hij op het strand naar haar lachte, iets dat die Amstelveense muts van een buurvrouw haar man doet bedriegen en iets waar zelfs Lina niet ongevoelig voor blijkt, heeft ze gemerkt, al lijkt die er vooral door verward en beschaamd. Door dat onbenoembare iets verliest

Simone zich ondanks alles in het moment en houdt ze hem naderhand zo dicht mogelijk tegen zich aan.

Ooit had ze gedacht dat niets hen uit elkaar kon drijven, dat zij hetzelfde waren. Maar dat zijn ze niet, bij lange na niet. Zij heeft zo haar verlangens, Hein heeft een verslaving. Een verslaving die hem blind maakt voor het feit dat zij zich mentaal van hem afkeert en een dubbelspel speelt.

52

Partytenten verschijnen in achtertuinen, de hele buurt gaat excessief barbecueën. Terrassen stromen vol, festivaltickets worden geboekt en de datum van het buurtfeest komt dichterbij. Evi heeft een aparte whatsappgroep aangemaakt voor alle buren die hebben toegezegd te komen. Met hen heeft ze een overzicht gedeeld van wat er allemaal gehaald moet worden, plus een inschatting van de kosten per persoon.

Gelukkig ging iedereen vlot akkoord. Een aantal buren zal voor hapjes zorgen, anderen voor frisdrank, alcohol en plastic servies. Een paar stellen zorgen samen voor vlees en een barbecue. Weer een ander neemt de feestelijke verlichting en verlengkabels voor zijn rekening. Gelukkig hebben velen ook nog statafels op zolder liggen, die gebruikt mogen worden… Al met al vergt het toch meer voorbereiding dan Evi had gedacht, maar ze heeft er zin in, vooral omdat Joyce er ook zo naar uitkijkt.

Haar vriendin gaat goed vooruit en de gedachte om Joyce haar eerste feestje sinds bijna een jaar te bezorgen, maakt al het voorwerk meer dan waard.

’s Nachts is het inmiddels zo warm geworden in hun slaapkamer dat Evi en Thijs naakt in bed stappen en Evi zich voor de zoveelste keer bedenkt dat ze toch echt een airco moeten laten plaatsen. Ergens tussen twee en drie uur ’s ochtends wordt ze wakker en streelt ze zachtjes met haar vingers over Thijs’ wang.

Heins gezicht verschijnt in haar gedachten, zoals ze het had gezien in de auto, en ze ademt beverig uit, blij dat nu tenminste vaststaat dat er geen verdere ontmoetingen meer zullen volgen.

Gistermorgen hadden ze in een natuurgebied afgesproken, op iets minder dan een uur rijafstand van Amstelveen. Toen ze de parkeerplaats op reed, zag ze Heins auto al staan.

Ze was bij hem ingestapt, hij reed nog een klein eindje door, naar een afgelegen stuk bos. Verborgen tussen het groen had hij haar op zijn schoot getrokken.

'Dus een keer in de natuur leek je wel wat,' zei hij na een tijdje, waarmee hij hun heftige zoenen onderbrak. Ze had hem tegengehouden toen hij de deur wilde openen.

'In de auto is ook goed.' Wat er ook gebeurde, ze wilde niet op beeld worden vastgelegd. Misschien zat er wel een groepje tieners te chillen in de bosjes...

Hij haalde zijn schouders op en ging verder waar hij was gebleven. Op een gegeven moment was zijn hand over haar nek gegleden en hadden zijn vingers zich er stevig omheen gesloten, bezitterig en druk uitoefenend, wat haar oren licht deed suizen.

Een ongemakkelijk gevoel nam bezit van haar, wat werd versterkt toen ze haar ogen opende. Hij keek haar aan en toch ook weer niet. Het was alsof hij haar niet zag, alsof hij heel ergens anders op was gericht, terwijl zijn vingers steeds harder in haar nek drukten.

Hein! wilde ze zeggen, maar het geluid werd gesmoord, zodat er slechts een vaag gekerm uit haar mond kwam.

Net voordat ze echt bang werd, verplaatste zijn hand zich naar haar wang, naar haar haren, strelend en liefkozend.

'Dat was lekker,' verzuchtte hij, toen ze van hem af was geklommen en op de bijrijdersstoel zat.

'Ja,' stemde ze in, terwijl ze haar shirt weer aantrok. Ze kon niet beweren dat ze niet had genoten. Maar een moment lang, voordat ze zich weer had laten meeslepen door zijn mond en handen, was er een steek van angst geweest, was ze verstard. Zijn actie had haar totaal verrast. Hoewel ze zichzelf voorhield dat ze niet zo van slag moest zijn om die paar seconden in de hitte van het moment – ze was toch geen bleu meisje – hield ze er een nare nasmaak aan over.

Ze hadden samen nog over de hei gewandeld.

'Wat is er?' vroeg Hein, die haar veranderde humeur opmerkte.

'O, niks, ik dacht even ergens aan.' Ze glimlachte naar hem. 'Mooi is het hier.'

'Ja hè? Ik kom hier ook graag met Jack. Even de batterij opladen.'

Een roodbruine kleur in de berm in de verte trok haar aandacht. 'Is dat een vos?'

Dat bleek inderdaad het geval, toen ze even later langs het dode dier liepen.

'Geschoten,' zei Hein, wijzend op een wond in de flank.

'Wie doet er nou zoiets?' Evi bekeek de nog puntgave kop en snuit, de glazige donkerbruine ogen en de dieprode pels. Wat zonde, om zoiets moois dood te maken.

Hein was al verdergelopen.

Ze had van hem, die zo'n beetje een Siamese tweeling vormde met zijn hond, wel enige verontwaardiging verwacht. 'Vind jij het niet zielig, dat ze zo'n beest zomaar hebben afgeknald?'

'Zeker, maar het is gebeurd... Wat moet je zeggen?'

'Volgens mij is dat hier gewoon verboden.'

'Het is ook verboden om hier seks te hebben in de auto.'

Ze moest wel grinniken om zijn droge toon en werd toen afgeleid door haar mobiel.

Ze schrok toen ze Thijs' naam op het beeldscherm zag. Hij belde haar nooit tijdens werktijd. Kon het zijn dat iemand haar toch had gezien en het naar hem had doorgespeeld?

'Hoi, Thijs,' zei ze, hopend dat haar stem niet vreemd klonk.

'Hi, Eef. Niet schrikken, maar ik zit hier bij de Eerste Hulp met Luuk. Hij is buiten op de crèche uit het klimrek gevallen.'

De geluiden om haar heen verstomden. Ze stopte met lopen en klemde de telefoon tegen haar oor. 'Maar is hij...'

'Hij is oké. Maar hij moet waarschijnlijk worden gehecht. We hebben net een controle gehad en toen hebben ze dat gezegd. We wachten nu op de arts... Heb je niet gehoord dat ik belde?'

'Nee, mijn telefoon staat op de trilstand, zie ik.' Het schuldgevoel stortte zich als een lading beton op haar borst. 'Ik was in een bosgebied gaan wandelen, maar ik kom er nu meteen aan. Welk ziekenhuis zitten jullie?'

'Het Amstelland.'

'Oké. Ik kom er nu aan.'

'Rij voorzichtig,' waarschuwde Thijs. 'Alles is onder controle.'

Evi hing op en Hein keek haar vragend aan. 'Is er iets gebeurd?'

'Ik moet naar huis. Mijn kind is gevallen en is bij de Eerste Hulp.' Voor hij nog iets kon vragen had ze zich al omgedraaid om naar haar auto te rennen.

Toen Evi de wachtruimte binnensnelde, kwam Thijs net de gang op, met Luuk op zijn arm. Haar zoon was blij haar te zien en stak meteen zijn armen naar haar uit. Ze nam hem van haar man over en begroef haar gezicht in zijn haar. Aan enkele plukken vol geronnen bloed zag ze waar de plek van de wond moest zitten en voorzichtig voelde ze met haar vingers aan de hechtingen.

'Sorry,' stamelde ze. 'Ik vind het heel erg dat ik er niet was en al die oproepen heb gemist...' Eenmaal in de auto had ze gezien dat ze in totaal zes keer was gebeld. Twee keer door het kinderdagverblijf en vier keer door Thijs.

'Dat kan gebeuren, je bent daarna toch meteen gekomen?' zei Thijs, duidelijk nog in de bezwerende modus van een vader van wie de peuter net een verdoving en hechtingen had moeten ondergaan.

Evi zette Luuk, die duidelijk te kennen gaf alleen nog maar bij haar te willen, in zijn kinderstoeltje in haar eigen auto. Ze wierp nogmaals een verontschuldigende blik op Thijs, maar die leek het zich niet aan te trekken dat hij met Evi's komst direct weer vergeten werd.

Thuis op de bank viel Luuk al snel tegen Evi aan in slaap. Thijs had tot op dat moment niet veel gezegd. Ze dacht dat hij kwaad op haar was, omdat ze niet bereikbaar was geweest en omdat hij vermoedde dat de waarheid heel anders in elkaar zat dan ze tegen hem had gezegd.

Maar hij bleek daar niet mee bezig te zijn. 'Tijdens het hechten moest hij worden afgeleid,' zei Thijs opeens. Hij keek naar zijn slapende zoon. 'De dokter vroeg mij om zijn lievelingsprogramma op te zetten op mijn telefoon. Ik klikte maar wat aan op Netflix. Ik heb geen idee wat zijn lievelingsprogramma is.'

'Thijs...'

'De dokter vroeg ook hoeveel hij woog. Wist ik ook niet. En toen hadden ze het samen over Captain America en bleek er een heleboel te zijn wat onze driejarige zoon weet, waarvan ik nog nooit heb gehoord.'

Ze hoorde aan zijn stem dat hij aangeslagen was. Normaal zou ze deze inkopper hebben benut om hem een cynische sneer te geven over zijn werk, hun gezin en prioriteiten. Nu stak ze haar hand naar hem uit en trok hem naast zich op de bank.

Die middag hadden ze voor het eerst sinds lange tijd weer seks. Evi was ervan overtuigd dat Thijs het aan haar zou zien, Heins geur zou ruiken, zou weten wat er was gebeurd. Goddank hadden ze het, anders dan de eerste keer bij haar thuis, veilig gedaan. Maar toch, als Thijs erop gespitst zou zijn, zou hij aan alles hebben gemerkt dat zij eerder die dag met iemand anders samen was geweest. Alleen was Thijs daar allerminst op gespitst. Naderhand hield hij haar in zijn armen en bracht hij uit dat hij dit had gemist, dat hij háár had gemist.

Het slaapkamerraam staat open, maar de buitenlucht brengt deze nacht amper verkoeling. Evi streelt Thijs' voorhoofd en legt haar hand op zijn blote borst. Zijn ademhaling is diep en gelijkmatig. Nog altijd wordt ze gekweld door een immens schuldgevoel. Vanmiddag was een dieptepunt. Dat de leidsters van het kinderdagverblijf haar niet konden bereiken omdat zij met Hein... Waar is ze nou mee bezig? Ze moet het óf weer echt gaan proberen met Thijs, of weggaan. In ieder geval kappen met wat ze nu aan het doen is. Zelfs tijdens haar slaap wordt ze nog in beslag genomen door drie specifieke gedachten.

Het was een heel raar moment, met Hein in de auto.

Ze moet hem nooit meer opzoeken.

Thijs mag het nooit te weten komen.

53

Drugsdealers schijnen sneller te zijn dan de meeste bezorgdiensten; een bestelling bij hen zou eerder zijn gearriveerd dan eentje bij Domino's Pizza. Niet dat Simone ooit een dealer naar haar huis zou laten komen.

Het dark web bood tal van websites waarop informatie en ervaringen werden uitgewisseld omtrent de meest uiteenlopende drugssoorten. Ze had verwacht dat het misschien een uitdaging zou worden om met een dealer in contact te komen, wat een nogal domme aanname bleek. Als drugsdealers zich zo moeilijk lieten vinden, zou Nederland niet zo diep zijn ondergedompeld in poeder en pillen. Niet lang nadat ze met verschillende personen online in gesprek was gegaan, had een van hen haar een mobiel nummer gegeven. Het bleek dat ze voor het gewenste niet eens stad en land hoefde af te reizen, want het werkterrein van haar nieuwe contactpersoon was alles binnen een straal van tien kilometer vanaf Amsterdam Centrum. Hij kon in principe iedere dag leveren.

'Ik moet zelf uit Amstelveen komen, waar zullen we afspreken?' had Simone gevraagd.

'Doe maar het Stadionplein.'

'En hoe eh... naar wat voor auto moet ik dan uitkijken?'

'Dat komt wel goed,' was het antwoord. 'Ik stuur er iemand heen.'

Simone concentreert zich op het scannen van de auto's op de parkeerplaats van het Stadionplein. Vlak naast de Febo staat een Volkswagen. Hein had haar ooit verteld dat politiemensen in burger vaak in Volkswagens rondrijden. Simone parkeert haar auto er een paar meter achter en doet alsof ze ingespannen op haar telefoon kijkt.

Wat nu? Ze verwacht niet direct dat de man die zij heeft gesproken zich heeft voorgedaan als dealer en in werkelijkheid iemand van de politie is. Maar als dat wél het geval is, heeft zij straks een probleem. Met een geringe hoeveelheid harddrugs in haar bezit zou ze niet worden aangehouden, dat is simpelweg de moeite niet waard. Maar de hoeveelheid GHB die zij van plan is af te nemen, is meer dan genoeg om haar een aantal maanden cel te bezorgen. Misschien is het beter om gewoon door te rijden.

Een jongen van een jaar of twintig stapt uit de auto voor haar. Zijn zwarte krullen zijn bedekt door een neppe Guccipet en hij draagt een heuptasje. Leunend tegen zijn auto steekt hij een sigaretje op.

Simone stapt uit en loopt naar hem toe.

Hij begroet haar met een kort handgebaar. 'Stap maar in.'

Ze heeft weinig zin daaraan gehoor te geven, maar de transactie kan moeilijk open en bloot op de parkeerplaats worden gedaan.

Simone stapt snel in en trekt de deur naar zich toe zonder hem daadwerkelijk te sluiten. Straks kan ze er niet meer uit.

'Hoi.' Twee glimmende bruine ogen kijken haar verlegen aan. Hij kan toch nog geen twintig zijn, eerder zeventien of achttien. Lina's leeftijd.

Ze trekt ongeduldig haar wenkbrauwen op. Hij aarzelt, maar reikt dan in zijn jaszak en haalt er een zakje met poeder, een wit opmaakflesje en een drietal doorzichtige potjes uit, met daarin een kleurloze, vloeibare substantie.

Ze pakt het zakje van hem aan en geeft hem vijftien euro.

'Dank u wel,' mompelt de jongen. Als Simone alles in haar

tas stopt, verschijnt er een klein lachje op zijn gezicht. 'Ik dacht dat u misschien van de politie was. Daarom bleef ik zo lang in de auto zitten.'

'Hè?' vraagt Simone.

'U rijdt in een Volkswagen.'

'Ja, maar jij ook… Ik dacht dat jíj misschien van de politie was.'

Hun gelach doet hun zenuwen verdampen.

'Ik ga,' grinnikt Simone.

De jongen knikt en start de motor. 'Dag mevrouw, tot ziens.'

Onderweg naar Amstelveen voelt ze zich beduidend rustiger. Ze heeft nu in ieder geval wat ze moest hebben.

Wanneer het buurtfeest in volle gang is, zal Hein die buurvouw naar haar huis lokken, waar hij al eerder seks met haar heeft gehad. Uiteraard zal hij achterom lopen, zodat het niemand zal opvallen. Zij drinkt graag rode wijn, dus zal hij met twee glazen aankomen, met in het hare meer dan genoeg GHB voor een overdosering. 'Zorg dat ze een paar goede slokken neemt, dat zal voldoende zijn,' had Simone gezegd. 'Als je daar weer weggaat, loop je richting huis. Wij laten dan samen voor het oog van iedereen op het feest de hond uit, zodat ze ons allemaal goed kunnen zien. Als die buurvrouw aan die troep bezwijkt, zal niemand dat aan ons linken.'

Hein had toegestemd, zijn ogen, die de laatste tijd zo dof hadden gestaan, weer alert en vol levenslust. Hij leek het helemaal niet erg te vinden dat het nu allemaal een stuk riskanter zou zijn omdat ze een moord zouden plegen onder de neus van de gehele buurt.

'Zolang we gewoon normaal blijven doen, heeft niemand reden om ons te verdenken,' zei hij.

Simone knikte en dacht bij zichzelf dat normaal blijven doen weinig zal uithalen wanneer je op heterdaad wordt betrapt. Ze heeft het telefoonnummer van de man van Evi, hij zit net als zij in de buurt-app én in de aparte deelnemers-app voor het feest. Ze heeft zijn whatsappfoto gezien, eentje waar Evi en zijn kinderen ook op staan.

Vijf minuten nadat Hein bij Evi binnen is, zal Simone Evi's man waarschuwen. Met een nieuwe prepaidtelefoon met anoniem nummer zal ze hem opbellen en waarschuwen dat ze iemand zijn huis heeft zien binnendringen. Dan kunnen er meerdere dingen gebeuren:

1: Evi's man betrapt Hein en Hein vlucht. Ervan uitgaande dat Evi inderdaad aan de overdosering zal bezwijken, zal haar man de autoriteiten inlichten. Er zal een glas in hun huis worden gevonden waar het drankje met GHB in zat, waar Heins vingerafdrukken op te vinden zullen zijn.

2: Evi's man betrapt Hein en die zal, in een poging zich te redden, ook hem proberen te vermoorden. Des te beter. Daar zal hij niet ongezien mee wegkomen, niet op klaarlichte dag, met zoveel drukte op straat. Bovendien zal hij geen handschoenen dragen en dus DNA achterlaten.

3: Het draait uit op een vechtpartij en Hein verlaat uiteindelijk het huis, of Evi's man verlaat het huis nadat hij Hein en Evi samen heeft aangetroffen. Als Evi inderdaad als gevolg van de GHB het leven laat, of in het ziekenhuis belandt, zal Hein worden verdacht van een misdrijf en worden aangehouden. GHB staat bekend als rapedrug en het zou zeer onwaarschijnlijk zijn dat een getrouwde vrouw, een moeder van twee kinderen die goed in haar vel leek te zitten – zij was nota bene degene die het buurtfeest had georganiseerd – uit zichzelf een dergelijke hoeveelheid tot zich zou hebben genomen.

Dan is er nog een tweetal minder gunstige opties:

1: Er bestaat altijd een kans dat Evi de GHB niet binnenkrijgt, of

2: niet voldoende binnenkrijgt om er meer dan een paar vage klachten aan over te houden.

In dat geval zal er, als Hein verder tenminste niets stoms doet, niemand een misdrijf vermoeden. Dan zal Simone iets anders moeten bedenken, maar eigenlijk gelooft ze niet dat dit zal gebeuren. Afgaande op het gedrag dat Hein tegenwoordig vertoont, zal de vrouw hoe dan ook sterven. Het feit alleen al dat Hein met dit plan heeft ingestemd, bewijst dat hij roekeloos is geworden. Dat hij zichzelf niet meer in de hand heeft zoals voorheen.

Hij zal nooit weten welke heimelijke rol Simone in het geheel heeft vervuld. Of hij nu wel of niet wordt veroordeeld, voor haar zal zijn aanhouding voldoende zijn.

Als een van ons ooit gepakt wordt, dan houdt diegene zijn mond. Ik zeg niks over jou en jij zegt niks over mij. We geven de ander de kans om te verdwijnen en zullen daarna nooit meer contact kunnen hebben.

Hij zal niet beter weten dan dat Simone zich, toen het fout liep, simpelweg aan hun afspraak heeft gehouden.

54

De whiskyfles heeft Joyce in haar tas laten zitten, want ze wil de andere mensen die vandaag de begraafplaats bezoeken niet het idee geven dat er een alcoholiste bij het graf van Floris rondhangt. Maar toen ze er zeker van was dat er niemand keek, heeft ze snel een laagje in een klein glas geschonken.

'Ik heb iets te vieren,' fluistert ze. 'Mijn psycholoog heeft goede hoop dat ik met een paar maanden weer langzaamaan kan beginnen met dagdiensten draaien.'

Het is niet moeilijk om voor zich te zien dat hij breeduit glimlacht.

Hij was een hele warme persoonlijkheid geweest, iemand die alles lichter maakte, die moeiteloos vrolijkheid bracht in een kamer waar de sfeer op z'n ijzigst was. Het is merkwaardig dat zulke mensen vaak vroeg weggenomen worden, alsof de wereld niet juist om hén zit te springen. Ze weet wel wat hij nu zou zeggen.

Gefeliciteerd, tijger! Dat heb je toch maar mooi geflikt.

'Proost.' Met haar ogen dicht neemt Joyce een slokje en ze geniet van het brandende gevoel in haar keel. 'Een dag in de week op straat, had m'n psycholoog gezegd, en van daaruit langzaam opbouwen. Ik had meteen mijn leidinggevende gebeld…'

Ook die was in zijn nopjes geweest. 'Ha, Joyce,' had zijn stem aan de telefoon geklonken. 'Hoe gaat het nu met je?'

'Goed. Ik kan met een paar maanden waarschijnlijk weer rustig aan beginnen met mijn normale diensten.'

'Kijk, dát zijn heerlijke berichten. Top, zeg! We hebben je gemist hoor.'

'Ja, ik heb jullie ook gemist...' Ze hoorde geroezemoes op de achtergrond, hij zou het zoals altijd wel druk hebben.

'Ik wilde het je even laten weten. Ik neem nog contact op in verband met het rooster en zo.'

'Helemaal goed, Joyce. Doe nog even rustig aan en ik hoor van je.'

Ik had ook graag van jou gehoord, lag op het puntje van haar tong, maar dat slikte ze in. Tijdens de politieopleiding wordt studenten ingeprent dat ze allemaal één grote familie zijn, blauw tegen de rest. Dat bleek ook wel tijdens het werk: als broekie werd ze direct in het diepe gegooid. Ze herinnert zich uit de hand gelopen vechtpartijen die zij moest gaan sussen, de eerste keer dat een agressieve groep zich tegen haar en een andere piepjonge collega keerde. Hoe die jongen in paniek om assistentie had gevraagd en het moment waarop het geluid van ronkende politiemotoren voor altijd een dierbare plek in haar hart kreeg. Binnen enkele minuten had de hele straat letterlijk blauw gezien van de collega's, die vanuit alle hoeken van de stad waren toegesneld om te komen helpen.

Op straat was er inderdaad sprake van een grote familie en des te pijnlijker was het besef dat de zaak verandert als je thuis komt te zitten. Thuiszitters zijn de melaatsen, terwijl het percentage van werknemers dat tijdens de loopbaan met ernstige PTSS-klachten te maken krijgt, juist bij de politie zo ongekend hoog ligt. Drie collega's hebben haar in het begin gebeld, om te vragen hoe het ging. Daarna al die maanden niets meer, of ze moest toevallig een van hen tegenkomen, zoals Arie, toen ze op het terras van Day zat.

Ach gossie, kan ze Floris bijna horen zeggen. *Vind je het heel erg dat ik je niet zielig vind?*

'Nee,' mompelt ze tegen het graf. 'Maar íémand moet het af en toe zielig vinden voor mij.'

't Is ook niet dat ze zich hier in groten getale verzamelen. Iedereen heeft nu eenmaal z'n eigen leven, zijn eigen problemen.

Dat is waar. Kijk naar haar beste vriendin... Ze had even gevreesd dat het helemaal misging en dat Evi en Thijs op een scheiding afstevenden, maar ze lijken juist weer nader tot elkaar te zijn gekomen.

'We gaan in relatietherapie,' had Evi haar toevertrouwd. 'Wie weet wat het kan helpen als een derde persoon, een professional, zijn kijk op de dingen geeft. We gaan in ieder geval met de intentie om aan ons huwelijk te werken. We willen allebei nog steeds samen oud worden.'

'Wat goed!' Het was een pak van haar hart dat Evi leek te zijn bekomen van haar bevlieging en zich weer volledig op Thijs richtte.

Nog een persoon over wie ze zich de nodige zorgen heeft gemaakt, is Lina Hermans. Het meisje dat geen idee heeft in welke mate een politieagente die noodgedwongen thuiszat haar situatie heeft geanalyseerd.

Joyce maakt zich nog steeds zorgen om haar. Het kind komt nog altijd tweemaal per week op nummer 64, en nog steeds ziet ze eruit alsof ze de wereld op haar schouders torst.

Iedere keer dat Joyce haar ziet, bekruipt haar het gevoel dat ze tekortschiet, omdat haar gespit van de afgelopen tijd niets heeft opgeleverd. Ze kan niet veel meer bedenken, misschien zou ze de uitspraak waarin Mick als verdachte werd vrijgesproken nog kunnen opzoeken, maar ze verwacht niet dat dit veel zal opleveren. Het belangrijkste aangaande die zaak heeft ze al op Google gelezen.

Pas op, klinkt een waarschuwende stem in haar hoofd, die zowel Floris als haar eigen ratio zou kunnen toebehoren. *Je kunt je hier niet verder in laten meezuigen. Je hebt al vier mensen opgezocht in het systeem met ronduit zwakke redenen. Binnenkort kan je weer aan de slag... verknal het nou niet.*

Hij heeft gelijk, ze moet uitkijken dat ze niet te ver gaat. Ze heeft al zo lang geen collega's om zich heen gehad, niemand die op haar lette, met wie ze van gedachten kon wisselen en aan wie ze verantwoording moest afleggen. Wanneer ze weer iets bedacht, was er niemand die haar terugfloot. Veilig afgesloten in zijn eigen bubbel, kan een mens zichzelf uiteindelijk van de raarste dingen overtuigen en alsmaar meer geneigd raken de regels naar zijn hand te zetten.

'Maar ik houd steeds het gevoel dat er recht voor mijn neus iets gebeurt wat ik maar niet zie,' mompelt ze zachtjes. 'Dan denk ik dat ik iets moet doen, terwijl ik niet eens weet wat er precies aan de hand is.'

Áls er al wat aan de hand is... Je kunt niet de hele wereld redden.

'Moet jij zeggen,' snuift ze, voor het geval het daadwerkelijk zijn stem was, maar naar alle waarschijnlijkheid loopt ze gewoon met zichzelf te bakkeleien.

Hééft ze zich simpelweg verveeld thuis en was het zonder werk en zonder focus al te gemakkelijk geweest om zich van alles aan te praten?

Het meisje heeft het moeilijk, dat kan een blinde zien, maar wellicht heeft dat helemaal niks met Hein en Simone te maken en staat het feit dat ze steeds bij hen over de vloer komt daar los van.

De moordenaar van Lina's moeder is nooit gepakt. Het is heel logisch om als puber weer last te krijgen van dingen die in de kindertijd zijn gebeurd, vooral als een dergelijk onrecht nog altijd voortduurt... en misschien loopt het wel gewoon niet lekker in het pleeggezin waar ze woont, weet Joyce veel.

Ze moet dit loslaten.

Nu ze voor zichzelf een besluit heeft genomen, neemt ze een laatste slokje van haar whisky en giet ze de rest uit over het gras voor de grafsteen. 'Voor jou, jongen. Hopelijk drink je boven een behoorlijke borrel met me mee.'

Als ze even later terugloopt naar haar auto, wenst ze dat Lina de support krijgt die ze verdient, dat ze ook weer gelukkig zal worden.

Zelf zal ze zich nu beperken tot haar eigen leven, de laatste loodjes van haar herstel.

Het buurtfeest is al eind deze week. Ze zal lekker gaan dansen, bijkletsen met haar buren, onder de mensen zijn. Hein en Simone komen ook, de laatste heeft ze zelfs onlangs kunnen toevoegen aan de buurtapp.

Zie je wel, het heeft er alle schijn van dat zij zich gewoon vergist heeft, dingen heeft gezien die er niet waren.

Op Sky Radio wordt een van haar favoriete nummers ingezet. Joyce draait het volume hoger en laat Harry Styles haar gedachten overstemmen.

55

'Dat is wel heavy shit,' had Setje zich laten ontvallen. 'Dat heb ik niet.'

'O. Ken je misschien iemand die me kan helpen?' vroeg Lina.

Met zijn blik op de grond gericht, scheen haar gebruikelijke dealer even na te denken. 'Misschien via via.' Zijn ogen ontmoetten de hare weer. 'Maar dan wil ik wel vijftig euro, omdat ik je heb geïntroduceerd.'

'Geïntroducéérd?'

'Zo noem je dat toch?'

'Ja, maar moet je dat niet met diegene regelen? Je helpt hém toch aan een klant? Of haar...'

'Wie zegt dat ik dat niet ga doen? Maar ik wil van jou ook vijftig euro, omdat ik moeite ga doen voor jou.'

'Ik heb vijfentwintig voor je.'

'Dertig.'

Ze keken elkaar aan en schoten tegelijkertijd in de lach. 'Oké, dertig,' zei Lina. 'Maar pas als ik het binnen heb.'

'Uiteraard,' klonk het lijzig.

Lina moet het Setje nageven, hij is tenminste doelgericht. Twee dagen na hun laatste gesprek heeft hij een afspraak gearrangeerd in een kelderbox in Bijlmer Oost, oftewel 'Kraaiennest', met een man die rechtstreeks uit Aladdins grot lijkt te zijn gewandeld. Hij draagt meerdere gouden ringen en kettingen, waarvan eentje zo breed als een wormslang.

Als hij Lina ernaar ziet kijken, lacht hij zijn tanden bloot. Een daarvan is ook van goud.

'Vind je het mooi?'

Het lijkt haar het beste om ja te zeggen.

Aladdin maakt een tevreden geluidje. 'Ik heb ze allemaal nieuw. Iemand die mijn nicht nog geld schuldig was, bleef de betaling maar uitstellen. Dus toen ben ik die man een bezoekje gaan brengen. Ik heb het geld geïnd en wat rente meegenomen; op z'n nachtkastje lag een ring en er stond ook een goudkleurig beeldje van een of andere hindoegod. Ik nam het mee, want je weet maar nooit, en toen bleek het inderdaad echt goud te zijn... Dus wat denk je?' Beurtelings kijkt hij Lina en Setje aan. 'Een week later, volgens mij moest ie even bekomen van de schrik, heeft hij me áángegeven! Dus ik zit op het politiebureau in een verhoorkamer, met m'n nieuwe tand en gouden kettingen en ringen *on display*. Ze vragen: "Heb jij dat beeldje meegenomen?" Ik zeg: "Nee. Ik kwam alleen het geld ophalen dat hij mijn nicht verschuldigd was, zoals we hadden afgesproken." Dat geloven ze natuurlijk niet en ze blijven maar vragen: "Maar in de slaapkamer op het nachtkastje stond óók een gouden beeldje en na jouw 'bezoek' was dat weg. Waar is dat gebleven dan?" Ik zeg: "Meneer, ik zou het werkelijk niet weten."'

Setje proest het uit en Lina moet wel meedoen, of ze wil of niet.

'En nu, jongedame...' wendt Aladdin zich tot haar. 'Dat is wel een heavy bestelling van jou, of niet?'

'Ja,' zegt Lina verlegen.

'Is het voor jezelf?'

Ze knikt.

Hij neemt haar belangstellend op, maar vraagt niet verder.

De witte gevels, de boekenkast en de houten eettafel van haar vroegere huis in Amsterdam-Zuid flitsen aan haar voorbij, evenals haar moeders gezicht.

'Kijk eens.'

Direct is ze weer terug in de schimmelige box, met de goudbehangen man en de jongen. Dealers, die haar kunnen aanranden of verkrachten zonder dat iemand het zal merken.

'Succes ermee,' zegt Aladdin, 'en je hebt het niet van mij.' Het klinkt amper als een waarschuwing, eerder als een montere groet.

Eenmaal buiten houdt Setje zijn hand op.

Ze geeft hem zijn dertig euro.

Zo snel en simpel kan het dus gaan. Het pistool en het magazijn voelen zwaar in haar tas.

56

Het is donderdagmiddag. Morgenavond is het buurtfeest. Simone had wat contant geld genomen dat ze nog in de kluis hadden liggen en was in een winkel in Haarlem een simpele prepaidtelefoon gaan kopen. Ze had dat expres niet in Amstelveen gedaan en had ook niet gepind, zoals ze gewoonlijk deed. Ze was zelfs met het openbaar vervoer gegaan in plaats van met de auto en ze had haar mobiel thuisgelaten, zodat geen enkel algoritme haar bezoek aan die telefoonwinkel zou registreren. Als Hein werd opgepakt, mochten er geen aanwijzingen bestaan dat zij iets met zijn daad te maken had gehad.

Nu is ze in het winkelcentrum in Amstelveen om drank te kopen, waarvoor ze zich had aangemeld in de feest-app.

'Ik ga ook nog even voor een leuke jurk of top kijken,' had ze tegen Hein gezegd. Hoe meer het lijkt alsof ze uitkijkt naar morgen, hoe beter.

Ze heeft geen schuldgevoel over wat ze op het punt staat te doen, maar dat wil niet zeggen dat ze het er niet moeilijk mee heeft. Het is bijna niet voor te stellen dat zij straks alleen verder zal gaan, zonder Hein. Even verlangt ze zo hevig naar hem zoals hij was in de Pijp, dat ze bijna ten overstaan van alle mensen om haar heen begint te huilen.

Simone verbijt zich en zet er steviger de pas in terwijl ze naar de slijterij loopt. Rechts bij de ingang van de Hema, waar etenswaren worden verkocht, staat een rij. Wat mensen lekker vinden aan die vette Hemaworsten is haar een raadsel. Op het ijzeren zwijntje een paar meter voor de winkel zitten twee kleuters die lachend naar hun moeder zwaaien.

Simone zal voor het feest een grote vruchtenbowl met rosé meenemen, plus een pak met kleine flesjes Jägermeister, met name omdat Hein daar zo van houdt.

Als ze de drank in de auto heeft gezet, gaat ze naar de Albert Heijn om het fruit voor de bowl te halen en daarna naar de Bijenkorf om voor kleding te kijken. Het warenhuis zou als symbool voor deze stad kunnen dienen. Amstelveen straalt luxe uit en wordt goed onderhouden. Op elke straathoek staat wel een kunstwerk. Een stoeptegel die uitsteekt wordt verwijderd en vervangen. Het winkelend publiek in de Bijenkorf bestaat ook veelal uit goedverzorgde, trendy types. Het staat allemaal in schril contrast met de schots en scheve Amsterdamse panden, de barrelfietsen, de zwervers en junks, maar toch zou Simone alles geven om die jaren in Oud-Zuid terug te krijgen. Over te doen.

Ze neemt alle tijd om kleding te passen.

Kom bij me wonen. Ze ziet niet haar spiegelbeeld met de zachtroze, zijden top die ze heeft aangetrokken, maar Hein en zichzelf op de bank, kijkend naar *Oz*. En dan is daar een beeld van hem, wegkwijnend in een gevangeniscel, wat hem kapot zal maken. Sommige mensen kunnen verbazingwekkend goed zitten, Hein zal het kapotmaken, dat realiseert ze zich maar al te goed.

Niemand heeft ooit beweerd dat het leven makkelijk zou worden, luidde een van de favoriete frasen van haar moeder, maar het mens had geen idee. Wat wist zij nou, met haar veertigjarig huwelijk en haar huisvrouwenbestaan? Zij hoefde niet het grootste deel van haar leven met een onmenselijk groot geheim rond te lopen, om vervolgens na slechts tien jaren van geluk, alles te verliezen wat haar lief was.

Zij en Hein hebben door de jaren heen vele mensen in verdriet en rouw ondergedompeld en het is nu eenmaal zo dat alles zijn prijs heeft. Niemand heeft inderdaad beweerd dat het leven makkelijk zou worden, maar Jezus Christus… het vooruitzicht om straks weer helemaal alleen te zijn, is het moeilijkste wat ze tot nu toe voor haar kiezen heeft gekregen.

Thuis komt haar in de hal de heerlijke geur tegemoet van gamba's die in een bed van stukjes tomaat, ui en knoflook liggen te pruttelen. Hein helpt haar alle boodschappen naar binnen te dragen. De prepaidtelefoon heeft ze in haar handtas gestopt.

'Lekker!' zegt Hein, met een vergenoegde blik op de flesjes Jägermeister. 'Had je alles voor de bowl?'

Simone knikt.

'Proef eens?' Hein tilt het deksel van een van de pannen die op de kookplaat staan en vist er met de pollepel een garnaal uit, die zij ervan af hapt.

'Heerlijk,' zegt ze en ze streelt zijn wang.

Even later zitten ze tegenover elkaar aan tafel en Simone heeft nog nooit zoveel moeite moeten doen om eten naar binnen te werken. Ze moet oppassen, want dit is een van haar lievelingsgerechten, hij mag geen argwaan krijgen. Misschien moet ze zeggen dat ze op het Stadhart al een broodje heeft gegeten.

'Zenuwachtig voor morgen?'

Hij vindt het logisch dat ze zo weinig eet en dat is het natuurlijk ook… Ze moet vooral haar kop erbij houden.

'Je hoeft je geen zorgen te maken, Moon, het komt helemaal goed.' Hein reikt over de tafel en legt zijn hand op de hare. 'Alleen, vind jij het ook niet een beetje flauw?'

Ze knippert met haar ogen. 'Wat?'

'Die GHB… ik vind het een slap aftreksel. Sowieso drugs, gif… Ik weet dat jij het leuk vond, die keer op het strand, maar ik vind het meer iets voor vrouwen.'

Nu moet ze vooral reageren zoals hij verwacht dat ze zal doen. Hij mag niet weten dat zij het liefste zou hebben dat hij die vrouw en haar man erbij de hersens insloeg, dan zou hij zeker naar de gevangenis gaan.

'Hein, we hebben dit uitgebreid besproken. We doen het op die manier of niet,' zegt ze.

'Oké.' Hein ziet eruit als een kwajongen, maar ze bespeurt een zweem van dezelfde soort gekte in zijn ogen als op die nacht toen ze hem als een bezetene op dat fitnessapparaat aantrof.

Ze heeft het juist gezien, de juiste beslissing genomen. De Hein van vroeger bestaat niet meer. Er is langzaam maar zeker een vreemdeling voor in de plaats gekomen, eentje waar ze zo ver mogelijk bij vandaan moet zien te komen.

In bed, in het besef dat dit hun allerlaatste nacht samen is, laait het verdriet alsnog weer op. Simone wil huilen om de persoon die ze heeft verloren, omdat ze met díé Hein niet langer de tijd heeft gekregen, maar ze zorgt dat ze haar tranen binnenhoudt.

'Laten we gaan slapen,' fluistert ze, wanneer hij zijn arm om haar heen legt. 'Ik ben kapot.'

57

Vanochtend heeft Lina het langzaam licht zien worden. Als haar wekker gaat, stapt ze uit bed om zich op te frissen. Ze had nog even getwijfeld om school vandaag te skippen, zich ziek te melden en gewoon in bed te blijven liggen. Maar als ze dat doet, zal Agnes vast en zeker moeilijk gaan doen als ze vanmiddag naar Hein en Simone wil. Dat kan ze niet gebruiken, ze moet daar vandaag heen. Ze had het pistool niet mee naar huis durven nemen. De Bijlmer bood haar wat dat betreft uitkomst: het centrum en de woonwijken zijn een en al stedelijkheid, maar worden afgewisseld door parken, bossen, velden en kilometerslange fietsstroken, geflankeerd door groen, zodat een mens zich op bepaalde plekken zo in Drenthe zou wanen. Op een door struikgewas verscholen plek vlak bij een grote brug, had Lina een plastic zak met het geladen wapen begraven.

De goudbehangen handelaar had geen uitleg over het gebruik ervan gegeven en zij had zo graag weg gewild uit die kelderbox, dat ze ook geen vragen had gesteld. Naderhand had ze wel een foto van het pistool gemaakt. Het was een koud kunstje geweest om op internet uit te zoeken om wat voor exemplaar het ging. Op YouTube waren tientallen video's te vinden van Amerikanen die gedienstig demonstreerden hoe je het wapen diende te gebruiken.

Het was gelukkig geen rocket science; je stopte een magazijn dat een aantal kogels bevatte, zeven in haar geval, in de onderkant van de houder. De veiligheidsknop aan de zijkant moest je ingedrukt houden en vervolgens trok je de slede naar achteren en haalde je de trekker over.

De uitleg was simpel geweest en het laden ook, maar toen het wapen eenmaal was begraven, kon ze amper geloven dat zij dit echt gedaan had. Dat ze een pistool had gekocht, geladen en het als de eerste de beste crimineel op een plek had achtergelaten om het later te kunnen gebruiken. Nu moest ze doorzetten ook, als ze langer wachtte zou ze de moed niet meer kunnen opbrengen.

'Ik ben gaan solliciteren bij KFC,' zegt Zafira. 'Daar hebben ze nog mensen nodig. En Amel zegt dat je altijd kip mee naar huis mag nemen.'

'Lekker,' zegt Lina.

Zafira moet lachen. 'Je bent er niet bij, hè, met je hoofd?'

'Sorry.' Eigenlijk zou Lina niet weten waarom een lief en spontaan iemand als Zafira met haar zou willen omgaan. Zulk leuk gezelschap is ze tegenwoordig niet.

'Weer veel aan je hoofd?'

Ze knikt.

'Ik ken het.' Zafira legt haar hand op haar arm. Lina denkt aan wat Zafira's moeder laatst was overkomen, aan de slaapkamer zonder gordijnen die de twee met elkaar delen, en ze zou in een zeldzame vlaag van genegenheid haar armen om haar vriendin willen slaan.

'Gregory zit al de hele tijd naar je te staren,' fluistert Zafira. 'Niet kijken!'

Ze waakt er uit zichzelf wel voor om een blik in zijn richting te werpen. Als de zoemer het einde van de les aangeeft, stopt ze zo snel mogelijk haar spullen in haar tas, maar het mag niet baten.

'Hoi...' Hij staat al voor haar neus. 'Kunnen we even praten?'

'Ja hoor.' Ze voelt zich ontzettend schuldig dat ze hem zo heeft geghost, maar hoopt niet dat hij er nu een heel drama van wil maken. Alles is haar vandaag te veel, het voelt alsof ze elk moment uit elkaar kan knappen van de zenuwen. Desondanks volgt ze hem naar buiten, waarna ze een eindje bij het schoolterrein vandaan lopen.

'Ik wilde je wat geven,' zegt Gregory. Hij opent zijn rugzak en haalt er een sieradendoosje uit, dat hij haar met een glimlach vol bravoure aanreikt.

Totaal verrast maakt ze het open en ziet een zilveren ketting, afgezet met zwarte ograistenen. 'O... wat mooi.'

Haar stem knakt, maar hij besteedt er geen aandacht aan, neemt de ketting uit het doosje en maakt hem open om hem bij haar om te doen.

Lina draait een van de steentjes tussen haar duim en wijsvinger. 'Sorry dat ik niets meer heb laten horen,' zegt ze, waarbij rode vlekken van gêne spontaan in haar nek schieten.

'Daar hoef je geen sorry voor te zeggen, hoor.'

De hitte stijgt naar haar gezicht en ze flapt het er toch uit, voordat ze zich kan bedenken. 'Ik vind je wél leuk.'

'Dat weet ik,' antwoordt hij droog. 'Maar je kunt me er nu niet bij hebben.'

Zijn doeltreffendheid brengt haar nog meer van haar stuk dan zijn cadeautje.

'Nee,' zegt ze dan.

'Dat geeft niet.' Alsof het allemaal de normaalste zaak van de wereld is, spreidt hij lichtjes zijn armen. 'Ik ben gewoon hier.'

Met haar ogen dicht laat ze zich door hem omhelzen, terwijl haar vingers de stof van zijn zomerjack vastklemmen. Even wenst ze dat iemand de tijd stil zou zetten.

Ze hoopt niet dat haar vuile handen Hein en Simone zullen opvallen. Daar had ze geen rekening mee gehouden toen ze het wapen weer opgroef; dat haar handen en nagelriemen zwart zouden worden. Er was geen tijd meer geweest om thuis of ergens in een eetcafé een kraan op te zoeken, ze zou direct na aankomst in

Amstelveen wel naar de wc gaan en haar handen wassen.

Tot haar opluchting valt het Simone totaal niet op, ze maakt een beetje een afwezige indruk, terwijl Hein juist veel vrolijker is dan anders.

'We zijn vanavond uitgenodigd voor een buurtfeest,' vertelt hij Lina. Hij leek haar helemaal niet het type dat zoiets leuk zou vinden.

'Wat gezellig,' antwoordt ze. Eenmaal op de wc wast ze haar handen met flink wat zeep en haalt ze een paar keer diep adem, in een poging haar verwilderde hart te kalmeren.

Veiligheidsknop indrukken, slede naar achteren trekken, trekker overhalen.

Als ze de deur van de wc achter zich sluit, roept Hein vanuit de keuken dat hij broodjes bij Tjins heeft gehaald. Ze aarzelt, maar loopt na een blik op haar tas onder de kapstok toch de woonkamer in. 'Ik reed door de stad en moest ineens denken aan wat jij vertelde over die toko in de Amsterdamse Poort,' zegt Hein. 'Toen kreeg ik zin in Surinaamse broodjes. Laten we nu vast eten, anders worden ze koud.'

'Ik heb nog niet zo'n trek,' zegt Simone.

'Ah, kom op, we moeten goed eten. Even een bodem leggen voor straks.' Hein knipoogt naar haar. Simone sputtert niet verder tegen, waardoor Lina het prompt benauwd krijgt. Ze kan nu onmogelijk iets eten, ze zou nog geen kruimel door haar keel krijgen.

Hein zet drie borden op tafel en haalt de broodjes uit de papieren zakjes. 'Bestek hebben we toch niet nodig...'

Simone schuift op haar plek en ook Lina laat zich op haar gebruikelijke stoel zakken. Wat is ze nou aan het doen? *Pak verdomme dat pistool uit je tas en doe het. Doe het nu*, gonst het binnen in haar.

'Lina, is er iets?' vraagt Simone.

'Ik voel me niet zo lekker,' brengt ze uit en ze schuift haar stoel naar achteren. 'Momentje.'

Als ze haastig de hal in loopt en haar tas wil pakken, ziet ze ineens iemand voor de deur staan en ze schrikt er zo van dat ze een gesmoorde kreet slaakt. De persoon voor de deur steekt in een verontschuldigend gebaar haar hand op.

Het is die agente, constateert Lina in paniek. Wat wil die vrouw, zou ze weten dat zij...

'Gaat alles goed?' De stem van Simone. Door haar schrikreactie zijn ze beiden opgestaan om te kijken wat er aan de hand is.

'Jeetje, je ziet spierwit,' merkt Simone op.

Dan ziet ook Hein de vrouw voor de deur en hij stapt naar voren om open te doen.

'Hai, alles oké?' vraagt de agente. 'Ik wilde net aanbellen...' Ze kijkt langs Hein heen naar Lina. 'Schrok je van me?'

Ze spant zich tot het uiterste in om zich te beheersen. 'Ja, ik was met mijn hoofd ergens anders en toen zag ik u ineens staan...' Ergens verwacht ze dat ze nu alle drie feilloos doorhebben dat er iets niet in de haak is en dat een van hen een greep naar haar tas zal doen.

Maar de vrouw glimlacht en grapt dat het goed volk is. Dan wendt ze zich tot Hein. 'Ik kwam alleen maar vragen of jullie toch echt voortaan je hond zouden willen aanlijnen. Ik heb jou daar de vorige keer al op aangesproken en ontvang steeds klachten van andere mensen. Eigenlijk horen buurtbewoners hun beklag bij de wijkagent te doen, maar omdat ze weten dat ik bij de politie werk, komen ze ook vaak voor van alles en nog wat bij mij.'

'O, maar natuurlijk,' antwoordt Simone. 'We zullen hem voortaan aanlijnen.'

'Geen enkel probleem,' zegt ook Hein. 'Ik moet er inderdaad beter aan denken.' Zijn stem klinkt vriendelijk, maar Lina is zich ervan bewust dat de sfeer ineens megagespannen is, of verbeeldt ze zich dat?

'Oké,' zegt de agente. 'Dan laat ik jullie weer met rust, maar zorg alsjeblieft dat het niet meer voorkomt. En jij...' Haar ogen vinden die van Lina weer. 'Niet meer zo van me schrikken, hè, meis?'

Het lukt haar maar net om de glimlach van de vrouw te beantwoorden.

58

Met een steen op haar maag loopt Joyce terug naar huis. Toen zij haar auto parkeerde nadat ze boodschappen had gehaald voor het buurtfeest, was de overbuurvrouw met een verhit gezicht op haar afgekomen.

'Nou zag ik die hond wéér loslopen,' barstte de vrouw los. 'Was er nog iets met mijn eerdere melding gedaan? In dat geval heeft het weinig geholpen, ik heb dat beest nog niet één keer aangelijnd gezien.'

'O, wat vervelend,' zei Joyce.

'Kan jij niet eens met die vent gaan praten, zeggen dat hij zijn hond moet aanlijnen? Ik zie dat anders echt nog een keer fout gaan.'

Joyce wenste dat ze de oudere vrouw nooit had aangemoedigd. 'Ik zal wel even met hem praten,' gaf ze toe. 'Nogmaals dank voor het melden.'

Ze had met zichzelf afgesproken om alles rondom Hein, Simone en Lina los te laten, had zich er zelfs half en half van overtuigd dat ze spoken had gezien. Dat Hein en Simone gewoon buren waren, net zoals alle anderen. Maar op het moment dat hij de deur opendeed, ze het doodsbleke kind zag en de vijandigheid opmerkte die ondanks hun vriendelijke woorden van hen afstraalde, vertelde haar intuïtie haar dat ze het helemaal niet verkeerd had gezien. Dat er iets goed mis was, daar in dat huis.

Ze wilde hun niet laten merken dat ze hen op enigerwijze wantrouwde en had zich welwillend opgesteld, maar haar hersenen maken overuren, willen het beeld van Lina's gezicht niet loslaten. Er was iets gebeurd dat haar van streek had gemaakt. Ze gelooft niet dat het meisje er zo had uitgezien, puur omdat ze geschrokken was omdat zij voor de deur stond.

Het leek er niet op dat ze bezig was geweest met schoonmaken, al viel dat natuurlijk niet goed te beoordelen. Joyce heeft nog steeds sterk haar twijfels over het verhaal van het huishoudelijk werk, vooral vanwege de afstand Amstelveen – Amsterdam-Zuidoost.

Om de beweegredenen van het meisje enigszins te kunnen doorgronden, heeft ze meer informatie nodig. Maar alles wat in het politiesysteem en op Google te vinden is, heeft ze al gelezen en ze had Lina niet kunnen vinden op social media. Het eerdere idee dat ze in een van de juridische databanken de uitspraak zou kunnen opzoeken waarin Mick ten Napels was vrijgesproken wegens gebrek aan bewijs, komt weer in haar op. Daarin zullen alle personen wel geanonimiseerd zijn, maar heel misschien staat er wel iets in over Lina waar ze wat aan heeft...

Met een gevoel alsof ze naar een speld in een hooiberg aan het zoeken is, besluit ze een kijkje te nemen op rechtspraak.nl. Verscheidene artikelen op internet vermelden de datum van de uitspraak en als ze die invoert in de zoekmachine van de databank, stuit Joyce al snel op het juiste arrest. Haar blik glijdt langs de opsomming van alle specifieke kenmerken en verder naar het oordeel. *Vrijspraak. Naar het oordeel van de rechtbank is niet wettig en overtuigend bewezen hetgeen de verdachte onder 1 is tenlastegelegd, zodat de verdachte hiervan moet worden vrijgesproken.*

Dan het stuk waarin wordt uitgelegd waar Mick van werd verdacht: *Dat hij op 24 november 2011, opzettelijk en – al dan niet – met voorbedachten rade een persoon genaamd [slachtoffer] van het leven heeft beroofd. Immers heeft verdachte haar met opzet van de trap geduwd en direct daarna met zijn handen haar keel dichtgeknepen, ten gevolge waarvan [slachtoffer] is overleden.*

Joyce scrolt verder naar de argumenten die door de rechtbank zijn opgegeven.

... Dat verdachte verklaarde dat [dochter slachtoffer] hem vanuit haar woning tegemoetkwam, toen hij op weg was naar [slachtoffer] met de intentie de nacht op [adres] door te brengen. Dat verdachte hierdoor, onder andere door het late tijdstip van om en nabij twaalf uur 's nachts, gealarmeerd raakte. Dat hij [slachtoffer] in de staat zoals benoemd onder 1 aantrof ... Dat verdachte is overgaan tot reanimatie en de hulpdiensten heeft ingeschakeld...

... Dat verdachte verklaarde dat hij, voordat hij de woning van [slachtoffer] binnenging, verderop in de straat iemand had zien rennen... Dat verdachte verklaarde die persoon door het donker en de afstand niet goed te kunnen omschrijven... Dat verdachte meende er zeker van te zijn dat genoemde persoon een man was en een zwarte jas droeg...

... In acht nemende dat [dochter slachtoffer] aan J.M.A. Hoogvliet (psycholoog) heeft verklaard een mannelijke persoon, anders dan verdachte, te hebben gezien die 'zijn handen om de nek van haar moeder hield'. Dat deze persoon wegvluchtte na haar te hebben opgemerkt. [Dochter slachtoffer] beschreef het beeld van een 'grote man met zwarte jas en halflange haren, welke, gebleken uit conclusie psycholoog na verdere gesprekken, hoogstwaarschijnlijk een blonde tot donkerblonde kleur hadden'.

Misschien dat Joyce, als ze niet net nog een bezoek had gebracht aan Hein en Simone, puur de conclusie zou hebben getrokken dat ze er waarschijnlijk naast had gezeten wat Mick betreft. Omdat zowel hij als Lina het over een andere verdachte had gehad. Nu vliegen haar gedachten bij de beschrijving van de man met halflange, donkerblonde haren onwillekeurig richting Hein, om daarna automatisch te schakelen en vervolgens abrupt weer op hem terug te komen.

Maar dat kan natuurlijk niet. Dat zou niet logisch zijn. Toch leest Joyce de laatste zinnen van de uitspraak opnieuw.

Ze schudt haar hoofd. Natuurlijk was Hein het niet geweest, Hein is gewoon een van haar buren, die hoogstens wat asociaal gedrag vertoont waar het zijn hond aangaat. Waarom zou Lina schoonmaakwerk doen bij hem thuis als hij degene was die... Ondanks haar nuchterheid lijkt de tekst van het arrest tot een brij te versmelten en razen de gedachten door haar hoofd. Hij gebruikt een andere achternaam dan hij in werkelijkheid heeft. Er is niets over hem op internet – en amper wat in het politiesysteem te vinden. Vanaf de allereerste keer dat ze hem was tegengekomen, had haar onderbuikgevoel opgespeeld.

Joyce staat op en beent naar het keukenraam, kijkt de straat in, waar buren al druk bezig zijn met de voorbereidingen voor het feest. Diverse tafels staan klaar en op een grasveld wordt het springkussen opgezet.

Stel nou dat hij het inderdaad was, puur hypothetisch gezien, wat doet Lina dan steeds bij hem thuis? Weet hij wie zij is? Zou hij op een of andere manier macht over haar uitoefenen, ziet ze er daarom zo slecht uit?

Ze moet vooral niet doordraven. Joyce loopt weer naar haar stoel aan de eettafel en leest de volledige uitspraak nog eens van voor af aan.

Kan het waar zijn, of is het puur toeval dat Heins uiterlijk overeenkomt met dat van de in het arrest omschreven persoon?

Ze zal nu geen duidelijkheid krijgen over hoe alles precies in elkaar steekt, maar als ze terugdenkt aan Lina in de gang en de grimmigheid die er van Hein en Simone uitging, spelen de zenuwen haar plotseling parten.

Haar gezond verstand zegt dat het meisje in gevaar is en het liefst zou ze haar collega's inlichten. Maar wat moet ze zeggen? Dat er na een moord die tien jaar geleden in Amsterdam plaatsvond een man met halflang haar is gesignaleerd en dat zij nu denkt dat die man haar buurman is, op basis van... een naambordje op zijn deur dat niet klopt? Het feit dat zij een ondeugdelijk gevoel bij hem heeft? O ja, en hij draagt zijn haar ook wat langer… Ze zullen denken dat het haar allemaal toch te veel is geworden, dat ze nog helemaal niet in orde is.

Joyce klikt het arrest weg en maant zich tot kalmte. Ze kan zich het beste focussen op wat nu het allerbelangrijkst is. Ze moet het meisje te spreken zien te krijgen.

59

Het is bijna zeven uur en de straat is geleidelijk aan volgestroomd. Van buiten klinkt het geluid van gepraat en gelach, vermengd met typische upbeat zomermuziek. Lina herkent de stem van Jess Glyne. '*I hope someday we'll sit down together and laugh with each other 'bout these days, these days…*'

'Nou, laten we maar gaan. Het feest is al in volle gang.' De bowl die Simone heeft gemaakt staat klaar op het aanrecht, evenals het pak met de flesjes Jägermeister.

Nadat de agente was weggegaan hadden Hein en Simone haar bezorgd gevraagd of alles wel goed ging. Ze zag er niet goed uit, wilde ze niet liever naar huis?

Lina had nee gezegd, ze zou gewoon haar werk afmaken, niets aan de hand. Ze had alleen echt geen honger.

'Maak je niet druk, meid, je kunt het later toch opeten, of je laat het lekker staan,' zei Hein.

Nu fladderden haar gedachten als paniekerige vogels alle kanten uit. Sinds de onderbreking van de agente voelt ze zich volkomen ontmoedigd. Waar haalt ze het vandaan dat ze ooit de moed zal opbrengen om iemand dood te schieten? Natuurlijk is er geen sprake van zomaar iemand, het gaat om hém, maar van haar eerdere vastberadenheid is op dit moment weinig over.

Simone heeft zich omgekleed en opgemaakt. 'Kom anders ook even mee naar het feest, Lina,' zegt ze. 'Kun je even je gedachten verzetten. Volgens mij heb jij ook veel aan je hoofd vandaag.'

Opnieuw bedenkt Lina dat Simone vandaag de hele dag wat afwezig leek.

'Jij ook?' vraagt ze.

'Ach, deze week was gewoon erg druk.' Simone grimast. 'Ik ben wel even toe aan een lekker drankje en wat vrolijkheid.'

'*Here's to that.*' Hein komt de keuken in, hij heeft voor de gelegenheid een net, wit T-shirt aangetrokken en een van zijn weinige spijkerbroeken die niet vaal zijn. De afgelopen maanden is ze zoveel over deze man te weten gekomen, van de maat boxershorts die hij draagt tot aan het feit dat hij zijn vrouw bedriegt. Ze weet zelfs met wie. Maar op haar meest prangende vraag – wat hem op die nacht in de herfst van 2011 heeft bezield – heeft ze nog altijd geen antwoord.

'Ga je ook even mee, Lina?' vraagt hij.

Misschien moet ze dat doen. Wellicht is een kleine break verstandig, zodat ze even kan nadenken, zich moed kan inpraten... Misschien krijgt ze het na de nodige alcohol wél voor elkaar.

'Is goed,' zegt ze. 'Aardig van jullie.'

De volledige wijk lijkt zich in de straat van Hein en Simone te hebben verzameld. Het is hier overdag op werktijden zo stil, dat je nooit zou denken dat er zoveel mensen woonden. Kinderen krioelen rond op het springkussen, doen wedstrijdjes in de voetbalkooi in de speeltuin en vergelijken Albert Heijn-plaatjes die hun ouders en grootouders voor hen hebben verzameld.

Er staan tafels met schalen vol salades, kaas, worst, stokbrood, sauzen... en drank, veel drank. Lina laat zich meevoeren langs het ene na het andere vrolijke groepje van vrouwen in zomerjurkjes en mannen dik in de gel en de aftershave. Peuters zitten elkaar achterna, met plakkerige handen van de chips.

Hein en Simone hebben haar verteld dat ze hier nog niet veel mensen kennen, maar ze worden hartelijk begroet.

'Dat ziet er goed uit,' zegt een buurvrouw, met een blik op de bowl, die Hein op een van de tafels neerzet. Simone verwijdert het plastic van het pak met miniflesjes en pakt de zilverkleurige opscheplepel voor de bowl van tafel.

'Ik zal een glaasje voor je inschenken,' zegt ze met een innemende glimlach en ze reikt de buurvouw een plastic glas met de rode vloeistof aan.

'Lina, bowl?'

Ook voor haar houdt Simone uitnodigend een glas omhoog. Het liefst zou ze zo'n Jägermeister naar binnen klokken, maar ze twijfelt of ze haar sterkedrank zullen geven.

'Ja, graag,' zegt ze dus maar.

'Doe mij maar een Jägertje,' zegt Hein.

'Daar zou ik er ook wel eentje van lusten,' zegt een buurman in een poloshirt, die erbij is komen staan. Simone reikt hun ieder een flesje aan.

'Vanaf nu is het zelfservice,' zegt ze met een knipoog.

Terwijl ze elkaar allemaal vragen beginnen te stellen over waar ze wonen in de straat en wat voor werk ze doen, laat Lina de smaak van de rosé en het fruit op zich inwerken en neemt ze stilletjes de mensen om haar heen in zich op. Ze herkent de buurvrouw met wie ze Hein zoenend had gespot, in de steeg die aan haar achtertuin grensde. Zie haar staan met haar man en haar kindjes, je zou er nooit iets van denken.

Zou een van de andere buren ervan weten? Ze gokt van niet. Ze staan te praten, te lachen en te dansen, als een grote vriendengroep. Wat een poppenkast.

Ze klemt haar rugzak, die ze natuurlijk had meegenomen, tegen zich aan.

Doe het, dringt de eerdere stem weer aan. *Hij verdient het. Als je het hebt gedaan, ben je vrij. Ook als je naar de gevangenis moet, zul je vrij zijn.*

Ze draait zich weer om naar Hein en Simone, maar ze ziet hem niet meer. Simone staat nog steeds met dezelfde mensen te kletsen. Ze speurt de feestgangers af, blijft vergeefs naar Hein zoeken, en besluit uiteindelijk te wachten. Hij zal zich toch vanzelf wel weer bij Simone voegen?

Een paar minuten later komt hij inderdaad terug. Hij heeft twee glazen rode wijn bij zich en ze verwacht dat hij er een aan Simone zal geven. Maar in plaats van weer bij haar te gaan staan, loopt hij door, in de richting van hun huis.

Lina komt in beweging, ze moet dit nu doen, anders gebeurt het nooit meer. Ze ziet hoe Hein zich een weg door de drukte baant, langs zijn eigen huis loopt en de hoek om slaat.

Dat verrast haar. Wat gaat hij nou doen?

Zonder na te denken loopt ze achter hem aan en als ze ook de hoek om is geslagen, ziet ze nog net hoe hij een paar huizen verderop een steeg in loopt.

60

Maandenlang had Joyce zich op dit feest verheugd, maar nu ze er een paar minuten is, wenst ze dat haar buren allemaal weer zouden ophoepelen naar hun huizen. Ze kan dergelijke ruis totaal niet gebruiken.

Ze had gehoopt Lina weer naar de tram te kunnen volgen. Inmiddels weet ze dat het meisje op vrijdagavond altijd rond zeven uur bij Hein en Simone vertrekt. Ze had zich bij een van de statafels gepositioneerd, waar ze goed zicht had op nummer 64. Op een gegeven moment kwam Lina inderdaad naar buiten, maar ze was in het gezelschap van Hein en Simone. Het zag ernaar uit dat ze samen naar het feest gingen.

Joyce sloeg hen gade; hij met een pak miniflesjes, zij met een schaal met bowl en het meisje met een opscheplepel. Als je niet beter wist zou je denken dat ze samen een gezinnetje vormden.

Simone had iedereen van een drankje voorzien en even bekroop Joyce de vraag of ze er niet toch naast zat. Het hele idee leek weer even belachelijk als voorheen. Maar ze moest dit uitzoeken, ze moest weten of Hein de persoon was geweest die door Lina en Mick was omschreven. Of de man die ze nu heimelijk begluurde de moordenaar was van Alice Hermans.

Het was geen goed idee om Lina nu aan te klampen. Hier op het feest zou het meisje toch niets willen zeggen en ze wilde niet dat Hein Lina met iemand van de politie zag praten en daaruit conclusies zou trekken.

Het was beter om te wachten tot Lina naar huis zou gaan en

haar dan te volgen, zodat ze met z'n tweeën zouden zijn.

'Joyce!'

Ze schrikt op en kijkt opzij, recht in het lachende gezicht van Evi.

'Ik dacht al, waar was je? Ik heb je nog gebeld, maar kreeg je niet te pakken.'

'O sorry, ik heb mijn telefoon niet horen afgaan.'

'Logisch toch, met al dat lawaai.' Evi legt haar handen om Joyce' schouders. 'En, gaat het goed, geniet je een beetje? Het is wel ontzettend druk, natuurlijk...'

Joyce stelt haar vriendin gerust. 'Nee, ik heb het prima naar mijn zin. Het is...'

'Joyce!' Luuk knalt tegen haar op en omklemt haar benen.

'Rustig, jongen,' zegt Thijs, die ook komt aangelopen met Sophie op zijn arm. 'Zullen we een beetje voorzichtig doen met Joyce?'

'O, dat geeft niet hoor. Hé, Luuk.' Joyce knuffelt de kinderen en geeft Thijs drie zoenen. 'Hoe gaat ie met jou?'

'Ja, lekker hoor.' Thijs ziet er goed uit en maakt een minder gejaagde indruk. 'Ik was wel even toe aan een feestje... Met jou gaat het ook beter, zie ik.'

Joyce knikt en merkt dan tot haar schrik dat Lina niet langer op de plek staat waar ze zo-even nog stond. Ze doet nog een poging haar tussen de mensen te ontwaren, maar ze kan het meisje zo snel niet vinden.

'Eh, jongens, sorry, ik had beloofd te helpen met de barbecues. Ik was even de tijd uit het oog verloren,' zegt ze tegen Evi en Thijs. 'Ik zie jullie straks, oké?'

'Prima, rustig aan.' Evi stelt voor om even iets te drinken te halen.

Thijs neemt zijn zoon bij de hand. 'Laat je niet gek maken, hè, Joyce? Ze redden het wel hoor, mensen genoeg om te helpen.'

'Verdomme,' vloekt Joyce binnensmonds, terwijl ze zich een weg door het feestgedruis baant. Voor alle zekerheid loopt ze richting de tramhalte, maar ze ziet Lina daar niet staan. Dan zal ze nog wel op het feest zijn. Ze probeert de onbestemde gedachte dat ze de hele tijd achter de feiten aan loopt af te schudden. Op dit moment is er niets aan de hand. Waarschijnlijk is Lina, net als Hein en Simone, aan het socializen met de buren. Misschien is ze wat leuke mensen van haar leeftijd tegengekomen. Kleine kans dat er nu gekke dingen gebeuren…

61

De alcohol valt Evi nogal zwaar op de maag. Ze had meer moeten eten van tevoren. Ondanks de wijntjes wilde het niet goed lukken om te genieten van het feest dat ze zelf had georganiseerd. Ze was zich te veel bewust van het feit dat Hein hier ook was.

Eerder op de avond had ze zich zorgvuldig opgemaakt, haar haar opgestoken en haar nagels gelakt. Ook de kinderen had ze feestelijk aangekleed. Ze wist hoe ze als gezin overkwamen op de buitenwereld. Thijs zag er knap en goedverzorgd uit en zij ook, helemaal na al die joggingrondes van de afgelopen tijd. Als ze hen voorheen door de ogen van anderen bekeek en een powerkoppel met twee perfecte kindjes zag, voelde ze zich vaak een bedriegster. Nu wilde ze meer dan ooit aan dat ideaalbeeld voldoen. Het waarmaken, samen met Thijs.

Hij had vooraf erg zijn best gedaan om te laten zien dat hij er een leuke avond van wilde maken. Geen werk dat nog gedaan moest worden, geen tijdnood, geen afzegging... gewoon een relaxte dag met z'n vieren, met het vooruitzicht op een feest.

Ze zag Hein op zich afkomen. *O nee.* Op het moment dat ze elkaar aankeken, gaf hij haar een teken met zijn ogen en liep nonchalant verder.

Ze wist wat zijn bedoeling was, want ze hebben vaak op deze manier samen gecommuniceerd als ze elkaar in de aanwezigheid van andere buren tegenkwamen op straat, maar geen haar op haar hoofd die er nu op in wilde gaan. Vanaf die dag in het bos heeft ze hem ontlopen.

Waar ze eerst juist ging joggen of even een eindje wandelen op de tijden dat hij met de hond liep, deed ze dat nu nooit meer. Ze hoopte maar dat ze hiermee een duidelijk signaal afgaf en dat hun contact even stilletjes en onopgemerkt kon doodbloeden als het was aangehaald.

Maar blijkbaar had Hein het niet begrepen. Hij is nu naar haar huis gelopen en verwacht dat zij hetzelfde zal doen.

Onrustig kijkt Evi naar Luuk en Sophie, die samen met een paar vriendjes een of ander wild spel doen op het grasveld. Thijs staat vrolijk te kletsen met een paar buren met wie ze weleens afspreken. *Nobody's Wife* van Anouk wordt ingezet. Bij de eerste tonen begint een groepje vrouwen dat vlak bij haar staat – stuk voor stuk van die vertrutte moekes – te juichen. Gedreven door de nodige nostalgie eigenen ze zich het lied luidkeels toe.

'*I'm sorry, for the times that I made you scream. For the times that I killed your dreams. For the times that I made your whole world rumble...*'

Ze moet dit met Hein nu voor eens en voor altijd afhandelen, hem duidelijk maken dat het hier stopt.

Mensen staan uitzinnig te dansen. Evi klampt Thijs aan. 'Ik moet even naar de wc, let jij op de kids?'

'Yup.' Hij geeft haar een kus.

Met tegenzin loopt Evi naar huis. Maar zoals ze Hein heeft leren kennen, zal hij het heel relaxed opnemen. Dan toch niet, even goede vrienden. Met een beetje geluk gaan ze straks allebei terug naar het feest en amuseren ze zich de rest van de avond alsof er niets is gebeurd.

62

Terwijl ze zichzelf eraan blijft herinneren vrolijk te glimlachen, loopt Simone zo snel als mogelijk is zonder dat het opvalt richting haar huis.

Vrijwel direct nadat ze op het feest hun eerste drankje hadden gedronken, was Hein op zoek gegaan naar Evi. Nu is hij naar haar huis gegaan, met een glas wijn waar hij in de steeg de dodelijke dosis GHB in heeft gedaan, en is het van belang dat Simone opschiet. Lina ziet ze zo gauw niet meer, misschien is die al naar huis vertrokken. Met haar tong bevochtigt Simone haar droge gehemelte. De muziek schalt door de wijk, er wordt volop gedanst en naar hartenlust met oude klassiekers meegebruld.

Zij zou straks Thijs moeten waarschuwen. De prepaidtelefoon waarin ze zijn nummer heeft opgeslagen ligt opgeladen en wel in de zak van haar spijkerjasje.

In plaats daarvan maakt ze nu dat ze thuiskomt en zodra ze binnen is, pakt ze haar laptop en de oplader van tafel, graait een vuilniszak uit de keukenla en haalt een grote emmer uit de voorraadkast. Vervolgens rent ze naar boven en negeert het rusteloze gejammer van Jack, die onder aan de trap heen en weer blijft drentelen.

In de badkamer vult ze de emmer met water en plant hem in de badkuip. Zonder te aarzelen laat ze haar laptop en oplader erin zakken. Vergeet alle beveiligingssystemen, nu het erop aankomt durft ze het risico niet te nemen. De druipende laptop en oplader stopt ze in de vuilniszak.

Op Heins werkkamer haalt ze vliegensvlug zijn laptop voor privégebruik van de stroom af. Het mapje 'Overig' flitst voor haar ogen en ze vloekt binnensmonds. *Als jij je echt had willen beheersen, dan zou het je zijn gelukt. Dan was dit niet nodig geweest.*

Als ook zíjn laptop onklaar is gemaakt, laat Simone het water wegstromen in het bad. Beneden bedekt ze de laptops in de vuilniszak met een berg restafval uit de prullenbak.

Nu zijn er nog twee computers in huis die Hein uitsluitend voor zijn werk gebruikt, plus haar eigen werklaptop, die ook dient voor 'normaal' privégebruik.

Ze hoopt uit de grond van haar hart dat Hein nooit zo dom is geweest om iets abnormaals op zijn telefoon op te zoeken.

Jack gedraagt zich nerveus, alsof hij voelt dat er iets speelt. In de zak van een van Heins jassen aan de kapstok vindt Simone een paar hondensnoepjes.

'Kom maar, jongen,' probeert ze Jack te paaien, terwijl ze hem aanlijnt. Voorzichtig doet ze de voordeur open, bang dat hij vooruit zal schieten en in een rechte lijn naar zijn baas zal sprinten. Maar hij lijkt overrompeld door de drukte en al het lawaai en blijft keurig naast haar. Met de hondenlijn in haar ene hand en de vuilniszak in de andere, steekt Simone de weg over. Bij de geautomatiseerde, ondergrondse afvalbak aan de overkant zet ze haar vracht neer en haalt ze haar kaartje uit haar zak om het systeem te openen. Ze tilt de vuilniszak in de bak, doet de hendel omlaag en hoort de laptops neerkomen.

'Kom maar, Jack.' Terwijl ze de hond op zijn gemak probeert te stellen, wandelt ze nog een eindje verder. De overgebleven GHB had ze eerder op de middag al weggegooid, nadat Hein zijn deel ervan had gepakt.

Zoals verwacht wemelt het in de straat inmiddels van de vuilniszakken, vol troep van het feest. De afvalbakken zullen binnen no time vol zitten…

Ze pakt haar telefoon en kijkt hoe laat het is. Hoeveel minuten zullen er inmiddels zijn verstreken sinds Hein naar Evi ging, tien?

Hun ontmoeting op het strand speelt zich voor haar ogen af. De internetgesprekken, de reizen, de moorden. *Voordat ik jou ontmoette had ik er al een hele rits op mijn naam staan.*

Ze kijkt nogmaals op haar telefoon. Naast haar begint Jack weer te piepen.

63

Hein stond al in de achtertuin te wachten, met twee glazen rode wijn. Evi deed de schuifpui voor hem open en hij nam haar goedkeurend op. 'Wat zie jij er fantastisch uit.'

Het ergerde haar dat ze toch nog zo gestreeld was. 'Dank je... ik heb eigenlijk genoeg gehad hoor,' zei ze, toen hij haar haar drankje aangaf.

'Ah joh,' zei Hein. 'Vanavond mag je je wat meer laten gaan, toch? Er wordt hier niet iedere week een feest georganiseerd.'

Evi liep naar het aanrecht en zette haar wijn in de gootsteen. Gelukkig had ze de lamellen voor het keukenraam dichtgedraaid, zoals ze altijd doet als ze weggaan, zodat mensen van buitenaf niet konden zien dat er niemand thuis is. 'Nee echt, anders word ik misselijk.'

Ze schraapte haar keel, ten teken dat ze iets wilde aangeven, maar viel stil door de manier waarop hij naar haar keek. 'Wat is er?' vroeg ze.

Zijn gezicht stond zo vreemd, zo hypergefocust, heel anders dan zijn gewoonlijke, relaxte oogopslag.

'Niets.' Hij zette zijn glas op de salontafel en liep naar haar toe. 'Kom eens hier...' Hij stak zijn hand uit, streelde met zijn duim over haar wang, en verder omlaag. Zijn vingers sloten zich om haar hals.

Meteen werd ze herinnerd aan die laatste keer in de auto, toen hij dat ook ineens had gedaan, waar ze zich toen ook niet prettig bij voelde.

‘Hein...’ begon ze, maar zonder er notitie van te nemen, plaatste hij nu ook zijn andere hand om haar nek. Ze schrok, vooral toen zijn duimen gelijktijdig opzij en naar onderen bewogen – en kracht zetten.

‘Hou op.’ Ze pakte zijn polsen vast, maar werd overvallen door een drukkend waas, bijna alsof ze een dreun op haar hoofd had gekregen.

‘Hou op!’ Ze probeerde hem van zich af te slaan, maar zijn handen hielden haar in een ijzeren greep, drukten langzaam haar bewustzijn weg.

Op het moment dat de paniek de overhand kreeg, werd haar aandacht getrokken door iets achter hem. Hein fronste, draaide zich om, en toen het tuinhek openzwaaide werd Evi tegelijkertijd bevangen door opluchting en iets wat op een rolberoerte leek, omdat ze geen idee had hoe ze dit aan Thijs uit moest leggen. Haar hersenen moesten even schakelen toen de persoon iemand anders bleek te zijn. Een meisje.

Evi meende zich te herinneren dat ze haar weleens eerder had gezien. Ze liep met haastige passen over het tuinpad richting de schuifpui.

‘Lina?’ hoorde ze Hein verbaasd mompelen.

Niet-begrijpend keek Evi naar hem op. Voordat ze iets kon vragen, kwam de tiener binnen.

‘Hein.’ Ook zij had een vreemde, bijna verwilderde blik op haar gezicht.

‘Hé...’ Zijn stem klonk bezorgd. ‘Wat is er?’

Ze antwoordde niet, maar staarde hem enkele seconden aan. Haar mond stond ietsjes open en haar ademhaling klonk zwaar, alsof ze een flink eind had gerend.

Toen haalde ze de rugtas die ze bij zich droeg van haar schouders en ritste hem open. Het volgende moment had ze een pistool in haar hand.

Evi voelde Hein tegelijkertijd met haar verstijven, wat bevestigde dat ze zich dit niet inbeeldde.

Ze reageerde niet meteen, was te zeer onthutst.

'Lina...' fluisterde Hein.

Een afschuwelijk geluid zoals ze alleen uit films kende, klonk door de kamer toen het meisje de pistoolslede naar achteren trok.

Evi verwachtte een schot en de angst kolkte nu in alle hevigheid door haar lichaam. Ze deinsde achteruit, hoewel ze besefte dat het weinig uit zou halen. De gedachte aan haar kinderen doemde op.

Het meisje had het wapen nu met beide handen vast, haar vinger om de trekker.

Ik moet iets doen, besefte Evi glashelder. Op de een of andere manier moest zij deze situatie de-escaleren, zorgen dat hier verder niets gebeurde.

'Rustig...' Haar stem leek van mijlenver te komen, scheen amper van haarzelf. 'Alsjeblieft, blijf rustig. Niet schieten.' Ze wist niet wat ze nog meer kon zeggen, ze was zo bang om het helemaal verkeerd aan te pakken. 'Ik heb kinderen,' waagde ze het erop. 'Twee peuters van drie en een. Zij hebben mij nodig. Alsjeblieft...' Ze knipperde de tranen die haar beeld vertroebelden snel weg.

'Ga maar,' zei het meisje, tot haar grote verrassing.

Het werd heel zachtjes gezegd, maar Evi had het duidelijk gehoord. *Ga maar.* Ze mocht naar buiten. Voor de zekerheid keek ze het meisje nog eens goed aan, maar zij leek alleen maar oog te hebben voor Hein. Het drong ook tot Evi door dat het pistool tot nu toe uitsluitend op Hein gericht was geweest en niet op haar.

Ze durfde niets meer te zeggen uit angst een verkeerde reactie op te wekken en liep in de richting van de gang. Haar benen leken tonnen te wegen, voor haar gevoel kwam ze amper vooruit.

Haar hand sloot zich om de klink, ze stapte de gang op en deed de deur achter zich dicht.

Zo snel als het gevoel uit haar benen en voeten leek te zijn verdwenen, keerde het weer terug. Evi dwong zichzelf vooruit en was in twee stappen bij de voordeur.

Haar handen trillen, haar hoofd loopt over. Niemand lijkt op haar te letten. Ze kan Heins vingers nog in haar huid voelen drukken, blijft de loop van het pistool en het meisje voor zich zien. *Wat moet ik doen?* Het lijkt wel kortsluiting in haar hoofd.

Ze moet 112 bellen, de politie waarschuwen. *Waar is mijn telefoon?* In een manisch gebaar glijden haar handen over haar broekzakken en ze realiseert zich dat haar mobiel nog thuis moet liggen.

Er gebeurt te veel om haar heen, er is te veel lawaai, ze kan amper nadenken. Dan ziet ze in de verte haar vriendin lopen. Joyce lijkt naar iemand op zoek te zijn, misschien zoekt ze háár wel.

'Joyce,' roept Evi. Ze schraapt haar keel omdat haar stem verraderlijk schor klonk. 'Joyce!'

Haar vriendin hoort haar niet, maar nu ze een duidelijk doel heeft, lukt het Evi zich deels te herpakken. Ze blijft roepen tot Joyce eindelijk haar kant uit kijkt, haar even met een bevreemd gezicht opneemt en dan snel naar haar toe komt.

'Joyce...' Evi grijpt haar vriendin vast. 'Je moet de politie bellen.'

'Wat is er gebeurd?'

'Hein... Hein had...'

'Wat heeft hij gedaan?' vraagt Joyce dringend.

'Hij is in mijn huis. Hij had... zijn handen om mijn nek en toen kwam dat meisje...' Evi moet naar lucht happen, maar gunt zich geen tijd om op adem te komen. 'Geef je telefoon. Ik moet 112 bellen!'

Joyce pakt haar telefoon uit haar zak, geeft hem aan Evi en sprint direct weg.

Met trillende vingers toetst Evi het alarmnummer in en als door de vrouw op de alarmcentrale naar haar noodsituatie wordt gevraagd, meldt ze dat er iemand met een pistool in haar huis is en ratelt ze de straatnaam en het adres op.

'Bent u op dit moment in de woning?' wordt haar gevraagd.

'Nee, ik ben buiten. Maar er is nog iemand anders daar en...'

Dan dringt pas goed tot haar door dat Joyce is weggerend nadat ze haar de telefoon had gegeven. Joyce is op dit moment op weg naar haar huis, terwijl dat meisje daar waarschijnlijk nog steeds met dat pistool in haar handen staat.

64

'Lina.' Heins stem klinkt resoluut. 'Leg dat pistool op de grond.' Hij lijkt sowieso kalm, in tegenstelling tot haar. Zij is zo gespannen als een vioolsnaar, er hoeft maar iets te gebeuren en ze knapt. Dan zal haar hart, dat nu al een veel te zware inspanning levert, het laten afweten en kunnen ze haar met stoffer en blik opvegen.

Ze slikt met moeite en doet opnieuw een poging iets tegen hem te zeggen. Haar stemgeluid laat het jammerlijk afweten, maar ze dwingt de woorden van haar lippen.

'Je herinnert je mij niet, hè?'

Hij trekt zijn wenkbrauwen samen.

Ze ademt beverig uit. 'Amsterdam, de vrouw die je van de trap had gegooid… Wij hebben elkaar gezien.'

Ze ziet dat hij meteen weet wat ze bedoelt. Vol verwondering kijkt hij haar aan.

'Jezus…' Terwijl hij het woord uitspreekt, knikt hij langzaam. Dan glimlacht hij flauwtjes.

'Weet je wat je gedaan hebt?' Het is een fluistering, maar hij hoort haar heel goed, dat kan ze zien. 'Zij was mijn moeder.'

Ze had half en half verwacht dat hij direct in de verdediging zou schieten. *Luister, dat was een ongeluk, ik zal je vertellen hoe het is gegaan…*

Maar hij zegt helemaal niks, geen woord om zijn afschuwelijke daad te verantwoorden.

'Ik was alles kwijt.' Ze weet niet waarom ze tot hem door

probeert te dringen, hem wil laten inzien hoe verkeerd het is wat hij heeft gedaan.

'Ik werd steeds ergens anders geplaatst. Ik heb in tweeëntwintig verschillende gezinnen gewoond, en in een gesloten instelling.'

Hij knikt opnieuw.

'Dat heb *jíj* gedaan.'

Zijn gezicht vertoont geen enkele emotie, hij lijkt oprecht onbewogen, waardoor zij even uit het veld is geslagen.

'Daarom ben jij in mijn leven gekomen,' zegt hij, bijna alsof hij haar op weg wil helpen.

'Ik... wilde weten wie je was. Waarom het was gebeurd.'

'Is dat het enige dat je wilde?'

Hij drijft de spot met haar. Tranen van woede komen opzetten en prikken in haar ogen.

Hij knikt naar het pistool. 'Je bent ver gegaan,' mompelt hij. 'Je moet me wel haten.'

'Ja,' fluistert ze.

Ze zou zweren dat er bijna iets vertederds uit zijn blik straalt.

Dan zucht hij diep en ontspant hij zijn schouders, plant zijn voeten stevig op de grond. 'Dus dit is het dan... Doe het maar.'

Ze moet hem verkeerd hebben verstaan.

'Doe het, Lina.' Hein spreidt zijn armen. 'Dit wilde je toch?'

'Waarom heb je haar vermoord?' Haar stem slaat over en haar armen trillen zo erg dat ze bang is dat het pistool straks onverwacht zal afgaan.

'Omdat ze thuis was. Omdat het gemakkelijk was om binnen te komen, omdat het te simpel was om het *níét* doen.'

Hij provoceert haar. Hij *wíl* dit, beseft ze opeens. Hij denkt dat het spel uit is, dat hij naar de gevangenis zal gaan en hij probeert haar zover te krijgen dat zij hem zal neerschieten.

Nu grinnikt Hein hardop. 'Het is niet makkelijk hè, een leven nemen? De meeste mensen kunnen dat niet zomaar.' Hij grijnst naar haar, alsof ze samen een spelletje doen. 'De meesten krijgen dat niet eens voor elkaar om iemand anders het leven te redden. Wist je dat?'

Plotseling voelt ze zich volkomen reddeloos, terwijl zij degene is die het vuurwapen vasthoudt. Ze wil nog steeds niets liever dan zijn leven beëindigen, maar tussen hem dood wensen en hem doodmáken bevindt zich een torenhoge drempel, zelfs na wat hij net tegen haar heeft gezegd.

'Wat als je geen keuze hebt?' Hij lijkt haar gedachten te lezen, zoals zo vaak het geval is geweest. 'Wat als je zelf doodgaat als je het niet doet?'

Paniek zwelt op in haar borst en ze voelt hoe het zweet haar aan alle kanten uitbreekt.

'Doe het, Lina.' Hij doet een stap naar voren, waardoor zij onmiddellijk achteruitdeinst.

'Dit is wat je wilt, anders stond je hier nu niet.'

'Blijf staan.' Ze klinkt als een angstig jong kind en hij komt doodgemoedereerd dichterbij. 'Schiet dan. Schiet me dood... Dóé het,' schreeuwt hij haar toe en ze geeft een gil van schrik.

Een andere, vaag bekende stem, dringt zich door de chaos in haar hoofd.

'Stop! Politie!'

In de nanoseconde van stilte die volgt, beseft Lina dat de hulp te laat komt. Het volgende moment schiet Hein naar voren en werpt hij zich als een beest op haar. Ze duikt in elkaar, haar noodkreet blijft in haar keel steken.

Het pistool gaat af.

65

Hein moet geraakt zijn; Joyce ziet het massieve lichaam neergaan.

'Lina, achteruit,' schreeuwt ze. 'Achteruit!'

Het meisje struikelt uit zichzelf al naar achteren, weg van hem.

Hein is op zijn zij gerold en omklemt met beide handen zijn bovenbeen.

Joyce loopt behoedzaam in Lina's richting. 'Geef mij dat pistool.' Ze steekt haar arm uit. 'Rustig maar Lina, het is oké.'

Het meisje kijkt haar vertwijfeld aan.

Ze knikt geruststellend. 'Ik pak het wel aan. Blijf maar rustig staan, ik pak het van je over.' Lina's blik gaat weer richting Hein, die kermend op zijn zij ligt, met zijn handen om zijn opgetrokken knie. De kogel heeft de stof van zijn broekspijp opengereten en het bloed sijpelt tussen zijn vingers door. Joyce duwt Lina's arm naar beneden en wringt het wapen uit haar bevende handen.

Hein doet een poging om overeind komen, maar zakt meteen terug.

'Lina, naar achteren.'

Het meisje schuifelt van haar weg en Joyce probeert razendsnel een inschatting te maken. Hein hijgt van inspanning, maar lijkt te veel pijn te hebben om zich vanuit zijn ene been omhoog te kunnen hijsen. Voor nu heeft ze de situatie onder controle. Goddank is Evi hier niet… *Hij had zijn handen om mijn nek*, had zij gezegd, *en toen kwam dat meisje.*

Vanuit de verte klinkt het geluid van meerdere politiesirenes.

Joyce loopt schuin achteruit naar Lina, waarbij ze ervoor zorgt dat ze haar ogen geen moment van Hein afhoudt, en gaat vlak naast haar staan.

'Lina,' fluistert ze. 'Kijk eens naar mij.'

De tiener huilt en ze beeft over haar hele lijf.

'We hebben geen tijd meer.' Joyce hoopt maar dat Lina haar hoort. Als ze ziet dat Hein nog steeds steunend voorovergebogen zit, waagt ze het even opzij te kijken. Twee blauwe ogen zo oud als die van een tachtigjarige staren haar aan.

'Zeg niks,' fluistert Joyce. 'Houd je mond dicht totdat je een advocaat hebt. Vóór die tijd zeg je niks. Begrepen?'

Ze kan Lina's reactie niet afwachten, want de voordeur wordt opengebroken. Tegelijkertijd gaat het hek van de schutting in de achtertuin open en een speciale politie-eenheid valt binnen.

'Collega!' roept Joyce, terwijl ze zich langzaam bukt en het wapen op de grond legt. 'Collega!'

Er is een ambulance ter plaatse gekomen. Lina is aangehouden en afgevoerd. Joyce moet zo naar het bureau voor een getuigenverklaring en kijkt met een misselijk gevoel toe hoe Hein door de ambulancemedewerkers wordt geholpen. *Onkruid vergaat niet.*

Ze hebben zijn broek opengeknipt en terwijl een van de broeders de wond strak verbindt, wordt er haastig een brancard gehaald. Hein heeft tot nu toe geen woord gezegd, alleen zo nu en dan een zacht gekreun laten horen. Er loopt wat speeksel uit zijn mond en Joyce vraagt zich fronsend af of hij misschien nog ergens anders is geraakt. Dat zou ze dan toch wel hebben gezien? Het valt haar op dat hij grijs begint te kleuren.

'Mogelijke shock,' roept de ambulancemedewerker, die het ook ziet.

Net als de brancard wordt binnengereden, begint Heins lichaam te schokken. Terwijl de tweede broeder toesnelt, kijkt Joyce met grote ogen toe hoe Hein stuiptrekkend op de vloer ligt. Schuim verschijnt op zijn lippen en loopt langs zijn kin. De woorden ‘epileptische aanval’ vallen. Hein wordt op de brancard gehesen en vliegensvlug naar de ambulance gereden.

Er heeft zich een groot aantal buren voor de woning van Evi en Thijs verzameld. Nadat de deuren zijn gesloten moet de ambulancemedewerker meermaals langdurig claxonneren voordat de groep uiteen wijkt, als een stel schapen, loom en rozig in de avondzon.

66

December, 2022

De kamer ruikt naar de amandelspijs in het kerstbrood dat Evi en de kinderen hebben gebakken. Traditiegetrouw is Joyce op Eerste Kerstdag bij Evi en Thijs. Ze waren net op tijd verhuisd om het in hun nieuwe huis te kunnen vieren. Het is niet ver van waar ze eerst woonden; dezelfde wijk, maar een andere straat en een iets kleinere woning. Evi wilde niet weg uit de buurt waar zij en Thijs hun leven hadden opgebouwd, waar ze hun kinderen al op een school hadden ingeschreven en waar haar beste vriendin woonde. Maar ze kon onmogelijk in het oude huis blijven wonen, het werd vrijwel meteen duidelijk dat ze daar weg moesten. Die ruimte was bezoedeld, zou de herinnering aan Hein en wat er was gebeurd altijd blijven uitdragen.

'Kijk eens.' Thijs heeft twee glazen cava ingeschonken, die hij Joyce en Evi aanreikt. Vervolgens houdt hij zijn eigen glas omhoog. 'Proost. Op een beter jaar dan het vorige.'

'Amen,' verzucht Evi.

Het doet Joyce goed te zien dat haar vrienden elkaar echt weer gevonden lijken te hebben. Hun huwelijk vertoonde natuurlijk de nodige barsten en de afgelopen maanden hebben het er niet makkelijker op gemaakt. Evi had haar vreemdgaan aan Thijs opgebiecht en verteld dat ze Hein op de dag van het feest duidelijk had willen maken dat ze ermee wilde stoppen. Hoe hij haar keel had vastgepakt en dichtgeknepen. 'Ik werd duizelig, kon hem niet laten ophouden. Als dat meisje niet was binnengekomen...'

Een echte relatiecrisis was uitgebleven. Uiteindelijk was Thijs vooral dankbaar dat hij zijn vrouw nog had.

'Weet je, Joyce,' had hij gezegd, toen ze een paar weken na die beruchte avond bij hen op de bank zat. 'Ergens snap ik het nog ook. We zijn natuurlijk in relatietherapie gegaan, dat wist je...' Op Joyce' knikken ging hij verder: 'We hebben de afgelopen jaren echt onder de loep moeten nemen... en ik kan nu wel de vermoorde onschuld spelen, maar dat zou hypocriet zijn. Ik ben zeker bij mezelf te rade gegaan en ik wil een aantal dingen anders doen, ook voor de kids.' Nu werkt hij al een paar maanden voor een kleinschalig kantoor, waar de werkdruk aanzienlijk lager ligt.

Joyce pakt vijf kleine, witte borden uit de kast, terwijl Evi het kerstbrood uit de oven haalt.

Met het bestek in haar handen kijkt Joyce uit het keukenraam. Zo in het schemerdonker heeft de straat iets melancholieks en schijnen de kale bomen, struiken en het keiharde, krakende gras, zich lijdzaam te verzoenen met de lange maanden tot aan de lente.

Ze denkt aan Lina. Ze was er niet zeker van of de tiener in staat zou zijn haar advies ter harte te nemen wanneer ze eenmaal op het politiebureau was, maar uiteindelijk bleek het precies te zijn gegaan zoals Joyce had gehoopt. De enige die weet dat de zaak anders in elkaar zit dan door het OM en de rechtbank is geconcludeerd, is zij, en ze zal het aan geen mens vertellen.

Tijdens het getuigenverhoor had ze verklaard dat ze Hein het meisje zag provoceren. Dat zij van hem wegliep en hij degene was die het op een worsteling had aangestuurd. Niets over wat zijzelf eerder had ontdekt. Ze gunde Lina een break in haar leven.

Wat haar had verrast – wat iedereen had verrast – was de uitslag van het autopsierapport. De manier waarop Hein aan zijn eind was gekomen. Ze herinnert zich hoe ze een tijdje terug nog bij zichzelf had gedacht dat Amstelveen zo'n rustige gemeente was om te wonen en dat er buiten de gerichte afrekeningen van beroepscriminelen nooit veel gebeurde.

Zulke dingen moet je ook helemaal niet denken, het is de goden verzoeken. Voor je het weet begint de ellende in je eigen straat.

'Kom zitten, Joyce.' Evi heeft op elk bord een plak kerstbrood gelegd. Terwijl de kinderen ruziën om het grootste stuk, komt plotseling de gedachte aan de vorige winter bij haar op, de oproep via de portofoon, de gasexplosie. Vorige week was het precies een jaar geleden. Inmiddels is ze alweer vier dagen per week aan het werk.

Ze had thuis een kaarsje gebrand, want bloemen op het graf had in deze tijd van het jaar niet veel zin. Maar ze wilde dat hij wist dat er aan hem werd gedacht.

Dankjewel, Floris.

Tot je dienst, meid, stelde ze zich zijn antwoord voor. *En maak er verdomme wat moois van.*

67

Kerst in de gevangenis is een troosteloze bedoening, net als haar achttiende verjaardag in september was geweest. Maar over een paar dagen zal Lina deze gevangenismuren voorgoed achter zich laten.

Op het bureautje in de cel staan een foto en drie kerstkaarten. Op de foto heeft een vrouw haar armen om een klein meisje geslagen. Die foto zal altijd en overal met haar meereizen.

Eén kaart is van Agnes en Pim en de jongens, de andere twee van Gregory en Zafira. Ze had verwacht dat zij niets meer met haar te maken zouden willen hebben nadat ze hadden gehoord wat er was gebeurd. Maar geen van allen hadden ze hun handen van haar afgetrokken, al zal ze niet meer bij Agnes en Pim kunnen wonen.

Zeg niks, zijn de woorden die ze vaak in haar slaap hoort fluisteren, zo duidelijk dat ze er meestal wakker van wordt. Dan ziet ze weer voor zich hoe Hein de keel van die buurvrouw vastpakte en voelt ze weer iets van de razernij die ze op dat moment voelde, toen het zwartste moment van haar leven zich voor haar ogen leek te herhalen.

Zeg niks. Houd je mond dicht totdat je een advocaat hebt. Vóór die tijd zeg je niks. Begrepen?

Zoiets doet de politie toch niet… Het is toch hun taak om mensen veroordeeld te krijgen?

In ieder geval had Lina geluisterd en haar lippen stijf op elkaar gehouden totdat ze uitgebreid overleg had gehad met de haar toegewezen advocaat. Vervolgens had ze verklaard dat ze had gezien hoe Hein zich met twee drankjes in zijn handen afzonderde, de steeg in liep en een van de aangrenzende tuinen binnenging, terwijl ze wist dat hij daar niet woonde; zij maakte immers schoon bij hem thuis. Ze was nieuwsgierig naar wat hij ging doen.

Ze zag wat hij deed bij de buurvrouw, hoe zij probeerde hem af te weren… Toen had ze het pistool uit haar tas gehaald. Dat droeg ze bij zich om zichzelf te beschermen.

Nee, ze had niet willen schieten, had hem alleen maar willen stoppen. Ze was achteruitgedeinsd toen hij op haar afliep, had gezegd dat hij moest blijven staan… Hij had haar aangevallen en tijdens de worsteling was het pistool alsnog afgegaan.

Geen woord over dat zij Hein van vroeger kende en dacht dat hij de moordenaar van haar moeder was. Niemand had daar ook maar een flauw benul van en het was heel belangrijk dat Lina dat stilhield, evenals het feit dat ze daarom het pistool had gekocht. Als de politie dat te weten kwam, zou haar poging tot moord ten laste worden gelegd. Nu was er 'slechts' sprake van een ongelukkige samenloop van omstandigheden.

Later bleek dat zij Heins dood niet op haar geweten had. De kogel in zijn bovenbeen had niet tot zijn overlijden geleid. Hein was bezweken aan een overdosis.

GHB, had haar advocaat gezegd en daar had ze wel even van staan kijken. Hij had haar verteld dat hij nooit drugs deed. Dat hij de controle niet kwijt wilde, dat hij altijd bezig was geweest om zijn lichaam gezond te houden. Had hij tegen haar gelogen? Had hij op de dag van het buurtfeest iets nieuws willen proberen en was het verkeerd afgelopen? Of had iemand hem gedrogeerd?

Lina weet het niet en het maakt haar ook niet uit. Hein is dood, zónder dat zij daarvoor verantwoordelijk is.

Zeven maanden heeft ze in totaal gekregen, omdat ze een pistool in haar bezit had en het had gebruikt. De rechter was mild geweest, omdat er meerdere omstandigheden in haar voordeel speelden. Het feit dat die politieagente had verklaard dat Lina duidelijk niet wilde schieten en Hein haar inderdaad had aangevallen. Haar jeugdige leeftijd. Het feit dat ze zo jong haar moeder was verloren, al die jaren van plaatsingen... Zelfs de Bijlmer, de plek die haar vanaf het begin als een warme deken had omsloten en waarvan ze was gaan houden, werd door haar advocaat als een min of meer verzachtende omstandigheid aangedragen. Want het was niet geheel onbegrijpelijk dat een jong meisje, vooral een dat al zoveel had meegemaakt, zich in een buurt met een dergelijke reputatie genoodzaakt zag zichzelf te beschermen.

Sinds de dag dat haar moeder was vermoord had Lina zichzelf lopen kwellen met de vraag waarom. Het is zo stom dat mensen naar logische redenen blijven zoeken om onlogisch gedrag van anderen te verklaren. Al die tijd bleef zij in haar hoofd verklaringen aandragen. *Omdat we ruzie hadden, en dat escaleerde... Omdat zij me betrapte bij de inbraak en ik in paniek raakte... Omdat ik aan de drugs was en niet wist wat ik deed...* Ze dacht alle antwoorden wel zo'n beetje te hebben verzonnen, maar bleek de juiste over het hoofd te hebben gezien: *omdat het kón.*

Ergens had ze misschien verwacht dat ze het verleden beter zou kunnen afsluiten als ze antwoorden zou krijgen. Nu weet ze dat het zinloos is om je af te vragen waarom iets onomkeerbaars is gebeurd. Het kan heel goed dat het antwoord alles alleen maar erger maakt. Ondanks alle geweldsdelicten waarover ze elke dag hoorde en las, was het niet in haar opgekomen dat iemand een ander puur voor zijn plezíér zou kunnen vermoorden.

Het is beter je te richten op zaken waar je wel invloed op hebt, zoals Agnes haar al had geprobeerd duidelijk te maken. *Blijf gefocust op de juiste dingen. Wij zien een hele intelligente jonge vrouw, die over een paar jaar zeker haar diploma op zak kan hebben.*

Ze kan niet meer terug naar dat pleeggezin. Zij verkeren immers in de veronderstelling dat Lina al die tijd een pistool bij zich heeft gedragen. Ze snapt dat er grenzen zijn, dat Agnes en Pim aan de veiligheid van de jongens moeten denken. Toch hebben ze haar een kerstkaart gestuurd en haar meerdere keren bezocht.

Ooit had ze in een film met Denzel Washington horen zeggen: 'Het belangrijkste wat ik over mijn jeugd kan vertellen, is dat ik hem overleefd heb.' Tijdens moeilijke momenten in de gevangenis heeft ze daar nog vaak aan teruggedacht. Hoe klote het ook allemaal was, zij heeft het overleefd. Zij kan straks met een lichter hart verder, mede dankzij de (onverwachte) hulp van anderen.

Maureen, de moeder van Zafira, was meegekomen toen haar vriendin haar een bezoek bracht.

'Je lijkt mij helemaal geen gewelddadig type,' had zij gezegd. 'Ik weet wat het is om bang te zijn om over straat te gaan... Kan ik erop vertrouwen dat je geen wapens of drugs in mijn huis zult brengen?'

'Ja,' had Lina geantwoord. 'Ik begrijp het als u niet meer wilt dat ik langskom, maar...'

'Dan kan je wel bij ons,' zei de vrouw. 'Als je vrijkomt.'

'Bij jullie?'

'Wonen,' verduidelijkte Zafira.

'Maar...' *Jullie hebben geen ruimte voor nog een persoon erbij*, wilde ze zeggen, maar de tranen zaten haar opeens hoog. *U kent me helemaal niet.*

'We leggen wel een matras neer. Er is altijd plek voor eentje meer,' glimlachte Maureen.

En dat was dat. Omdat ze achttien is geworden, zal jeugdzorg haar helpen om een woonruimte voor zichzelf te vinden. Voor nu verlangt ze ernaar om Maureen te helpen koken. Om samen met Zafira op haar kamer te chillen. Elkaars haar te doen.

Lina... kijk eens naar mij. Voor de zoveelste keer dwalen haar gedachten af naar die agente. Het was alsof die vrouw op een of andere manier op de hoogte was van wat er precies speelde. Ook zij had geholpen.

Het kan zo raar lopen in het leven. Misschien heeft ze ook wel wat hulp gehad van boven, komt het deels door haar moeder, dat zij nu over een paar dagen vrij zal zijn. Of door de ketting met de ograistenen, die ze van Gregory had gekregen.

Epiloog

Simone gelooft niet in beschermengelen. Zij is niet bekend met het bestaan van de ograisteen en als dat wel zo was geweest, zou ze die vast en zeker als een domme bijgelovigheid hebben afgedaan. De donkere dagen tussen kerst en oud en nieuw sluiten perfect aan op haar gemoedstoestand. Met Jack op de achterbank rijdt ze over de snelweg en ze verlangt naar het moment waarop ze de afslag Houten mag nemen en nóg meer naar het moment dat ze bij Susan op de bank zal zitten, in de versierde huiskamer, met voldoende wijn om haar emoties af te vlakken.

Ze kijkt door de binnenspiegel naar de hond. Hij moet niets meer van haar weten, het lijkt wel alsof hij op een diep oerniveau aanvoelt dat hij door haar toedoen zijn baas kwijt is. Ze was van plan geweest hem naar het asiel te brengen, maar daar had Susan, die vorige week bij haar was komen eten in haar nieuwe appartement, een stokje voor gestoken. 'Naar het asiel, deze leukerd? Ben je gek?' had haar vriendin gezegd.

'Ik heb gewoon geen tijd om goed voor hem te zorgen.'

'Maar hij is het enige dat je nog hebt van Hein,' zei Susan voorzichtig.

'Daarom juist. Hij herinnert me er constant aan dat Hein er niet meer is.'

Susan had Jack over zijn kop gestreeld. 'Ik zou hem graag in huis nemen.' Ze had nog een hond, die kon wel een kameraadje gebruiken.

'Je hebt mazzel,' fluistert Simone tegen de binnenspiegel.

Het huis in Amstelveen was snel verkocht. Simone had een appartement in Leiden uitgekozen, klein en knus, waar ze voorlopig prima tevreden mee was, vooral als Jack eenmaal weg zou zijn.

Ze had het altijd fijn gevonden om in het donker te rijden. Dan was er minder verkeer op de weg en voelde ze zich een soort van in haar element. Het donker was een beschermende huls voor afwijkende zielen. Het dagdeel waar mensen zoals zij het van moesten hebben, dat hun zowel bescherming als vervulling schonk.

Nu niet meer. Voor het eerst verlangt Simone naar licht. En naar gewoon gezelschap.

De avond voor het feest, toen ze eenmaal in bed lag, waren haar gedachten telkens op een bepaald punt blijven steken. Ze wilde geen stress meer. Ze wilde niet het risico lopen dat Hein tóch argwaan zou krijgen, zou vermoeden dat zij hem had verraden, zijn arrestatie in de hand had gewerkt. In dat geval zou ze een probleem hebben als hij niet naar de gevangenis hoefde. Heel even had ze nog overwogen om stilletjes weg te gaan, maar dan zou de kans groot zijn dat hij haar zou gaan zoeken en uit de weg zou willen ruimen, om er zeker van te zijn dat zij nooit zou gaan praten.

Het was in de vroege ochtend geweest dat Simone definitief een besluit nam.

Het was zo gemakkelijk gegaan... Het onderste gedeelte van het plastic opensnijden, een flesje Jägermeister uit het pak. Dat naderhand weer terugzetten en het plastic weer netjes dichtplakken. Niemand die het was opgevallen.

De scheidingslijn tussen de juiste hoeveelheid voor een prettige high en een overdosering, was bij GHB ontzettend dun. Zelfs als de politie na een onderzoek zou betwijfelen dat Hein die dosis vrijwillig had ingenomen, dan viel nog niet te bewijzen dat iemand anders het hem had toegediend. Niemand had haar de drugs in het flesje zien doen. Op het feest was een kleine honderd man aanwezig geweest en de alcohol had rijkelijk gevloeid. Iedereen zou in principe iets gedaan kunnen hebben…

De grootste verrassing vormde Lina met het pistool… Wat was er in hemelsnaam in het kind gevaren? Zou ze dat wapen altijd bij zich hebben gehad, ook als ze kwam schoonmaken? Tenzij het meisje net zo was als Hein en Simone – en dat gelooft Simone geen moment – zal ze het bij zich hebben gedragen uit veiligheidsoverwegingen. Ze had verteld dat ze in Amsterdam-Zuidoost woonde en ze moest vaak 's avonds in het donker terug naar huis.

Simone had de onschuld zelve gespeeld. Tegenover de politie verklaarde ze dat zij, toen ze de hond even liet plassen, werd opgeschrikt door buren die haar kwamen vertellen wat er was gebeurd. Dat haar man was afgevoerd in de ziekenwagen.

Nee, ze had geen idee waarom Hein naar het huis van die buurvrouw was gegaan. Ze wist dat hij een paar glaasjes gedronken had, maar dit… Natuurlijk had ze zoiets niet verwacht.

De rol van radeloze echtgenote was haar goed afgegaan. Later, toen de strafzaak in de openbaarheid kwam, las ze dat Lina Evi had willen beschermen, omdat Hein haar kwaad wilde doen.

Het plan was om Evi de wijn met de dodelijke inhoud te geven, maar blijkbaar had hij toch op het punt gestaan om haar met zijn blote handen te wurgen, de stomme, stómme klootzak.

Ze heeft zich nog vaak afgevraagd hoe het met dat glas wijn was afgelopen dat hij voor haar had meegenomen. Evi leefde nog, dus ze had de GHB niet binnengekregen. Als iemand er daar in huis van had gedronken, dan zou Hein na zijn dood zomaar alsnog een moord op zijn geweten kunnen hebben gehad, zou dat even een giller zijn geweest… Maar Evi en haar gezin bleven springlevend, dus waarschijnlijk was het glas gewoon in de gootsteen geleegd en daarna in heerlijke onwetendheid weggegooid.

'Er is een speciale plek in de hel gereserveerd voor verraders,' zei Hein altijd. Dat er voor moordenaars toch ook flink wat plaatsen moesten zijn bewaard, daar had hij het nooit over. Met een stalen gezicht praatte hij altijd precies in zijn straatje. Simone voelt dat haar gezicht strak komt te staan en dat haar ogen ondanks haar cynische gedachten weigeren haar tranen binnen te houden.

Hein is weg. Echt weg, en hij zal nooit meer terugkomen.

Ik heb jou een dienst bewezen. Je zou vroeg of laat zijn gepakt en sommige vogels kunnen nou eenmaal niet in een kooitje.

Had hij dan niet ook maar een piepklein beetje argwaan gekoesterd? Hoe kan hij haar innerlijke strijd niet hebben opgemerkt, niet hebben gevoeld wat zij van plan was?

Geen vrachtwagen, niet de politie, maar degene van wie hij hield had uiteindelijk zijn ondergang bewerkstelligd. Haar straf is dat ze vrijwel zeker nooit meer iemand zal vinden die bij haar past zoals hij deed.

Ondanks haar pijn, heeft ze geen spijt van haar daad. Zijn dood was de prijs die ze moest betalen om niet de rest van haar leven in angst te hoeven doorbrengen. In de maanden die zijn verstreken, is ze gaan beseffen hoezeer hun relatie haar in een fuik had gemanoeuvreerd waarbij ze vast was komen te zitten. Waar geen ruimte was voor verandering, of voor haar eigen problemen.

Sinds de verhuzing was ze zo met Hein bezig geweest, dat ze bijna zou vergeten dat er onvermijdelijk een punt komt waarop haar eigen innerlijke strijd weer zal beginnen. Ze hoopt dat wanneer de diepte weer zal lonken, zij sterk genoeg zal zijn om aan de oppervlakte te blijven. In het licht, onder de normale mensen.

Ze wrijft haar wangen droog en zet Sky Radio harder. Elvis Presley zingt een eeuwenoud kerstliedje.

'*Silent night, holy night…*'

Een lach vol ironie welt op vanuit haar buik.

'*Round yon Virgin, Mother and Child*
Holy infant so tender and mild
Sleep in heavenly peace
Sleep in heavenly peace.'

Dankwoord

Ik wil graag de volgende mensen bedanken:

Mijn man David, voor zijn eindeloze geduld. Boeken schrijven vergt een bovengemiddeld egoïsme, waar je als partner mee om moet kunnen gaan. Ik besef heel goed hoeveel geluk ik heb.

Mijn kinderen, Livia en Xavi, ik voel me elke dag gedragen door jullie liefde.

Mijn lieve ouders; bedankt voor jullie niet-aflatende hulp en steun.

Bo, omdat je zo geweldig bent.

Tomás Kruijer en Lien Alenus, dank voor jullie geduld, het geloof in dit verhaal en de kundige begeleiding, waardoor ik iedere keer het beste uit mezelf kan halen.

Rob Steijger, voor zijn scherpe analyses en oog voor de kleinste details. Een superfijne persklaarmaker.

Iedereen van The House of Books die heeft bijgedragen aan de totstandkoming en het in de wereld brengen van *Vinex*.

Heel erg bedankt allemaal!

Liefs,
Bernice